QUELQUES

CONSIDÉRATIONS

SUR NOTRE TEMPS

DU MÊME AUTEUR

CHEZ LES MÊMES :

Essai de Philosophie pour tous, 1 vol. in-12.

Des Problèmes de la vie et de la mort, 1 vol. in-12.

QUELQUES
CONSIDÉRATIONS
SUR
NOTRE TEMPS

Nouvelle édition

PAR

M. JACQUINET

PARIS
LIBRAIRIE ACADÉMIQUE DIDIER
PERRIN ET Cie, LIBRAIRES-ÉDITEURS
35, QUAI DES GRANDS-AUGUSTINS, 35
1905

QUELQUES CONSIDÉRATIONS SUR NOTRE TEMPS

I

DU VRAI ET DU FAUX DANS LE PROGRÈS ET DANS LA LIBERTÉ

Quand l'homme souffre, il fait effort vers un mieux espéré, c'est son instinct ; si c'est une classe ou toute une société qui se trouve mal du présent, il en est chez elle comme chez l'individu : on y cherche une amélioration qui satisfasse, et si le mal dont on souffre peut être attribué à un état de choses dont d'autres profitent, il y a guerre entre les classes ou les individus, ou révolution contre l'Etat. Un mouvement analogue se rencontre dans l'ordre des sciences et des arts.

De là des changements qui ont pour principe ou tout au moins pour tendance le progrès, mais qui ne sont pas toujours des progrès ; qui ne sont souvent que des substitutions, des substitutions d'individus ou de choses ; il n'y a progrès que là où profite le bien général, et non par un changement en vue d'un bien particulier. Un progrès réel ne s'opère qu'à travers beaucoup de changements ; il est comme un diamant au milieu d'un tas de sédiments. C'est à la suite de changements et de révolutions multiples qu'une justice plus grande s'est établie parmi les hommes entr'eux, suivant une loi de progrès éclairée par l'expérience; c'est à la suite d'épreuves et de tentatives qui ne sont que des changements, que se découvrent d'autres lois qui sont le fondement des sciences morales et des sciences physiques ou naturelles; et ainsi du reste.

Si le changement ne constitue pas le progrès, s'il n'en est tout au plus qu'une condition, il n'est pas moins vrai que le progrès, ou la marche vers le mieux, exige un certain mouvement dans les esprits. Ce n'est pas toujours la souffrance résultant d'un état d'imperfection quelconque qui met ici les esprits en travail; c'est aussi la vue d'un bien plus grand en perspective, et l'espoir de l'atteindre. Tels, parmi les individus ou les collectivités, sont satisfaits de leur sort, fût-il même médiocre : ce sont les conservateurs, en politique et ailleurs; tels autres, moins contents du présent, n'aperçoivent un mieux possible que pour faire effort vers lui : ce sont les progressistes de divers ordres.

L'on est conservateur, ou par habitude, ou par

intérêt, ou parce qu'on se croit en possession de ce qui ne change pas.

L'habitude est une seconde nature, a-t-on très bien dit; elle s'empare si bien de certains hommes ou de certains peuples que c'est une souffrance pour eux d'innover en quoi que ce soit, comme si leur nature en était violée. Tel est l'état des races stationnaires du vieil Orient asiatique, qui vivent de leurs traditions de mœurs et d'idées séculaires, sans pouvoir arriver à la conception d'un état meilleur; il leur faudrait, pour cela, une ouverture d'esprit qu'elles ne possèdent pas; faute d'exercice et d'enseignement extérieur, leur intelligence est restée dans le marasme; elles vivent comme leurs pères ont vécu, cela seul importe. C'est aussi là ce qui fait la routine de beaucoup de gens du peuple, à la campagne surtout, même chez les nations plus avancées en civilisation.

Chez celles-ci, les conservateurs par intérêt ne sont point rares. On appartient à un ordre de choses social ou politique dont on profite; cet ordre de choses peut exister au détriment d'autres qui en souffrent; les esclaves, par exemple, sous le régime de l'esclavage; peu importe, il faut maintenir ce qui est, car l'intérêt des autres échappe aux yeux de ceux qui bénéficient du présent; il y a d'ailleurs des droits acquis dont on ne peut les déposséder sans injustice. Ainsi raisonnent les conservateurs politiques et autres, aristocrates contre démocrates, riches contre pauvres, absolutistes contre libéraux, chacun n'ayant en vue que ses intérêts ou les intérêts de sa classe.

Les conservateurs religieux rentrent plus ou moins dans la classe précédente, avec cette différence chez eux que la foi en une croyance remplace en général, comme mobile, l'intérêt chez les politiques; ils se croient en possession de la vérité seule qu'il importe de défendre et de maintenir; toute réforme est sacrilège et odieuse à leurs yeux. L'on sait d'ailleurs que, religieux et politiques, les conservateurs se sont plus d'une fois rencontrés sur un terrain commun, et en s'appuyant les uns sur les autres, pour maintenir un ordre de choses existant conforme à leurs convictions unies à leurs intérêts.

En dehors de ces trois classes de conservateurs, il en est d'autres éclairés et désintéressés, et dont nous parlerons pour les opposer plus loin à certains progressistes en qui la sagesse ou l'expérience font défaut.

Nous avons dit que les progressistes forment le second camp de toute société en voie de compléter sa civilisation. Frappés par l'état d'infériorité ou d'injustice de l'ordre présent, ou du mal résultant d'erreurs tenues pour vérités, poussés par un mouvement naturel de leur esprit qui aperçoit un ordre de choses meilleur ou plus vrai, les progressistes cherchent à sortir de l'état stationnaire ou routinier où se plaisent les conservateurs d'habitude, d'intérêt, ou de doctrine, pour porter ce mouvement dans les choses et dans les idées.

Mais la médaille a son revers. Au sein d'une société tourmentée par la recherche du mieux, le progressiste n'est parfois qu'un révolutionnaire, sinon un simple amateur de changements : c'est ce que l'on a souvent vu de nos jours. L'idée de progrès étant relativement une idée moderne, elle est devenue en vogue parmi les jeunes générations, et beaucoup d'entraînés l'ont adoptée sans la comprendre, mais uniquement pour rester dans le mouvement, comme on dit : de là tant de prétendus progrès qui ne sont que des changements.

D'autres n'ont cherché dans les bouleversements sociaux que l'occasion de se créer une place au soleil et de faire leur chemin, sans nulle préoccupation d'intérêt ou de bien publics, même à l'encontre de tout intérêt ou bien publics. Voilà les artisans du faux progrès.

Il faut comprendre que le progrès dans les idées et dans les croyances, comme la rupture des liens qui nous rattachent au passé, se font d'ordinaire par l'intermédiaire d'agents placés à des pôles opposés ; d'une part, les hommes de bien et les esprits supérieurs qui conçoivent, de l'autre, les cœurs légers qui adoptent par esprit d'opposition ou d'aventure, et dans des vues peu sérieuses ou peu avouables. Interrogez l'histoire, voyez ce qui s'est fait depuis un siècle en Europe, regardez ce qui se passe autour de nous : vous retrouverez ces deux classes d'êtres, dont les uns ont trop souvent compromis le bien que les autres avaient conçu, soit par sottise, soit par inexpérience, soit par égoïsme ou tendance mauvaise. Ainsi, avec nos idées modernes d'affranchissement, dans les milieux vulgaires ou peu cultivés, dans les ateliers, dans nos villages, ce sont souvent les moins bons, et non toujours les plus intelligents, que l'on voit sortir des rangs pour se rallier les premiers aux idées nouvelles; ils voient là une brèche à faire à la vieille forteresse des âges passés, et ils s'y précipitent avec ardeur; mais c'est dans des vues et des espérances précisément opposées à celles qui ont servi de mobiles aux initiateurs bien inspirés dont ils se prétendent à tort les disciples; les premiers n'ont voulu que le progrès conforme au bien de tous, ceux-ci, au contraire, y voient l'occasion de s'affranchir des liens qui les gênaient.

On pourrait déterminer ainsi la marche d'une bonne idée: les sages et les intelligents la trouvent; les gens qui parlent et écrivent la répandent; la foule l'adopte, et les imbéciles, aidés des exploiteurs, la gâtent.

De quoi se compose l'opinion? De deux grandes classes de gens : ceux qui pensent par eux-mêmes, et ceux qui ne pensent que par les autres. La première classe, la moins nombreuse, comprend les gens instruits et intelligents; dans la seconde, on compte la foule. Celle-ci n'est soumise en général qu'à des entraînements; elle remplace les idées qu'elle n'a pas par celles qu'on lui suggère, sinon, par des mobiles aveugles ou des habitudes d'esprit dont elle ne se rend point compte. Il y a beaucoup plus de gens qu'on ne pense qui, à divers titres, font partie de la foule : les femmes, par exemple, qui sentent plus qu'elles ne pensent, agissent en général par entraînement, et le mouvement qui les emporte reçoit d'elles en retour une nouvelle intensité; il en est encore ainsi de la jeunesse.

L'opinion, où foisonnent ainsi les gens qui ne pensent que par les autres, est gouvernée non seulement par les esprits supérieurs et désintéressés, mais encore, malheureusement, par les habiles qui l'exploitent à leur profit. Ceux-ci tirent parti de toutes ses faiblesses pour réaliser leurs calculs; ou bien, si ce ne sont que des esprits légers, inexpérimentés, exaltés, ils entraînent les autres dans les fautes et les folies où ils sont eux-mêmes emportés. Pourquoi le monde paraît-il souvent si bête? C'est qu'il obéit servilement ou d'une façon inconsciente aux idées fausses qu'on a l'art de lui faire partager, et avec lesquelles on le dupe. De là, à certains moments, l'empire malfaisant de la mode ou de la vogue, qu'il s'agisse de gens ou de choses. D'autres fois, l'effet contraire se produit, quand on a affaire avec des esprits passifs, esclaves de leurs habitudes; alors il n'y a plus entraînement subi, mais plutôt obstination et résistance aveugle aux idées nouvelles; c'est là l'œuvre du préjugé, c'est-à-dire la conséquence d'un entraînement ancien qui persiste. Dans les deux cas, au surplus, il n'y a ici que des esprits aveugles ou passifs.

Dans ces conditions, que peut être, en politique, par exemple, le suffrage universel, vers lequel gravite le monde aujourd'hui? En général, une pure loterie; l'expérience l'a déjà plus d'une fois démontré; c'est à qui s'emparera le plus habilement de l'esprit des foules, qui ne pensent et n'agissent que grâce à l'impulsion dominante qu'elles reçoivent; si cette impulsion est bonne, on votera bien; si elle est contraire à l'intérêt général, on entraînera le pays vers des conséquences funestes. Dans le suffrage universel, on a cru trouver une garantie pour les intérêts de la démocratie, et l'on a peut-être eu raison à certains égards; mais s'il est généralement vrai que l'on ne fait bien ses affaires que par soi-même, et sans trop se fier au zèle des autres, encore faut-il avoir pour cela quelque clairvoyance dans l'esprit, et ne pas prendre, comme on dit, des vessies pour des lanternes. Le suffrage universel, partout où il a été admis, a fait arriver d'autres hommes au pouvoir — et c'est sans doute ce qu'on a voulu — sans qu'on puisse dire toujours que c'est le grand nombre qui en a retiré le plus d'avantages.

Eclairer l'opinion, pour que la classe des gens capables de juger par eux-mêmes devienne un jour plus nombreuse que celle des gens qui ne pensent qu'à l'aide de l'esprit des autres et au risque d'en être victimes, voilà sans doute la bonne voie. Il ne faut pas se faire trop d'illusions toutefois : l'opinion publique, quoi qu'il arrive, se composera toujours de bon nombre d'êtres trompés par les apparences ou esclaves de l'idée dominante, quelle qu'elle soit; on peut bien aider les boiteux à marcher, mais on ne peut pas faire qu'ils n'aient une jambe plus courte que l'autre.

Dans l'évolution des idées où s'engendre le progrès politique et social, on peut faire cette remarque que l'initiative est souvent prise par les membres des classes qui ont intérêt à le repousser, en maintenant ce qui existe. Voyez les antécédents de la révolution de 1789 : ce furent les salons où primait la noblesse, qui acclamèrent les idées démocratiques de Rousseau et les livres anti-catholiques de Voltaire. Et aujourd'hui, que voyons-nous? Ce sont des bourgeois qui ont posé les fondements du socialisme, et c'est le socialisme qui déclare la guerre à la bourgeoisie et veut la détruire. Et quand un jour le radicalisme des esprits a tiré toutes les conséquences des premiers principes ainsi posés, et qu'il s'agit de réprimer ce dont on commence à s'effrayer, on ne le fait qu'avec une certaine mollesse qui empêche d'atteindre le but. Est-ce la peur qui retient ici des cœurs timides ? Non, ce sont plutôt des scrupules de conscience et de justice, que fortifient des habitudes d'éducation.

C'est que, souvent, dans les idées nouvelles, quelque abus qu'on en fasse par la suite, il y a un fond de vérité et de justice qui a d'abord frappé ou séduit les esprits sérieux et réfléchis autant qu'honnêtes, si même d'autres, en plus grand nombre peut-être, ne les adoptent d'abord que par légèreté et comme des nouveautés qui ont la vogue. C'est ainsi que ces idées ont trouvé des protecteurs jusqu'au sein des classes qui auraient dû y être hostiles, en recevant de leurs concours une importance qu'elles n'auraient pas eue sans cela.

Voilà pourquoi le moment d'enrayer et de sévir arrivé, on n'y procède pas toujours avec la vigueur nécessaire, mais seulement contraint par la force des choses, et avec certains ménagements que ne connaissent pas de moins scrupuleux et à la main plus rude. Or, il faut souvent une main ferme et pesante pour arriver à réprimer efficacement, lorsque les passions et les cupidités déchaînées à la suite de l'évolution nouvelle ont changé le bien en mal et la justice en oppression; les meilleures intentions ne peuvent y suffire, car on a affaire alors à des gens qui ne respectent que la rudesse et que n'intimident que les coups.

A cela, les premiers inspirateurs ou protecteurs du mouvement, dont ils seront peut-être eux-mêmes les victimes, ne peuvent se résigner ; ils sentent qu'ici il n'y en a pas moins une part de justice que leur conscience et leur raison se refusent à condamner ou que réclame leur époque; ils sont faibles, encore plus que gênés par leurs antécédents, contre les coupables ou les fous qui ont compromis la bonne cause, et, tout en les maudissant, ils encouragent par cette faiblesse honorable

— puisqu'elle est chez eux inspirée par la justice, mais compromettante quand même — ceux qui ne connaissent que la force et la violence : de là, alors, les nécessités des dictatures, ou les prétextes aux usurpations de pouvoir.

C'est ainsi que, par les conservateurs eux-mêmes, à travers mille obstacles, s'accomplit le progrès des choses et des idées, et non pas même par les plus aveugles d'entr'eux, mais souvent par les plus honnêtes et les plus clairvoyants ; il y a ici une force ou une logique des choses à laquelle ils obéissent, sciemment ou non, même contre leur propre intérêt ; c'est l'impulsion instinctive vers le progrès social. Ce sont les idées qui mènent le monde.

Le progrès prend souvent des voies mystérieuses. Il en est ainsi ailleurs encore qu'en politique. L'entraînement des esprits en écarte aussi souvent qu'il y ramène. Nous l'avons remarqué déjà, il y a peu de gens capables de juger les choses en elles-mêmes selon leur valeur propre ; la plupart doivent être sollicités et entraînés, et il est de purs caprices d'opinion auxquels on se laisse d'autant plus facilement emporter que l'on est plus débile de volonté ou de jugement.

En matière de mœurs, de goûts, d'usages, tout comme en politique, il existe une vérité du moment, cette vérité fût-elle en opposition avec la vérité vraie et constante ; en littérature, dans les beaux-arts, même en quelque mesure en manière scientifique, cette vérité du jour donne le ton, tout comme la mode pour les vêtements ; peu y échappent, et c'est ce qui fait l'objet de l'entraînement à certaines heures dans l'esprit des gens.

Comment cela arrive-t-il ?

Un certain concours de circonstances, l'influence de certaines personnalités, des résultats heureux et momentanés qui impriment un fort cours aux idées, voilà ce qui agit sur l'opinion à un jour donné ; stimulée par les orateurs, les écrivains, les critiques du jour, elle devient alors, cette opinion, comme l'air respirable d'un lieu, d'un peuple, ou d'une classe. Prenons pour exemple la liberté politique et les autres libertés qui en sont la conséquence.

On avait longtemps souffert du despotisme du pouvoir absolu, des privilèges de ceux qui le soutenaient et qu'il favorisait, de la contrainte sous laquelle on maintenait les esprits et les choses. Un jour, pas loin de nous, on parvint à secouer le joug sous lequel on vivait depuis longtemps, et les libertés modernes et nécessaires, en même temps qu'elles réparaient les iniquités du passé, furent des bienfaits qui constituent la meilleure part du progrès social et économique de notre époque.

Depuis lors, le mot de liberté a joui d'un vrai prestige ; principe fécond, en même temps qu'il flattait notre instinct naturel d'indépendance, on lui a attribué non seulement tous les progrès qu'il pouvait à juste titre revendiquer, mais encore on lui a supposé des vertus qui devaient mener à tous les autres. Par une conséquence naturelle, le mot autorité n'a plus guère eu d'écho; et comme l'ordre social ne peut exister sans une certaine mesure d'autorité, l'ordre a été rangé parmi les vieilles choses. Tel a été l'entraînement du siècle qui va finir; on ne va jamais à la juste mesure qu'après de nombreux tâtonnements; la liberté en réaction avec le despotisme devait nécessairement mener à d'autres abus.

Autre exemple : Un jour, des esprits éclairés et indépendants se sont aperçus des abus religieux et du faux mysticisme de certaines croyances traditionnelles imposées aux fidèles; encouragé par l'affranchissement des esprits dont on avait bénéficié à d'autres égards, le monde des affranchis a dès lors non seulement brûlé ce qu'il avait autrefois adoré, mais en outre rejeté toute croyance spiritualiste se rattachant par quelque lien au passé; on s'était trouvé dupe de sa foi au surnaturel, et l'on s'est fait libre-penseur dans la moins bonne acception du mot; ne plus rien croire désormais en dehors de la science est devenu de bon ton; et dans l'esprit du jour les mots *religieux* et *superstitieux* ont paru synonymes. Voilà où l'on en est encore un peu aujourd'hui; peut-être jusqu'au jour où l'on se rejettera dans quelque folie de crédulité ou de dévotion, ce qui constituera, au pôle opposé, un autre entraînement tout aussi peu justifié.

Plus aucun joug de quelque nature qu'il soit! Tel a été le cri de notre temps. Outre le bien réel résultant de la disparition des anciens abus du pouvoir spirituel ou temporel, une telle tendance flattait trop les instincts d'indépendance de notre nature pour qu'on ne s'y laissât pas emporter avec bonheur, et sans se demander jusqu'où elle pourrait entraîner.

En a-t-il été autrement en matière littéraire et artistique? Non. En littérature, des œuvres qui avaient longtemps fait l'admiration du monde, prises pour modèle et imitées selon des règles étroites, finirent un jour par lasser les esprits; on avait aperçu de nouvelles voies et de nouvelles sources; on y alla, et l'on fit bien, car le domaine du beau s'agrandit d'autant et prit plus de variété. Mais de ce jour, trompé par le succès qui sourit aux nouveautés, le monde n'a plus guère estimé que ce qui s'émancipe de toute règle et de tout antécédent: on a d'autant plus apprécié le neuf qu'il s'éloigne davantage du vieux; il n'y a plus eu de maître, tout le monde l'est devenu; plus d'idéal, chacun a eu le sien. De là, en France particulièrement, depuis plus de soixante ans, tant d'extravagances littéraires devenues à la mode parmi les décadents du jour; et de là, en général, le faux goût de notre fin de siècle, tant au fond que dans la forme [1].

Pas plus qu'en littérature les faiseurs et les systématiques n'ont manqué dans les beaux-arts. Chez

1. S'il faut en croire Montaigne, cela, sans doute, n'est pas particulier à notre temps : « Il ne s'y veoid qu'une misérable affectation d'estrangeté, dit-il de son siècle... Pourvu qu'ils se gorgeassent en la nouvellité, il ne leur chaut de l'efficace. »

les peintres, il y a eu autrefois des maîtres, et des œuvres considérées encore aujourd'hui comme parfaites, qui ont servi de modèles; les écoles du passé en Italie, en Flandre, en Hollande, en Espagne, ont eu des procédés, ont laissé des traditions que longtemps on a acceptées comme guides; mais ces prédécesseurs avaient-ils donc épuisé les ressources de l'art, et ne devait-on que suivre la voie qu'ils avaient tracée, sans jamais s'en écarter? Ou bien, les yeux sur la nature, pouvait-on tenter d'autres épreuves et se faire un idéal différent? On l'a cru, et, en dehors des académies, on a produit de belles choses qui ont renouvelé l'intérêt et multiplié les aspects.

Ce qui est arrivé pour la peinture est arrivé pour la musique. Les Italiens, les Allemands, les Français nous avaient longtemps charmés par des créations qui faisaient école, et dont il semblait qu'on ne pouvait guère s'écarter. Néanmoins, avait-on fait vibrer toutes les cordes de l'émotion, n'y avait-il plus d'autres goûts à satisfaire, d'autres fibres à toucher, et en variant la méthode ne pouvait-on faire apparaître un monde nouveau? Tout récemment, Wagner est venu, et son drame lyrique ou symphoniste a conquis les applaudissements du jour; il a tout mis dans un orchestre de science merveilleuse, et rien sur la scène qu'une mélopée continue que les instruments interprètent; c'était nouveau et cela a suffi; parmi les fanatismes d'autrefois, nul n'a surpassé le fanatisme wagnérien. Et en musique comme en peinture, l'entraînement a ainsi suivi les écoles nouvelles ; elles ont fait des disciples contempteurs du passé, qui n'ont obéi qu'à des inspirations personnelles ou systématiques. En peinture particulièrement, on a vu des impressionnistes, des pointillistes à la recherche d'une esthétique nouvelle ; et, surtout, une classe de barbouilleurs sans études et sans savoir, qui n'ont rien de commun avec les maîtres de l'art, ni avec l'art lui-même. Est-ce que la vogue en est moins venue à ces écoles nouvelles? Non ; il y a eu ici comme une entente générale pour acclamer ce qui était le plus opposé aux goûts d'autrefois, c'était le progrès et c'est devenu *la mode;* chacun de s'y conformer à l'envi, fût-ce sans plaisir ni conviction : tel est l'empire du *snobisme,* et tels sont les résultats de l'entraînement : il affole les esprits en leur représentant comme vrai ce qui est faux, bien ce qui est mal, beau ce qui est laid. Il se produit jusque dans les sciences, théoriques ou d'application, où parfois les doctrines nouvelles arrivent à entraîner les savants et les industriels. Mais ceux-ci se reprennent vite et reviennent à la vérité des choses. Tandis que le grand troupeau des aveugles, sur lesquels agissent ces caprices d'opinion, ne délaisse l'un bien souvent que pour le remplacer par un autre proclamé à son tour le progrès du jour.

S'il y a des entraînements qui durent au delà des caprices ou des circonstances qui les ont fait naître, ce ne peut être que l'œuvre de la contrainte dans les milieux où manque la liberté et où ceux qui commandent à l'opinion ont intérêt à déguiser la vérité ; là, le faux s'affermit et devient préjugé, effet d'un premier entraînement qui s'est comme figé. Mais si l'on consulte dans leurs évolutions libres la marche habituelle des choses et des idées, on trouve qu'une fois le mouvement donné le monde passe de la liberté des opinions au radicalisme du principe, sous la direction aveugle ou intéressée de chefs d'occasion, que suivent à la file les moutons de Panurge, et l'on ne revient un jour à des idées plus saines que lorsqu'on voit un grand trou qui s'ouvre sous vos pas.

Nous l'avons dit, l'homme est d'autant plus facile aux entraînements dans des voies fausses qu'il aime le nouveau et le changement. Ce ne sont jamais que les liens de l'habitude et de la tradition qui peuvent le retenir dans un même ordre d'idées, et ceci n'arrive qu'aux peuples vieillis ; mais dès que la liberté avec le progrès général ont ébranlé les dogmes du passé et rajeuni les esprits, tout tend à se renouveler, et de telle sorte qu'un jour l'opinion, comme par une revanche des choses, ne se plaît plus que dans le changement ; cette tendance se fait sentir en tout, dans l'ordre des idées comme dans l'ordre des faits, dans l'ordre du bien comme dans l'ordre du beau ; plus rien n'est stable ; le bon s'en va avec le mauvais, car tout ce qui est nouveau est alors considéré comme un progrès et une condamnation définitive du vieux ; et cela réveille l'intérêt et procure une émotion ; on n'en demande peut-être guère davantage. De telle sorte qu'en toutes choses, lorsqu'on a atteint un certain degré de perfection, il faut dire qu'on est bien près de la décadence [1]. Du nouveau, n'en fût-il plus au monde ! Tel est le cri, à certains moments, des sociétés en mouvement, et le public, non sourd, mais aveugle, répond à ce cri des ennuyés, ou des malins qui spéculent sur la sottise humaine, comme à l'en-avant des impatients, par un signe d'assentiment général. Il n'y a rien de moins plaisant que la vérité, c'est toujours la même chose.

Cet état d'âme est celui de beaucoup de sociétés modernes, à la suite de tous les bouleversements qui ont signalé le dix-neuvième siècle et imprimé comme un pli nouveau aux caractères ; cette instabilité, ces tendances désordonnées des goûts et des esprits sont surtout sensibles dans les pays qui ont été plus directement influencés par ces bouleversements réitérés ; là, on a pris comme habitude de n'avoir plus aucun principe en rien pour pouvoir changer plus souvent et plus aisément l'ordre de choses en tout, selon des goûts nouveaux. C'est une des maladies du jour, et peut-être faudra-t-il

1. « Sitôt qu'une opinion devient commune, il ne faut point d'autre raison pour obliger les hommes à abandonner et à embrasser son contraire, jusqu'à ce que celle-ci vieillisse à son tour et qu'ils aient besoin de se distinguer par d'autres choses. Ainsi, s'ils atteignent le but dans quelqu'art ou dans quelque science, on doit s'attendre qu'ils le passeront pour acquérir une nouvelle gloire ; et c'est ce qui fait en partie que les plus beaux siècles dégénèrent si promptement, et qu'à peine sortis de la barbarie ils s'y replongent.

(Vauvenargues.)

de nouvelles épreuves pour en guérir les gens et les rappeler à la raison.

C'est ici, contre de telles tendances, que les conservateurs éclairés, qui ne sont que des progressistes sages et de bonne foi, interviennent utilement avec leur expérience, leur science et leur habileté, pour les opposer aux illusions et aux exagérations des progressistes aventureux ou systématiques qui condamnent tout ce qui s'est fait avant eux, et placent le neuf en face du vieux tout comme la vérité même en face du mensonge. Le rôle de ces conservateurs, loin de faire obstacle, comme chez les autres, au progrès des esprits et des choses, sert, au contraire, à en assurer la marche, pour les élever vers un état meilleur, en empêchant les rêveurs, avec les routiniers ou les spéculateurs suspects, de compromettre le tout pour une ruine commune.

La société avance ainsi dans le progrès réel à l'aide de deux ressorts, l'un qui la pousse en avant, l'autre qui lui impose un frein pour la sauvegarder contre une marche désordonnée qui la perdrait.

Pour progresser ainsi, la société a besoin d'une certaine liberté. Ce besoin a été la revendication la plus haute de l'ère moderne; on l'a élevée contre l'état d'oppression et les abus d'autorité des siècles passés, nous l'avons déjà dit; elle est devenue l'idée dominante. Le mot de liberté avait comme hypnotisé les gens d'une certaine époque; en France, vers 1830, après avoir quarante ans auparavant retenti dans la *Marseillaise* de Rouget de l'Isle, il eut ses heures d'enthousiasme sur la scène avec *Guillaume Tell* et la *Muette de Portici;* les poètes le chantaient, la presse l'acclamait. Bref, ainsi qu'il en arrive ordinairement de toute idée généreuse qui obtient la vogue, nous avons vu qu'on a fini par donner à celle-ci une portée qu'elle ne pouvait avoir; de l'ordre politique et économique, on l'a transportée dans l'ordre moral, dans l'ordre intellectuel et dans l'ordre esthétique [1] ; on a vu des tyrans et de la tyrannie dans toutes les règles antérieures, quelles qu'elles fussent, qui apportaient un frein quelconque à la libre expansion individuelle : ce ne pouvaient être que des préjugés comme les autres, des inventions intéressées des maîtres d'autrefois ou tout au moins des illusions puériles dont nos pères avaient été dupes; et sur toute la ligne, il n'y eut bientôt qu'un cri : *vive la liberté!* Et ce cri mettait la joie au cœur de beaucoup de gens. De là l'élimination finale d'un autre facteur du progrès social, à savoir l'autorité et la direction des chefs et des vérités qui ne changent pas, choses si peu encore en faveur de nos jours, et pourtant non moins nécessaires.

En politique, l'étendue des droits détermine celle des libertés; mais les droits ne sont pas identiques à tous les âges et dans toutes les conditions : les libertés doivent donc varier. L'enfant, l'adolescent, est privé de ses droits jusqu'à l'âge d'homme; jusque-là, et dans son intérêt, il reste sous la tutelle

1. En ce moment, on réclame même la liberté d'écrire le français sans règle d'orthographe ni de syntaxe.

de ses parents. En doit-il être autrement des peuples enfants, ou des classes ignorantes et inexpérimentées, qui existent encore en bas chez toutes les nations ? Nous ne le croyons pas. Et ailleurs encore qu'en politique, dans les lettres et dans les arts, les émancipés de toute autorité et de toute règle ne seront sans doute que les extravagants que l'on sait, artisans du faux progrès, qui a ses heures de vogue dans le monde, mais qui ne laisse rien derrière lui.

Et pour réaliser le vrai progrès social et humain, comme nous l'avons compris dans sa marche accidentée, quelle est, en somme, la meilleure forme de gouvernement? Vieille question sur laquelle il ne reste guère à dire, mais qui peut encore se poser, après tant d'épreuves subies.

Si on en exclut l'absolutisme, c'est-à-dire la loi unique d'un maître ou d'une caste, arbitres souverains de toutes choses, régime qui ne convient, en général, qu'aux peuples enfants, qui ne peuvent s'en passer, on peut dire que tous les régimes se valent, en ce qu'il n'y en a aucun qui ne présente certains avantages, selon les circonstances, ou contre lequel on ne puisse faire valoir quelque grief.

En règle générale, chaque gouvernement ne voit les choses que d'un certain point de vue, celui dont il procède ou de la classe dont il est sorti. Les hommes d'État ou les puissants qui gouvernent ont beau prétendre ne s'inspirer que de l'intérêt public, ils ont surtout en vue le bien du maître qui les choisit; ils ont beau se dire ou même se croire également équitables pour tous et veillant à tout, ils n'en penchent pas moins toujours du côté où ils voient leur plus grand intérêt ; s'il se trouve parmi eux quelques esprits honnêtes ou supérieurs qui font exception, ils ne peuvent longtemps gouverner à contre-sens de l'influence dominante qu'ils représentent. S'agit-il d'une monarchie absolue, avant tout il y a le bien du chef et son pouvoir à sauvegarder. S'agit-il d'institutions tempérées, c'est surtout l'intérêt des classes gouvernantes qu'il faut soigner. Vit-on sous un régime purement démocratique et sous la loi du grand nombre, c'est en vue du peuple et contre les heureux du monde qu'il faut gouverner. Cette dernière forme de gouvernement présente à la fois l'avantage de viser plus aux intérêts du populaire et l'inconvénient d'élever au pouvoir des hommes moins dignes ou moins capables. Toujours le mal à côté du bien.

Serait-il plus vrai de dire, comme on l'a prétendu de nos jours, que chaque gouvernement arrive à son tour, et réalise d'une façon absolue la pensée d'une époque ou d'un peuple à un moment donné? Que la liberté ne peut être qu'un régime transitoire, entre un ordre de choses vieilli, auquel il a fallu mettre un terme, et un ordre nouveau qui se prépare et n'existe pas encore ? Enfin, que dans tout régime parfait elle ne peut conserver qu'une faible place ?

Quoi qu'il en soit, on doit tenir pour assuré que

si la tendance extrême de la liberté est l'anarchie, c'est-à-dire l'égoïsme de chacun mis à la place de l'intérêt de tous, celle de l'absolutisme et son terme naturel est l'oppression tyrannique et finalement l'arrêt de tout progrès. On peut dire qu'il y a deux sortes de gens dans le monde : ceux qui se plaisent dans les désordres de la liberté et ceux qui sacrifient à la paix jusqu'à se résigner à l'avilissement du despotisme. Ni les uns, ni les autres, sans doute ne représentent des intelligences amies du progrès. En fait de gouvernement, et question de système à part, l'ordre seul, en somme, est favorable au vrai progrès.

L'ordre est le régime des sociétés éclairées arrivées à l'âge viril et de raison. Il comporte une somme de libertés nécessaires, particulièrement la liberté politique, indispensable au choix de ceux qui sont chargés de faire la loi, conforme à la justice. L'ordre est, en effet, le régime où toute puissance, où toute autorité, remontent à la loi et y prennent leur origine; c'est la loi, expression de la volonté nationale, qui y gouverne, plutôt que des hommes toujours disposés à écouter leurs intérêts ou leurs passions. Mais, sous ce régime, l'ordre légal prime la liberté individuelle et non la liberté individuelle l'ordre légal : de là, un pouvoir fort et respecté [1].

1. Le duc de Broglie, président du cabinet français, disait en 1835 à la Chambre des députés : « La mollesse, la complaisance du moins, sont permises peut-être au pouvoir absolu; il peut toujours les compenser par l'arbitraire; mais le pouvoir constitutionnel doit

L'ordre est, en somme, le régime des peuples parvenus à un état stable de civilisation avancée et supérieure, répondant à l'esprit et aux besoins d'une époque. L'idéal serait un gouvernement sachant si bien concilier l'ordre avec la liberté qu'il assurerait tout ensemble aux gouvernés la justice et le progrès, la force à la loi et la puissance à la nation. Mais si, d'une part, les bons gouvernements sont nécessaires au progrès social et humain, de l'autre, souvent, ils en dépendent. Il y a donc ici une espèce de cercle vicieux devant lequel on doit dire pour conclure que chaque peuple en général a le gouvernement qu'il mérite, valant ce qu'il vaut; les meilleurs sont chez les peuples les plus sages, les plus libres et les plus éclairés.

APPENDICE

NOTES, PENSÉES ET EXTRAITS

« Le bon sens dans le gouvernement de la société doit remplacer les longs interrègnes du génie. » C'est de Bonald qui a dit cela, et c'est vrai; mais le bons sens, cette chose qui se confond avec la sagesse, a peu d'attraits pour les masses aveugles; et où les gouvernements sont à la merci du grand nombre, on préfère souvent les grelots de la folie.

« Un peuple n'est jamais plus près de se soulever,

imiter l'impassibilité de la loi; plus la liberté est grande, moins l'autorité doit fléchir. »

qu'au moment où commencent les réformes. » Cette pensée d'un ministre belge, Van Praet, n'est que la confirmation de cette autre de Machiavel : « Tout changement survenu dans un État donne l'idée d'en faire de nouveaux. » Voilà plus de cent ans que l'Europe se charge de prouver ces vérités.

« Ceulx qui donnent le bransle à un Etat sont volontiers absorbés en sa ruyne ; le fruit du trouble ne demeure guères à celui qui l'a esmeu ; il bat et brouille l'eau pour d'autres pescheurs. » Depuis Montaigne, l'histoire n'a guères fait que confirmer cette opinion ; les gens propres à détruire ne le sont pas à édifier ; ce sont deux spécialités différentes qui comportent des facultés opposées. « L'esprit révolutionnaire, observe à son tour M. Guizot, est fatal aux grandeurs qu'il élève comme à celles qu'il renverse ; la politique qui conserve les Etats est aussi la seule qui termine et fonde les révolutions. »

Les révolutions sont parfois nécessaires, parce que le progrès est non seulement la découverte du mieux, mais aussi l'abolition du pire ; les peuples en jugent à leurs risques et périls.

« Il ne faut rien attendre des réformes princières émanées d'en haut, et les peuples ne peuvent compter sur la possession assurée de leurs libertés que s'ils se sont donné eux-mêmes la peine de les acquérir et de les défendre. » (Gervinus.)

***

« Ce n'est pas la forme des institutions, mais bien l'assentiment qu'elles obtiennent ou les dissidences qu'elles excitent qui permettent ou empêchent leur établissement. Dans un pays nouveau, après une révolution d'indépendance comme en Amérique, toute constitution est possible ; il n'y a qu'un parti ennemi, celui de la métropole, et dès qu'il est vaincu la lutte cesse, parce que sa défaite entraîne son expulsion. Il n'en est pas de même des révolutions sociales chez les peuples qui ont une longue existence. Les changements attaquent les intérêts, les intérêts forment les partis, les partis se mettent en lutte, et plus la victoire s'étend plus les ressentiments augmentent. » (Mignet.)

Les gens peu sérieux ou peu intelligents, qui de nos jours, veulent réformer à tout prix, et qui, une fois arrivés aux affaires, nous font faire tant de sottises, devraient bien méditer ces paroles de Thiers : « Il faut, quand on réforme, se contenter de réformer pour détruire des souffrances réelles, pour établir la justice là où elle manque, mais réformer pour le plaisir des yeux ou de l'esprit, pour mettre la ligne droite où elle n'est pas, c'est trop exiger de la nature humaine. »

Dans les petites républiques de la Grèce antique, et généralement aux époques de la civilisation primitive, on a voulu tout régler, tout soumettre à la discipline, conformément à un idéal plus théorique que pratique. Ainsi, à Sparte, on citait devant les tribunaux ou on menaçait de l'exil le citoyen dont l'embonpoint paraissait une preuve de mollesse ; à Athènes, Socrate a été condamné à boire la ciguë pour avoir été trop sage et trop vertueux : on l'eût exilé, à Sparte, pour s'être trop bien porté.

Montesquieu dit à propos des lois et de réformes par les lois : « On n'offense jamais plus les hommes que lorsqu'on choque leurs cérémonies et leurs usages; cherchez à les opprimer, c'est une preuve de l'estime que vous en faites ; choquez leurs coutumes, c'est toujours une marque de mépris. »

Il n'y a que les opportunistes, en d'autres termes, que les esprits politiques, qui sachent fonder et administrer, c'est à-dire gouverner ; c'est que ces derniers seuls ont l'expérience et la pratique des hommes et des affaires, ce qui manque aux logiciens radicaux, esprits absolus ou purs théoriciens idéalistes, lors même qu'ils sont sincères dans leurs vues. Cette pratique, voilà ce qui a fait longtemps la force des Anglais : « L'esprit de transaction et de compromis domine dans nos mœurs, dit Stuart Mill ; jamais une idée n'est poussée jusqu'à ses conséquences légitimes ; les penseurs, pas plus que l'ensemble de la nation, ne mettent en pratique d'une manière complète les principes qu'ils professent. »

Lord Chesterfield disait à Montesquieu : « Vous nous avez appris nos institutions à nous-mêmes; mais saurez-vous ensuite les imiter ? Vous pourrez bien faire encore des barricades; mais saurez-vous élever des barrières ? »

***

L'on peut louer à juste titre l'esprit public du peuple anglais ; c'est celui d'un peuple avisé, instruit par la pratique de l'expérience ; mais il serait peut-être temps de ne plus prendre leurs institutions pour exemple. Il a été longtemps de mode sur le continent de les invoquer, parce que l'Angleterre a devancé les autres nations dans le régime libéral : institutions représentatives et parlementaires, jury, liberté de la presse et toutes autres libertés, l'Angleterre avait tout cela quand les autres nations n'avaient rien ; et depuis un siècle que les peuples du continent progressent vers ce régime, l'exemple de l'Angleterre a continué à servir ; c'est une habitude qui garde encore ses fidèles. Pourtant, en réalité, et à beaucoup d'égards, l'Angleterre aujourd'hui peut être considérée dans ses lois et ses institutions politiques et civiles comme un des États les plus arriérés de l'Europe ; c'est par excellence le pays de la tradition ; et tandis que les autres pays, tout en adoptant, en principe, le régime libéral anglais, ont repoussé ce qu'il s'y mêlait de mauvais, de primitif, d'étrange, parfois même de grotesque, le peuple anglais, lui, a presque tout gardé avec un soin religieux. S'il n'avait encore que ses traditions de perruques et de coutumes cérémonielles ; mais que de lois et d'usages séculaires continuent à régler l'administration, la justice, le régime parlementaire, au préjudice du bon sens ! Naguère encore, pour ne parler que des élections, les singularités les plus étranges se produisaient dans la répartition des sièges à la Chambre : ainsi, avant la réforme électorale de 1832, tandis que des grandes villes n'étaient pas représentées, dans certains bourgs une vingtaine d'électeurs, quelquefois moins, nommaient jusqu'à deux députés ; il y avait quelque part un seul électeur qui disposait de deux sièges. Voilà des exemples d'un état de choses qui a duré presque jusqu'à nos jours, et il en reste.

Il serait trop naïf de croire que tous les éléments des partis en politique représentent des principes ; les Anglais, qui ont une longue expérience de la vie politique, en savent quelque chose. Sans parler des intérêts privés, souvent tout-puissants, l'esprit de parti ou de lutte et les questions d'amour-propre jouent encore ici un grand rôle : « Les gens qui adoptent un parti politique, dit Thackeray, sont, en général, plus influencés par les hommes que par les principes ; une marque de bienveillance ou de dédain fait passer un homme sous un drapeau ou sous un autre, et il le suit jusqu'à la fin de la campagne. » « Il est dans la nature des partis, dit à son tour Macaulay, de conserver leurs haines premières bien plus fermement que leurs premiers principes. » A cet égard, il y a peut-être aujourd'hui plus de retenue ou de dissimulation qu'autrefois en Angleterre ou ailleurs ; mais quant au respect des principes ou à l'abnégation personnelle, on va toujours, en général, du côté où vous attirent les hommes ou les intérêts.

Dans le monde des partis, ou dominent les passions, les adversaires que l'on redoute le plus sont ceux qui ont pour eux un semblant de raison qui pourrait séduire les mieux pensants. Ainsi, dans les pays catholiques, en matière religieuse, nuls n'ont été naguère combattus avec plus d'acharnement, tout ensemble par les catholiques de sacristie et les libéraux de la loge, que les partisans de ce que l'on appelait le catholicisme libéral ; ainsi en politique, les progressistes sages et pratiques sont plus antipathiques tout à la fois aux radicaux révolutionnaires et aux conservateurs réactionnaires que ceux-ci à ceux-là, et réciproquement. A l'époque de la révolution française, les jacobins régicides et sans culottes étaient moins antipathiques aux courtisans et aux amis de l'ancien régime que les constituants ou constitutionnels, tels que La Fayette et autres. C'est une tactique naturelle aux partis et aux sectaires, ennemis des idées moyennes et emportés par leurs passions ; et ceux-ci n'ont aucune peine, du reste, à amener à leurs sentiments les foules peu éclairées, qui n'aiment, elles, ou ne comprennent que les idées simples ou peu compliquées ; or, en dehors des extrêmes, les idées ne sont jamais simples.

Les hommes de partis, d'une part, et, de l'autre, les ambitieux et les spéculateurs qui couvrent leurs intérêts privés du prétexte de l'intérêt public, composent aujourd'hui, dans les pays d'institutions parlementaires, des chambres divisées qui rendent le gouvernement bien difficile. Où est la majorité ? On n'en sait trop rien. Ce n'est pas nouveau, toutefois, bien que le mal ait plutôt empiré. En France, sous le ministère Molé, M. de Barante écrivait à M. Bresson, en février 1838 : « La Chambre est dans un état d'éparpillement dont on peut s'affliger et s'inquiéter ; aucune opinion ne la rallie, aucun nom propre n'agit sur elle hormis en défiance ; chacun vote et parle à sa fantaisie, sans nulle déférence pour qui que ce soit... Le repoussement de toute hiérarchie, la répugnance pour toute discipline, est le trait marquant du public et de la Chambre. »

Aux termes du projet de constitution de Siéyès, dont

Bonaparte tira la constitution de l'an VIII, en la transformant à son profit et en l'adaptant à ses idées, la législature, selon l'expression de Mignet, cessait d'être une assemblée délibérante pour devenir une cour judiciaire: *un Conseil d'Etat*, au nom du gouvernement, *un Tribunat*, au nom du peuple, plaidaient et discutaient devant une *Assemblée législative*, qui n'avait pas d'initiative, et qui accordait son assentiment ou le refusait, sans pouvoir amender. Et Stuart Mill, dans son livre sur le gouvernement représentatif, tout Anglais qu'il est, se rapproche beaucoup de ces idées : selon lui, la seule fonction dont une assemblée représentative soit capable, ce n'est pas de faire les lois, mais de les faire faire et de décider à qui on confiera cette tâche ; une fois la loi faite, l'assemblée lui accordera ou lui refusera la sanction nationale, sans vouloir la refaire.

Dans le gouvernement d'Athènes, on sait que plusieurs fonctions se donnaient par le sort ; ainsi le Sénat était composé de quatre à cinq cents citoyens tirés au sort tous les ans ; pour les cours supérieures encore, auxquelles on appelait des sentences prononcées par les archontes, c'était le sort qui assignait les places. De nos jours, c'est le sort qui désigne les jurés chargés de juger les accusés et d'appliquer les lois ; pourquoi pas les législateurs chargés de les faire? Le sort se prononçant entre les citoyens capables et éclairés, divisés en catégories? Serait-ce tant plus mauvais que le suffrage universel? En tout cas, le mécanisme des gouvernements représentatifs et parlementaires, si empêchés par les luttes de partis et si agités par les contendances en temps d'élections, s'en trouverait fort simplifié ; il n'y a guère que les policitiens qui y perdraient. Mais vous verrez qu'on n'en fera rien.

***

« Le problème d'une parfaite constitution sociale, a dit Kant, implique le problème d'une constitution régulière des rapports internationaux et ne peut être résolu sans que celui ci le soit ». On en est presque aussi loin que jamais, non seulement à propos des choses de guerre et des armements ruineux où s'engagent les gouvernements européens de nos jours, mais encore à propos de beaucoup de questions et de réformes qui ne peuvent se résoudre efficacement sans entente internationale : commerce et travail industriel, hygiène et salubrité publique, police et lois répressives, autant de sujets qui, pour aboutir à de bons résultats, demanderaient une entente générale.

En quoi le gouvernement des peuples doit-il différer de celui de la famille? — En principe, il ne doit pas en différer ; une telle affirmation, qui peut paraître aujourd'hui paradoxale, n'en est pas moins une vérité vraie. Dans la famille, c'est le père, sage et expérimenté, qui a le soin des affaires et dirige les enfants mineurs ; chez les nations bien gouvernées, ce sont les citoyens les plus éclairés, les plus sages et les plus justes, qui doivent prendre la place du père et former le gouvernement. Dans la famille, les fils n'en deviennent indépendants qu'à mesure qu'ils entrent dans l'âge d'hommes, et sont capables de veiller à leur existence ; chez les peuples, ceux-là seuls doivent jouir de la liberté, qui sont devenus aptes à se gouverner eux-mêmes et à juger des affaires communes à tous. Que dirait-on d'un père de famille que remettrait le soin de ses affaires à ses enfants mineurs, ou ne ferait rien sans leur consentement ? On le traiterait d'imbécile ou tout au moins de mauvais père. Qu'a pourtant fait autre chose le siècle passé en réclamant, sans distinction, toutes les libertés pour les peuples émancipés, et en instituant le suffrage universel comme principe de gouvernement ?

Mais si, dans le but à atteindre, le gouvernement des peuples doit être assimilé au gouvernement du chef de famille, il en diffère pour cette raison bien connue que l'autorité de celui-ci est, par nature, mitigée par l'amour que les pères portent à leurs enfants, tandis qu'en général les gouvernements politiques, égoïstes et ambitieux, sont assez souvent de fort mauvais pères. Aux tendances naturelles à l'émancipation, s'ajoutent alors chez les gouvernés des griefs qui la justifient, et le joug tombe sous la violence des révolutions, qui ne laissent plus en spectacle que l'anarchie, où des maîtres égoïstes ont fait place à des sujets incapables, avec la liberté en tout et le gouvernement par tous, c'est-à-dire par personne. L'on se trouve ainsi jeté, comme disaient les anciens, de Charybde en Scylla; l'art était de passer entre les deux; mais l'art ne s'improvise pas; après un bond en avant on finit par faire un bond en arrière; et c'est le cas de dire encore que la marche du progrès social représente une ligne brisée.

La liberté sans principes vaut tout juste le pouvoir sans justice.

M. Paul Leroy-Baulieu, dans une suite d'études publiées par la *Revue des Deux Mondes*, énumérait naguère les vices de l'État moderne. Selon lui : 1° l'État moderne prolonge pendant plusieurs années consécutives l'engouement ou l'entraînement que subissait le pays lors des élections; 2° il n'a pas de suite dans les idées parce que le personnel est trop instable; 3° il ne peut être impartial parce qu'il représente un seul parti ; 4° son instabilité le force à faire tout avec une précipitation nuisible; 5° il ne conçoit les intérêts sociaux que morcelés, presque jamais sous forme synthétique, l'intérêt collectif ou de l'avenir lui échappe, il n'a en vue que le présent. »

L'État moderne, chez un peuple vraiment civilisé, doit être une *assurance mutuelle* contre la misère, la maladie, l'ignorance, l'immoralité, le crime, en un mot, des citoyens honnêtes et éclairés contre les mauvais, les vicieux ou les égoïstes qui les exploitent.

II

HOMMES PUBLICS. — DU VRAI ET DU FAUX ZÈLE

Qu'est-ce qu'un homme public, au bon et vrai sens du mot! C'est un homme qui a le goût des intérêts publics et qui s'en préoccupe autant ou plus que de ses propres affaires. Dans cette acception-là, il n'est peut-être pas autant d'hommes publics que de gens qui en acceptent les fonctions. On est appelé à une charge par les suffrages de ses concitoyens ou par le choix du gouvernement ; on est député, ministre, préfet ou gouverneur de province, maire ou bourgmestre de sa commune ; si on a ambitionné la place, est-ce parce qu'on était tourmenté d'idées à réaliser en vue du bien général? Pas sûr; c'est la vanité ou l'intérêt qui poussent ici la plupart des gens. Voyez-les à l'œuvre quand ils sont pourvus de leur place : M. X... est un personnage influent dans son arrondissement; il est riche, prétentieux, et médiocre ; tous ses désirs seraient d'être député ; une fois député, il viserait à être ministre; eh bien, qu'il soit député ou ministre, ou seulement maire de sa commune, laissera-t-il quelque trace durable de son passage aux affaires ? Remplira-t-il même convenablement ses fonctions et ses devoirs ? Non ; il ne tenait, au fond, qu'à jouir de son autorité et à satisfaire sa fatuité ; une fois parti, on reconnaît qu'il n'a réalisé aucune bonne idée, car il n'avait pas d'idée ; ou qu'il ne s'est dévoué à aucun progrès véritable, à aucune œuvre bienfaisante, car il en était incapable. Or, ce dévouement obstiné à réaliser d'heureuses inspirations, voilà à quoi on reconnaît l'homme public qui mérite ce nom ; les autres ne font qu'en tenir la place, ce sont des personnels.

Dans les affaires politiques, pour ne parler que de celles-là, il faut distinguer trois classes d'hommes dont les tâches sont plus ou moins diverses et les rôles plus ou moins considérables. Il y a d'abord ceux auxquels les Américains ont donné le nom de *politiciens*, et qui sont les moins sérieux de tous. Le politicien est un être dont la politique est l'unique occupation, et on peut dire le *métier*, évoluant entre les partis, s'agitant, intriguant, parlant dans les meetings, écrivant dans les journaux, tout cela par goût, ou en vue d'intérêts qui sont les siens, sinon ceux des gens qui l'ont à leur solde. Loin de jouer un rôle utile ou indispensable à une société libre, le politicien, qui l'agite, peut en être le fléau, car en général il n'a ni conscience ni principes.

Un autre genre d'hommes politiques, c'est l'avocat d'une cause qu'il s'est chargé de défendre. Loin de ne tenir sa mission que de lui-même comme le politicien, celui-ci la doit au choix de ses amis ou de ses concitoyens : c'est généralement le député de nos assemblées législatives. Les partis, qui ne manquent nulle part, ont ainsi leurs députés, chargés de soutenir leurs principes ou les intérêts de leurs affiliés ; les diverses circonscriptions électorales ont aussi les leurs, avec mission de plaider au plus grand avantage de leurs localités respectives ; enfin un député n'est parfois que le représentant de certains intérêts privés, assez influents pour l'avoir fait élire. Dans tous ces cas-là, l'homme politique n'est que l'avocat d'une cause, ayant pour mandat plus ou moins impératif de défendre cette cause, dût-il la placer au-dessus de l'intérêt général ; tout s'efface à ses yeux devant les intérêts de ses électeurs, intérêts qui, bien entendu, sont aussi les siens.

Il en est autrement de l'homme d'Etat, si on applique à ce mot son sens le plus vrai. Celui-ci, soit par principe, soit par nécessité de situation, se place à un point de vue plus élevé ; la règle de sa politique, c'est le bien public dans le présent et pour l'avenir ; préoccupations des intérêts particuliers en opposition avec l'intérêt général, concessions aux exigences mauvaises du moment présent au péril de l'avenir, sacrifice aux idées étroites par préférence aux idées larges et fécondes, rien ne fera dévier l'homme d'Etat de la ligne de conduite qu'il s'est tracée ; dans ses efforts pour concilier les intérêts de tous, au plus grand avantage de son pays et de la civilisation en général, il voit les choses de haut et s'applique à en distinguer les plus lointaines conséquences. « Le gouvernement, a dit Guizot à propos de Washington, sera toujours et partout le plus grand emploi des facultés humaines, celui qui veut les âmes les plus hautes. »

L'homme politique qui mérite le nom d'homme d'Etat est assez rare dans nos assemblées parlementaires; il est de ceux dont on fait les bons ministres, et en dehors desquels il ne peut y avoir que des gouvernements médiocres, administrant au jour le jour, ou même méconnaissant tout à fait leurs devoirs; en général, il n'est pas populaire, car il est trop au-dessus des masses pour être bien compris, outre que son autorité fait des jaloux; il s'impose comme chef de nos assemblées tout à la fois par son éloquence, ses capacités et son caractère; il vaut surtout comme homme d'Etat par les vues générales qu'il s'applique obstinément à faire triompher à travers les obstacles qu'il rencontre : on est plus ou moins homme d'Etat suivant le plus ou moins de généralité de ses vues, ou leur hardiesse, quand les circonstances le commandent. Le politicien n'est qu'un dilettante, quand il n'est rien de pis; le député n'est, en général, que l'avocat des intérêts particuliers; l'homme d'Etat, lui, qui a peut-être commencé comme député, c'est l'homme politique qui ne se désintéresse d'aucune cause; s'il se trompe dans ses calculs, si même son caractère trop téméraire le pousse parfois hors de la bonne voie, on ne peut toutefois lui refuser une certaine grandeur ou générosité de vues : on le bénit s'il réussit, on le maudit s'il succombe.

Un grand ministre anglais, sir Robert Peel, a dit un jour : « Je ne crois pas possible à un homme d'Etat de se tracer d'avance une ligne politique invariable. » Cette opinion est-elle en opposition avec le grand principe dirigeant qui impose à celui-ci une politique constante visant aux résultats généraux les plus avantageux pour le pays, ou bien n'est-ce là qu'une opinion contestable? Non; dans l'instabilité des choses, un homme d'État ne peut pas tout prévoir; il doit se conformer aux circonstances, qui parfois le forcent à changer le plan ou l'itinéraire qu'il s'était tracés; peut-on l'accuser en pareil cas de varier dans ses opinions et d'abandonner ses principes, s'il est ministre, pour garder la direction des affaires? Ce serait l'accuser injustement, car il ne cesse pas pour cela de se maintenir en vue du plus grand bien à faire; mais précisément, pour l'atteindre, il est contraint par les circonstances de prendre une voie nouvelle; de contradiction ou de faiblesse, il n'y a ici que les apparences. Voilà pourquoi il est vrai de dire que s'il doit, au fond, rester ferme dans ses intentions premières, l'homme l'Etat ne peut, à l'avance, se tracer une ligne politique invariable; car la souplesse, selon les nécessités, est une des pièces qui doivent entrer dans son bagage. Ses amis des premiers jours, ses partisans aux vues étroites ou passionnées l'accusent alors de trahison, il les laisse dire, et poursuit son chemin : les grands devoirs exigent un grand courage.

En politique, où il importe d'avoir des idées hautes et larges, il faut parfois se défier de ce qu'on appelle les spécialités. Si, dans le gouvernement des choses et des esprits, les spécialités ont leurs avantages, elles ont aussi de sérieux inconvénients. Les hommes spéciaux, préoccupés d'un seul côté des questions, l'exagèrent, en perdant de vue d'autres considérations également importantes, et, ainsi, ils faussent les résultats. Les bons esprits savent assez se détacher du point de vue qui leur est familier et habituel, pour regarder au delà ou à côté ; tandis que ne pas voir à côté ou au delà, c'est précisément à quoi exposent les spécialités, qui font du faux zèle. Êtes-vous un savant faisant autorité dans une branche déterminée de la science, vous serez tenté de lui subordonner toutes les autres, aux dépens de la vérité qui les unit ; êtes-vous professeur de belles-lettres, ami des classiques, admirateurs des anciens, vous ne verrez d'avenir pour les lettres que dans l'enseignement du grec et du latin ; êtes-vous ingénieur ou architecte, pour vous le prestige ou la prospérité du pays consistera surtout dans de beaux monuments ou de grands ouvrages d'art ; êtes-vous officier, ministre de la guerre ou de la marine, il faudra tout sacrifier aux armements et au côté militaire, sous peine de voir la patrie en danger. Et qu'on ne vous parle pas d'embarras financiers ou de ruine en impôts auxquels entraîneraient vos projets, vous ne comprendrez pas ; vous avez votre idée et vous n'avez que celle-là ; si on conteste vos conclusions, vous répondrez qu'en dehors du métier personne n'entend rien à l'affaire.

C'est pourquoi les hommes politiques et les vrais hommes d'État doivent se défier des gens trop spéciaux, tout en tenant compte suffisamment de leurs avis ; ils ont beau être les plus éclairés sur une question déterminée, et de bonne foi dans leurs déductions, leur point de vue sera toujours étroit et leur opinion excessive ; or, quand on a à faire des lois ou à administrer des peuples, il faut envisager les choses d'un point de vue général, et peser souvent des intérêts opposés pour savoir où est le plus grand avantage de la chose publique. Qu'arrive-t-il quand les gouvernements se laissent dominer par d'autres idées? Dans les États, par exemple, où l'élément militaire est prépondérant, et où l'on subordonne tout à l'avis de MM. les officiers, cet état de choses, sous prétexte d'assurer la paix, ne conduit souvent qu'à la guerre, et, en tout cas, à la ruine. Ailleurs, qu'un gouvernement écoute plus que de raison la voix du prêtre, qui, lui aussi, est un spécialiste dans son genre, cherchant à tout assujettir au dogme dont il se fait l'interprète, vous aurez l'État théocratique comme autrefois, autre abus dont on doit se garder. Chacun n'est ainsi préoccupé que de son affaire; l'homme d'État, lui, doit écarter toutes les exagérations et se préoccuper de toutes les affaires, pour ne chercher que la vérité et la justice.

Si parfois les circonstances exigent des hommes politiques rudes et hardis, en général les affaires d'un gouvernement ne veulent que des hommes de sagesse et d'expérience, en d'autres termes, des modérés. Malheureusement la modération en politique est souvent mal appréciée. « Non seulement le peuple comprend mal une politique modérée, écrivait naguère un publiciste français, M. Beaussire, mais il va naturellement aux extrêmes. Il épouse plus aisément les passions radicales ou rétrogrades que les sentiments plus rassis ou plus complexes du parti libéral ou du parti conservateur. Il y a chez lui, souvent dans le même temps, de l'enfant et du vieillard. Il tient du premier par son inexpérience et son impatience de tout obstacle; du second, par la persistance de certains préjugés qui témoignent parfois de la force invincible des traditions au milieu des tentatives les plus révolutionnaires. Le rôle du *Centre Gauche* est particulièrement difficile en France, où le double besoin de la logique et de la franchise s'allie à une paresse naturelle qui se complaît dans la simplicité des jugements et des théories, et qui craint de l'altérer par un examen trop approfondi de tous les aspects des choses. Nous redoutons par-dessus tout les reproches d'inconséquence et de duplicité; nous interprétons mal les hésitations d'une conscience scrupuleuse et nous accusons volontiers de « ménager la chèvre et le chou » ceux qui n'épousent pas sans réserve toutes les opinions et toutes les passions de leur parti. Ce n'est pas qu'il ne se produise, à certains moments, dans le pays, de brusques mouvements d'opinions qui emportent les esprits d'un extrême à l'autre. On s'écrie alors, non pas qu'on s'est trompé, mais qu'on a été trompé; on transporte dans ses nouvelles opinions la même logique, les mêmes formules absolues, la même paresse à rechercher ce qu'il y a au fond de ces formules, et aussi la même défiance à l'égard des idées modérées. »

Chez les peuples libres, une assemblée représentative ou parlementaire se divise naturellement en groupes plus ou moins nombreux représentant les diverses nuances de l'opinion. C'est peut-être un mal, car les groupes, loin d'aider toujours à l'expédition des affaires et à leur bonne gestion, accentuent plutôt les divisions et les intransigeances de l'esprit de parti qui y font obstacle; mais il est difficile de les éviter, car les esprits s'attirent ou les intérêts se coalisent, on sent le besoin d'une direction, et il y a toujours là une ou deux personnalités dominantes autour desquelles on se rassemble et qui se chargent volontiers d'imprimer ou de diriger le mouvement.

Parmi ces groupes, il y en a deux en tous cas qui semblent inévitables, puisqu'ils se rencontrent dans tous les États qui ont des assemblées parlementaires : c'est celui qui soutient le ministère et celui qui le combat. Qu'ils représentent l'un et l'autre des principes différents, c'est ce qui se voit le plus souvent ; mais ils peuvent aussi très bien ne représenter que des intérêts opposés et s'inquiéter assez médiocrement des principes.

Mais il est une autre division qui semble également inévitable. Dans toute société en voie de progrès ou de transformation, une assemblée représentative tend à se partager en quatre groupes naturels, ayant chacun leurs politiques particulières et plus ou moins opposées, et qui coexistent indépendamment des diverses combinaisons parlementaires qui peuvent se produire au cours des débats et les confondre momentanément : ces groupes sont ceux des centres et des extrémités. Entre l'extrême droite, qui représente les régimes antérieurs et l'opposition aux idées nouvelles, et l'extrême gauche, qui a hâte, au contraire, de vouloir appliquer celles-ci d'une façon radicale, se trouvent deux autres groupes plus conciliants, ou plus sages et plus politiques, le centre droit et le centre gauche.

Ces mots de droite et de gauche parlementaires n'ont plus besoin d'être expliqués aujourd'hui; chacun sait, en effet, que l'usage veut que, dans une Chambre, ceux qu'on appelle de nos jours conservateurs se placent à droite du président de l'assemblée, tandis que les libéraux ou progressistes siègent à gauche. Entre ces extrémités, les centres se divisent en *centre droit* et en *centre gauche*, suivant que leurs sympathies ou leurs principes les rapprochent plus de l'une que de l'autre. Peu importent les noms d'ailleurs, on peut dire que ces groupes existent, soit organisés, soit à l'état de tendance seulement, et plus ou moins dissimulés dans une assemblée libre et parlementaire de nos jours. Ils constituent ce qu'on peut appeler des *groupes naturels*, parce qu'ils ont pour origine des divergences d'opinion inévitables dans toute assemblée politique et délibérante, lesquelles séparent leurs membres pour les classer selon les courants divers de l'opinion publique du moment.

Le centre gauche prit pour la première fois son nom en France sous la Restauration; il formait alors un groupe peu considérable, mais dont faisaient partie de hautes personnalités, comme Casimir Périer, auquel plus tard un grand rôle était réservé. Sous le régime de la monarchie de Juillet, Thiers, après Casimir Périer, fut surtout l'homme du centre gauche; il le personnifia autant que Guizot, avec l'appui des doctrinaires, personnifiait le centre droit. Sous la conduite de ces divers chefs, avec les Molé, les de Broglie, les Dufaure, le gouvernement de Louis-Philippe oscilla pendant toute sa durée entre le centre droit et le centre gauche; ce ne pouvait être au radicalisme de droite de Berryer, ou au radicalisme de gauche de Garnier-Pagès, qu'il appartenait de gouverner sous un régime pacifique de transaction; car dans les temps réguliers, il faut dire que les centres seuls représentent l'élément gouvernemental, et ce n'est peut-être qu'aux heures de révolution ou de réaction que les partis extrêmes arrivent à se faire jour jusqu'au pouvoir; ce n'est qu'alors que les nécessités du moment où les passions soulevées donnent accès dans les assemblées à des majorités d'hommes violents ou énergiques, et devant lesquelles les centres restent faibles et impuissants.

Ce qui fait du centre gauche un groupe vraiment naturel, c'est que, dans une société en mouvement qui a besoin d'un progrès sage et mesuré, c'est peut-être lui qui la représente le mieux. Moins timide ou plus détaché de la tradition et des hommes du passé que le centre droit, il comprend davantage ce qu'exigent le progrès des idées et les aspirations de l'opinion publique. Sans être du peuple, il est le mieux préparé aux tendances démocratiques de son époque. Ne lui demandez pas toutefois des réformes aventurées; il s'en défie; vous ne lui ferez pas faire aisément un saut dans les ténèbres, c'est contraire à sa politique de parti gouvernemental, qui s'inspire de l'expérience des hommes et des affaires. Si, par un calcul erroné ou nécessité du moment, il lui arrive de trop verser vers le radicalisme de gauche, il ne tarde pas à voir compromettre son influence et à se trouver désavoué tôt ou tard par plusieurs qui ont marché jusque-là à ses côtés. C'est néanmoins le péril auquel l'expose sa situation dans l'ordre des partis, et le pouvoir tombe alors aux mains du centre droit, dont il a préparé l'avènement.

Ce n'est pas que le programme du centre gauche puisse rester invariable; c'est sa tactique ou sa ligne de conduite politique qui ne doit pas varier, et celle-ci précisément consiste à suivre le progrès des idées ou de l'opinion, suivant les temps, pour en adopter ce qu'elles ont de bon, de légitime, de pratique, ou d'inévitable. Thiers, en France, qui prit une si grande part à la fondation de la troisième république, abandonna-t-il, en 1870, les principes du centre gauche, dont, malgré ses erreurs, il avait été le leader le moins contesté sous la monarchie de Juillet? Non; seulement, il se trouvait en présence de circonstances tout autres; il les confirma plutôt, ces principes, le jour où il dit que la république serait *conservatrice* ou qu'elle ne serait pas; car ce mot conservatrice, dans sa bouche, signifiait, sans aucun doute, sagement progressiste.

Ce rôle des partis est ainsi particulièrement intéressant à étudier en France, depuis plus de quatre-vingts ans que ce pays pratique les institutions parlementaires. Ce qui donne de l'autorité à un parti, c'est une politique à vues larges, qui ne s'inspire que de ce qu'il croit le plus conforme au bien public à un moment donné, pour le faire triompher à travers les obstacles qui lui opposent les intérêts particuliers, les passions et les préjugés.

En résumé, dans une situation normale intérieure, ce que nous appelons groupes naturels, à l'état organisé ou non organisé, ne cesseront d'exister dans toute assemblée représentative de n'importe quel État de nos jours; malgré l'anarchie dans les idées qui se remarque un peu partout à notre époque, on sent, au fond, persister quatre groupes que caractérisent soit un mouvement retour ou de regret vers le passé, soit une aspiration plus ou moins révolutionnaire vers un avenir rêvé ou désiré, et entre ces deux extrémités, deux groupes qui représentent l'élément gouvernemental avec des politiques particulières à chacun d'eux et qui ne diffèrent guère en principe l'une de l'autre, lors même qu'elles ont pour agents ou pour mobiles des personnalités ou des intérêts opposés. Si le centre droit offre plus de garantie à une conservation nécessaire en règle générale, le centre gauche représente un mouvement de progrès plus libre ou plus accusé, et ce n'est pas un petit avantage dans une société appelée à se transformer, qui marche vers toutes les conquêtes bienfaisantes, mais qui a besoin pour les réaliser d'être contenue dans les bornes de la sagesse par un gouvernement tout ensemble ferme, capable et juste, et qui, en fait de zèle et d'esprit public, sait distinguer ce qui est vrai de ce qui est faux [1].

1. Dans une étude sur les partis, M. Bluntschli, de Zurich, les compare aux âges de la vie: à l'enfance correspond le *parti radical*, à la jeunesse le *parti libéral*, à l'âge mûr le *parti conservateur*, à la vieillesse le parti *Absolutiste ultramontain*.

NOTES EN APPENDICE.

De Stuart Mill :

« Les institutions politiques ne font jamais tant de mal par leur esprit que lorsqu'elles représentent les fonctions politiques comme une faveur à accorder, comme une chose que le dépositaire doit solliciter, comme s'il la désirait pour lui, et même qu'il doit payer, comme si on la lui donnait pour son profit... Platon avait une idée beaucoup plus juste des conditions d'un bon gouvernement, quand il soutenait que les hommes à rechercher pour en faire des gouvernants sont ceux qui y éprouvent le plus d'aversion, et que le seul motif sur lequel on puisse compter pour décider les meilleurs au gouvernement, c'est la crainte d'être gouvernés par les pires. Que doit penser un électeur quand il voit trois ou quatre gentlemen, dont jusque-là aucun ne s'était fait remarquer par la prodigalité de sa bienfaisance désintéressée, luttant à qui dépensera le plus d'argent pour pouvoir écrire sur leurs cartes : *membre du parlement*. Va-t-il supposer que c'est dans son intérêt qu'ils font toute cette dépense!... Tant que le membre élu paye son siège de quelque façon que ce soit, on échouera à faire de l'élection autre chose qu'un marché pour toutes les parties. »

Voilà ce que l'auteur anglais dit des candidats aux fonctions politiques dans son pays. Ailleurs encore qu'en Angleterre il y a d'autres moyens pour les obtenir que de les payer, ce qui assez généralement est réprimé aujourd'hui ; mais quels que soient ces moyens, ce n'est presque jamais uniquement en vue de l'intérêt public qu'on les emploie avec tant de zèle, chacun sait cela.

***

Voici un passage de *l'Allemagne* de Mme de Staël qui excita, paraît-il, la plus grande rumeur à la censure de son temps, mais qui n'en renferme pas moins sur les hommes publics des vérités à méditer : « Dès qu'on se met à négocier avec les circonstances, tout est perdu, car il n'est personne qui n'ait des circonstances. Les uns ont une femme, des enfants, des neveux, pour lesquels il faut de la fortune; d'autres, un besoin d'activité, d'occupation, que sais-je ? une quantité de vertus qui toutes conduisent à la nécessité d'avoir une place, à laquelle soit attachés de l'argent et du pouvoir. N'est-on pas las de ces subterfuges dont la Révolution n'a cessé d'offrir l'exemple? L'on ne rencontrait que des gens qui se plaignaient d'avoir été forcés de quitter le repos qu'ils préféraient à tout, la vie domestique, dans laquelle ils étaient impatients de rentrer; et l'on apprenait que ces gens-là avaient employé les jours et les nuits à supplier qu'on les contraignît à se dévouer à la chose publique, qui se passait parfaitement d'eux. »

Le mal du jour pour les gouvernements de liberté, c'est-à-dire les gouvernements dans les pays où ce sont tous les citoyens ou la majorité des citoyens qui se choisissent ceux qui sont appelés à les gouverner, c'est que les élus une fois en fonction dépendent des électeurs, quels que soient ces électeurs. Dans ces conditions, il arrive en effet ceci : l'élu, qu'il ait à faire la loi ou à l'appliquer, se demande d'abord — il en est en général ainsi pour ne pas dire toujours — s'il aura l'assentiment de ceux dont il recherche avant tout les suffrages; en d'autres termes, ce dont il s'inquiète le plus, c'est de son élection ou de son maintien au pouvoir ; de sorte que, au fond et indirectement, c'est le gouverné qui fait la loi au gouvernant, et quelle que soit la supériorité des lumières ou de l'expérience de celui-ci. De tels gouvernements ne peuvent être que faibles et sans initiative. Y-a-t-il une bonne loi à faire, mais impopulaire, c'est-à-dire, que la majorité ne peut apprécier à sa valeur? On se refuse à la proposer ou à la soutenir, parce que la menace de l'électeur est là, de l'électeur qui tient votre sort en mains. Et il en est ainsi des ministres qui dépendent des députés, comme des députés qui eux-mêmes dépendent des électeurs.

Voilà comment ce sont ici les gouvernés qui gouvernent les gouvernants, et souvent les aveugles qui mènent les clairvoyants. La conclusion, c'est qu'il n'y a de bon gouvernement que là où gouvernés et gouvernants, électeurs et élus, sont également capables et éclairés, ceux-ci pour commander, selon le bien de tous, ceux-là pour obéir, dans leur propre intérêt.

Le peuple, dans son ignorance, est radical et simplice ; il manque tout à la fois d'expérience, de savoir-faire, et de sentiment des nuances ; étranger à toute méthode, il est ainsi inhabile à gouverner ; et voilà pourquoi les gouvernements purement populaires n'ont jamais pu être que des anarchies.

A l'opposé des foules populaires, il y a le clan des poètes, des idéologues rêveurs, des sectaires ; ce sont des naïfs en politique ; parfois aussi des inspirateurs, mais dont, en pratique, l'influence ne peut être que fort indirecte ; Platon avait peut-être raison de les mettre à la porte de sa république, où il ne faut que des gens d'affaires expérimentés et d'un bon sens éclairé par la justice.

Ce n'est pas toujours la passion qui fait errer dans les révolutions politiques; c'est aussi l'abus du raisonnement et de la *logique*. La logique en politique n'est pas à sa place comme dans la science. Elle a fait commettre bien des fautes à ceux qui traitent les affaires comme des problèmes ou des théorèmes géométriques. C'est qu'en affaires il y a encore autre chose que des idées ou des principes ; il y a des faits, dont il faut tenir compte, il y a des conséquences pratiques qu'il s'agit de distinguer des combinaisons théoriques, circonstances de choses et de personnes, prévisions d'avenir, considérations de justice. C'est l'expérience unie à l'intelligence et au bon jugement naturel qui font ici éviter ces fautes, et ceux qui, à la tête des peuples, sont doués de ces dons, sont les vrais hommes d'Etat. Si les partis politiques finissent ordinairement par des luttes passionnées, ils ont commencé par des principes sincèrement et pacifiquement professés, qu'a faussés plus tard la logique intransigeante des esprits étroits luttant entr'eux.

Il en est plus ou moins ainsi en matière religieuse ; en pratique, la religion tout comme la politique doit craindre d'être trop logique, malgré son caractère plus absolu ; l'esprit étroit, l'esprit sectaire, perd les religions comme les gouvernements.

III

DU VRAI ET DU FAUX EN MATIÈRE D'ÉGALITÉ

« C'est toujours de la liberté que les lettrés et les riches se montrent jaloux, et c'est à l'égalité qu'aspirent les pauvres. » Voilà ce que dit M. Jules Simon, et il a raison ; le pauvre ne voit dans l'égalité que la fin de ses misères ; il la demande presque comme une protection, et il n'a cure, en général, de se soumettre aux maîtres s'il y voit une condition de bien-être.

Dans le principe des sociétés, l'égalité entre individus d'un même peuple a existé vraisemblablement plus que dans la suite, sauf peut-être les priviléges inhérents au régime patriarchal des premiers âges chez quelques-uns ; encore de nos jours chez quelques peuplades sauvages, elle est plus réelle qu'en général chez les civilisés. L'histoire nous la montre disparaissant à la suite des guerres : de là l'esclavage antique ; de là encore des hommes foulés sans pitié aux pieds de maîtres absolus, à qui il a fallu abandonner le gouvernement des peuples restés incapables, et qui ont abusé de leur pouvoir pour satisfaire leur ambition, leur cupidité ou leurs folies.

Avec le christianisme disparut l'esclavage antique : le Christ avait proclamé l'égalité de tous les enfants d'Adam et leur union dans l'amour et la charité. Mais si l'esclavage disparut comme institution, il survécut en fait dans les mœurs sociales, et en Europe, sous une autre forme, celle du *servage* ou des droits personnels accordés au seigneur sur ses serfs, il reprit en quelque sorte une nouvelle vie. Longtemps encore il n'y eut que des *vilains, taillables et corvéables à merci*, et des grands, race à part de personnages privilégiés, qui devaient originairement leur puissance et leurs richesses à la force des armes ou à la faveur du maître, tout autant au moins qu'à de vrais services rendus à leur pays.

Entre les vilains cultivant la terre et la race des guerriers et des gens d'Église qui s'en appropriaient les fruits, s'interposa peu à peu la classe des bourgeois dans les villes fermées, laquelle débuta ainsi dans le rôle que l'avenir lui réservait. Avec l'instruction et la richesse qui les avaient tirées de l'obscurité et de l'impuissance, les classes moyennes ou bourgeoises finirent un jour par substituer leur gouvernement à celui de l'aristocratie privilégiée. Ç'a été, comme on sait, le grand fait des temps modernes.

Quelle en a été la conséquence pour le peuple et au point de vue de l'application à tous du principe de l'égalité sociale? Étendre l'action du pouvoir et de la justice à un plus grand nombre et jusqu'à y faire participer les classes inférieures elles-mêmes, voilà quelle a été cette conséquence. Aujourd'hui, en vue des progrès de celles-ci, le même travail se fait qu'autrefois pour l'émancipation des classes moyennes en lutte avec l'aristocratie privilégiée; à la faveur du principe libéral inscrit dans les institutions modernes, et l'aisance générale aidant, le petit bourgeois, le fils d'ouvrier s'est instruit, a acquis plus d'indépendance, et il s'est ainsi mis en mesure de prendre rang parmi les chefs et de participer au gouvernement de la chose publique.

En somme, le droit du plus fort, qui s'affirmait autrefois par la guerre, l'orgueil et l'avidité du vainqueur, les traditions appuyées sur la foi [1], le tout combiné avec la nécessité d'une subordination et d'un gouvernement quelconque des peuples, voilà, avec les faveurs et les honneurs accordés au vrai ou au faux mérite, et maintenus ensuite par l'hérédité, quelles ont été, aux différents âges de l'histoire, les origines de l'inégalité sociale; elle n'a pas existé au même degré dans le principe des sociétés.

Dans les temps modernes, les classes moyennes émancipées ont proclamé le principe de l'égalité devant la loi; ç'a été une borne posée contre les

1. M. Fustel de Coulanges en fait découler toute la cité antique.

empiétements des forts et un encouragement aux espérances des faibles ; si cette borne, en fait, a été assez souvent tournée, en dernier résultat elle est restée efficace : or, voilà ce dont bénéficie la démocratie de nos jours.

Nous sommes, en effet, arrivés à une époque de démocratie, c'est-à-dire que la pente des esprits du jour dans les nations du monde civilisé, d'accord avec la force des choses, est plus que jamais dans le sens de l'égalité sociale. Mais qu'on y songe, cette égalité ne va pas plus loin que la justice due à tous, que la liberté assurée à chacun, elle s'arrête devant l'incapacité, l'immoralité ou l'indignité; elle admet, elle proclame la supériorité des facultés personnelles ; elle se rallie à une subordination nécessaire; elle ne va pas plus loin, mais elle va jusque-là; au delà il n'y a plus d'ordre, partant plus de société possible.

On a tous droit à la vie, mais pas à la même vie ; voilà une distinction à faire, dont l'oubli a permis aux générations de notre temps de s'exagérer le principe d'égalité, comme elles se sont exagéré le principe de liberté. L'on réclame aujourd'hui non seulement une plus juste répartition des biens nécessaires à la vie, ce qui est légitime, mais l'on semble même ne plus admettre qu'il puisse y avoir des inégalités sociales d'après les différences d'aptitudes : de là, chez les aveugles comme chez les clairvoyants, chez les incapables comme chez les capables, les mêmes prétentions aux ingérences politiques et autres. C'est là une tendance de notre siècle qui a tout ensemble aidé à affermir le règne de la démocratie et à le compromettre. Obéissant aux mêmes mobiles, une autre a proclamé l'égalité de la jeunesse et de la maturité, sinon même la supériorité de la hardiesse aventureuse de l'une sur l'expérience de l'autre. Aujourd'hui, c'est le féminisme qui entre en scène, c'est-à-dire la femme en tout l'égale de l'homme et se mettant en lutte avec lui pour l'existence dans toutes ses sphères...

Que la naissance et la fortune ne constituent plus de privilège, cela se justifie assez. Mais aller jusqu'à s'y refuser pour toute supériorité intellectuelle ou morale, pour tout savoir-faire ou science expérimentale, voilà l'abus, et il est un de ceux dont a souffert notre époque. Tous les mêmes droits, parce que tous égaux : l'on sait pourtant qu'il y a pour le bon ordre social des privilèges qui s'imposent. « Dieu, dit George Sand, eût départi à tous les hommes une égale dose d'intelligence et de vertu, s'il avait voulu fonder le principe d'égalité parmi eux; mais il fait les grands hommes pour commander aux petits hommes, comme il a fait le cèdre pour protéger l'hysope. »

Si les grands hommes sont d'une espèce très rare, on peut s'en tenir aux gens éclairés et expérimentés, et ne pas aller jusqu'à les confondre avec les non-valeurs, par respect pour le principe d'égalité. Or, on va jusque-là de nos jours, car on ne veut plus reconnaître de supériorités, tous le sont.

Les progrès du passé sont pourtant dus aux mieux doués, et, il n'y a pas à dire, ceux de l'avenir continueront à être leur œuvre, c'est-à-dire l'œuvre de ceux qui ont droit de commander.

Voilà pour les inégalités naturelles; mais il y en a d'autres. Quand, il y a un siècle, on proclama le principe de l'égalité devant la loi, on fit beaucoup; mais on ne put tout faire. Il reste aujourd'hui des inégalités, et par-dessus les autres l'inégalité dans la répartition des biens matériels. Il y a, à notre époque, des gens assez riches pour faire vivre des milliers d'autres qui n'ont pas le nécessaire. Ces cas-là se présentent un peu partout, mais c'est surtout dans certains pays que frappent le plus ces écarts et ces inégalités. En Angleterre, la propriété rurale seule rapporte à 955 personnes un revenu total de 17 890.331 £, soit, en moyenne, à chacune, 470.000 francs annuellement [1]; quatre-vingt-dix d'entre elles y possèdent chacune plus de vingt-quatre mille hectares de fonds. Et dans ces chiffres ne figurent pas les résidences d'agrément, ni les propriétés urbaines; or, la valeur de ces dernières dépasse parfois de beaucoup celle des propriétés rurales : le duc de Westminster seul est propriétaire de tout un quartier de Londres, dont le revenu dépassera un jour vingt-cinq millions.

Et pourtant ici les États-Unis laissent loin derrière eux l'Angleterre elle-même. Dans cette grande

1. Financial reform. Almanach.

république démocratique, où le droit d'aînesse n'existe pas, il se trouve des milliardaires jouissant d'un revenu de plusieurs millions; on y compte plus de vingt mille millionnaires en possession d'un avoir de deux à cinq millions chacun; deux cent cinquante d'entr'eux ont, au bas mot, chacun cent millions. On a calculé qu'en 1892 il y existait 31.850 personnes possédant ensemble, au minimum, 191 milliards, c'est-à-dire les trois cinquièmes de la fortune nationale!

Voilà des faits qui prouvent jusqu'où peut aller l'accaparement des richesses d'une nation, même d'une nation jouissant de tous les avantages de la liberté. Le droit héréditaire, d'heureuses spéculations ou d'heureux hasards, même le travail avec une puissance de moyens dépassant les limites ordinaires, peuvent-ils pourtant justifier quelques milliers de particuliers de retenir entre leurs mains une si énorme portion de la richesse publique? Non, malgré le droit incontestable à la propriété, et malgré la liberté due à l'industrie et au travail, cela paraît, en principe, inadmissible; cette trop grande inégalité des fortunes blesse le sentiment général. Quand on pense qu'il existe des gens qui ont des milliers de francs à dépenser par jour, tandis qu'un grand nombre d'autres ne peuvent vivre que de misère, même en travaillant toute leur vie, il y a lieu de se récrier contre l'organisation d'une société où règne une inégalité aussi révoltante.

L'existence de gens si riches est d'ailleurs un danger public. La puissance de l'argent est souvent tyrannique, même en industrie et en affaires. En politique aussi; aux Etats-Unis, ce péril se fait bien sentir et commence sérieusement à inquiéter l'opinion. Lors des élections de 1888, les suffrages à New-York s'achetaient publiquement par lots de cinq, et la cote officielle allait de 25 à 500 dollars. Il peut un jour en arriver autant ailleurs; tout pouvoir restera alors aux mains de quelques-uns, les plus riches. « Voulez-vous donner à l'Etat de la consistance? dit Rousseau; rapprochez les degrés extrêmes; ne souffrez ni les gens opulents, ni les gueux; c'est toujours entre ces deux états que se fait le trafic de la liberté; l'un l'achète, l'autre le vend. » On ne peut nier qu'il n'y ait du vrai dans ces paroles de l'auteur du *Contrat social*[1].

C'est ici que l'impôt peut atténuer les inconvénients de cette trop grande inégalité. Le remède ne peut être dans la spoliation et le partage général, comme le voudraient des socialistes peu sérieux, qui de nos jours semblent perdre quelque peu de terrain; on a assez dit et prouvé que ce moyen primitif, et tout au plus excusable chez les sociétés barbares, est aussi impraticable qu'inique et inopérant. Le remède est dans l'impôt établi de telle façon que

1. « Un Etat politique où des individus ont des millions de revenu, se demande l'auteur des *Mémoires d'outre-tombe*, tandis que d'autres individus meurent de faim, peut il subsister quand la religion n'est plus là, avec ses espérances hors du monde, pour expliquer le sacrifice ? »

les charges générales et le soulagement des misères publiques pèsent principalement sur les particuliers qui disposent d'une si forte part de l'avoir social.

D'autre part, s'il est conforme aux principes de toute bonne économie politique que chaque individu jouisse intégralement pendant sa vie, sous réserve des charges publiques, des biens acquis par son industrie et fruits de son travail ou de son génie, il ne semble pas qu'il soit prudent ou utile de laisser passer des fortunes colossales aux mains d'héritiers parfois si indignes, qui d'ailleurs n'ont fait pour en jouir, comme dit Figaro, que de se donner la peine de naître, et auxquels il arrive d'en faire un usage si malfaisant ou si inepte. Dans un but purement fiscal, il existe chez les peuples civilisés des droits sur les successions, plus ou moins élevés suivant le degré de parenté, mais les mêmes en tout cas, quel que soit le chiffre des biens délaissés ; n'est-ce pas encore le cas d'appliquer ici la progression à certains héritages opulents? Peut-on, en outre, admettre à hériter jusqu'au douzième degré, comme la loi le veut dans quelques pays ! On convient assez généralement aujourd'hui qu'accorder ce droit à des gens qui peuvent être considérés comme étrangers au défunt, c'est vraiment pousser trop loin le principe d'hérédité familiale.

C'est ainsi que, par l'égalité des charges, avec progression pour ceux qui jouissent de superflus excessifs, la caisse publique, toujours accablée de besoins, se remplirait au profit de ceux qui n'ont pas le nécessaire. Admettons même un moment qu'on puisse s'en exagérer les résultats, encore l'application de ces principes répondrait-elle à un sentiment d'équité qu'exige notre époque ; et c'est ici que les vérités et les erreurs du socialisme contemporain prennent leur source.

Naguère, dans notre monde européen, on ne parlait que des droits et des libertés des peuples, on frondait à plaisir les gouvernements, et s'il s'en rencontrait qui ne fussent pas assez souples, on faisait une petite révolution pour leur apprendre à vivre ; en un mot, le débat était tout politique. Aujourd'hui, on n'entend discourir que des iniquités sociales à abolir, des griefs des pauvres contre les riches, des rapports des patrons et des ouvriers, des syndicats, des grèves, et la lutte, de politique qu'elle était, est devenue sociale.

Faut-il tant s'en étonner ?

Le mouvement social et économique de nos jours est conforme à la logique des faits dans une évolution qui n'est point contrariée par les lois et les institutions; comme tel, il ne dément en rien les enseignements de l'histoire, ni les instincts de l'esprit et du cœur humains. Il y a un siècle, le gouvernement des classes moyennes, pour se substituer à celui de l'ancien régime absolu et aristocratique, a proclamé et fait triompher les principes de liberté dont se sont inspirées depuis les institutions modernes. Les barrières une fois tombées, était-il possible d'en rester à des principes purement théoriques ou philosophiques ? Non ; le progrès des choses et des idées qui en a été la suite dans le cours du dix-neuvième siècle a fait naître ce qu'on appelle les *nouvelles couches*, et il a ouvert de plus en plus large la porte à l'idée démocratique, ou à ceux qui la représentent dans le gouvernement des sociétés. On avait le droit ; mais cela suffisait-il ? Non, il fallait aussi la chose ; un premier pas en a fait faire un second.

Au suffrage restreint admis dans le principe, et qui longtemps a été la règle dans les gouvernements représentatifs, au *cens*, de plus en plus abaissé, qu'ont eu à payer les électeurs, a succédé le *suffrage universel* pour tout citoyen ayant l'âge d'homme, et sans autre condition obligatoire. En théorie, le suffrage universel apparaît comme un mode primitif et qu'on pourrait qualifier de barbare ; il fut vraisemblablement celui des associations premières pour l'élection des chefs ; ainsi réglé, le choix des gouvernants pouvait convenir à une société jeune, à ses débuts dans la vie. Il en est autrement dans une société avancée et marchant par des rouages aussi multiples que la nôtre ; ici, un suffrage où les aveugles et les clairvoyants, ceux qui savent et ceux qui ne savent pas, arrivent sur la même ligne et au même titre, où la victoire doit rester à ceux qui s'empareront le plus adroitement de l'esprit des foules faciles à entraîner et qui ne pensent et n'agissent que grâce à l'impulsion extérieure qu'elles reçoivent, un suffrage pareil semble une pure aventure où tout est livré au hasard des circonstances.

Mais on ne s'est pas laissé arrêter par ces objections; on n'a vu dans le suffrage universel qu'un instrument puissant entre les mains de capitaines isolés qui cherchent des soldats obéissants pour faire arriver d'autres hommes au pouvoir. Si l'application du principe n'a pas toujours été ici au plus grand avantage du gouvernement général, lequel veut avant tout lumières et sagesse, cela du moins a fait les affaires de la démocratie, qui en est sortie plus forte et avec sa sphère agrandie. Il ne servirait de rien à ceux qui sont aujourd'hui forcés de partager le pouvoir qu'ils détenaient auparavant tout entier de se lamenter outre mesure ; car c'est ainsi, et ce sera sans doute ainsi pour longtemps, si non pour toujours.

Le suffrage universel, avec sa confusion des capables et des incapables, a profité de l'impopularité, justifiée ou non, du suffrage censitaire, c'est-à-dire uniquement basé sur la fortune. Le peuple, dans ses misères, impatient d'améliorer son sort, a cru voir dans la lenteur du progrès que lui promettaient les institutions modernes et les droits qu'elles lui assuraient à ses yeux, un mauvais vouloir des gouvernants qui ne finirait que par son intervention directe dans les affaires. En France, la constitution de 1791 ne contenait-elle pas déjà cet article : « Il sera créé et organisé un établissement général de services publics pour élever les enfants abandonnés, soulager les infirmes et fournir du travail aux pauvres valides qui n'auraient pu s'en procurer »? Cette constitution stipulait donc déjà, il y a plus de cent ans, à peu près tout ce qu'on réclame de nos jours en faveur des classes populaires : secours à l'enfance, secours à la vieillesse, aide et protection au travailleur. Le programme a-t-il reçu son exécution, en France et ailleurs? Bien imparfaitement, il faut l'avouer. Si les classes gouvernantes ont prospéré, l'ouvrier longtemps encore est resté pauvre et isolé, on peut même dire plus dénué de secours et d'appui que sous l'ancien régime; avec la liberté en plus, oui, sans doute, la liberté qui nourrit les espérances, mais non le corps. Est-il donc étonnant, les choses étant ainsi, que l'ouvrier ait cru ceux qui sont venus un jour à lui en disant : « Faites vous-même ce que les autres ne feront pas pour vous, réclamez votre part de droits au gouvernement, et nommez-nous vos mandataires : après, tout ira bien » ?

Dans le milieu ouvrier pur de tout alliage, les aspirations nouvelles ne datent guère que d'un demi-siècle. A l'époque si agitée qui suivit la révolution de 1830 en France, et alors que l'émeute était comme en permanence dans les rues de Paris, M. Thureau Dangin, dans son *Histoire de la monarchie de Juillet*, fait observer que les sociétés révolutionnaires n'étaient guère composées que de bourgeois; le peuple n'y figurait pas comme de nos jours, il ne lisait guère les journaux, il ne s'occupait pas de politique. Après le sac de Saint-Germain-l'Auxerrois, de l'archevêché, et de plusieurs églises, en 1831, M. Duvergier de Hauranne affirmait, à la tribune de la Chambre des députés, que les ouvriers de Paris n'y avaient eu aucune part, et il nommait les jeunes gens des écoles comme les principaux coupables. C'est la révolution de 1848 qui a déterminé le mouvement social actuel, tout comme celle de 1789 avait ouvert l'ère des institutions libérales : dans l'une et l'autre, la France a représenté ici la jeunesse du monde, avec toutes ses générosités, toutes ses légèretés, toutes ses illusions, et tous ses emportements. La seconde république, en proclamant le suffrage universel, a ouvert la porte à toutes les revendications de l'espèce; pas tout de suite pourtant ; à ses débuts, le suffrage universel, encore novice et voisin d'un tout autre état de choses, a d'abord trouvé des masses hésitantes, timides, avec des habitudes de soumission et de résignation contractées dès l'enfance, en d'autres termes, connaissant imparfaitement l'usage de l'instrument puissant qu'on venait de lui mettre entre les mains. Et c'est plus ou moins ainsi que se passent les choses dans les commencements. Mais viennent bientôt ceux qui pensent pour les autres, ou rêvent de tirer pour eux-mêmes parti de la situation nouvelle, *politiciens ou meneurs* de petite ou de grande envergure, ceux-ci poussent, endoctrinent, écrivent dans les journaux, pérorent à la tribune, et, après s'être efforcés d'ouvrir les yeux de la foule, finissent par l'organiser en vue de l'action. Que, dans l'œuvre ainsi entreprise pour faire l'éducation du suffrage universel, on ne sorte jamais des voies légales — ce qui n'arrive pas toujours, comme on sait — il n'en est pas moins certain qu'en dernier résultat le grand nombre, confusion d'aveugles et de clairvoyants, de sages et de toqués, ne parvienne un jour, de la sorte, à avoir, tels quels, ses hommes aux affaires.

Dès ce moment, les choses changent de face, et l'axe gouvernemental doit prendre une direction nouvelle. En politique, le principe de *liberté* ayant à peu près donné tout ce qu'il pouvait donner, on commence, dès lors, à se préoccuper davantage *d'égalité*, cet autre terme de la formule qui résume la charte nouvelle de l'humanité. Ce qui a signalé la première phase révolutionnaire, ç'a été une œuvre de liberté accomplie par l'intermédiaire des classes moyennes et bourgeoises, riches et instruites; elle a occupé la fin du dix-huitième siècle et la première moitié du dix-neuvième; une fois achevée, d'autres devaient entrer en scène avec des préoccupations nouvelles. C'est la seconde phase dans laquelle nous sommes entrés.

On peut dire que tout ce qui s'est fait depuis cinquante ans chez les peuples de l'Europe occidentale a été fait en vue de ce résultat : améliorer le sort du pauvre et du travailleur, et lui faire une place plus convenable dans la société ; qu'on l'ait voulu ou non, que ceux qui y ont travaillé aient eu ou non conscience de leurs actes, peu importe ;

on a été porté dans le mouvement sur une pente invincible : comme le corps humain, les sociétés font effort pour rejeter les éléments morbides qui les font souffrir. De la résistance rencontrée et du débat engagé est sortie, plus qu'on ne croit peut-être, la suite de tous les événements qui ont agité l'Europe pendant cet espace de temps.

L'évolution vers la liberté a déterminé l'évolution vers l'égalité, et c'était la conséquence des principes posés au début de l'ère nouvelle : de *politique* d'abord, le mouvement dévait devenir *social* ensuite. Ce qui porte aujourd'hui le nom de socialisme n'est trop souvent que le côté sombre d'une œuvre de justice qui s'imposait à la société moderne; c'est une forme plus ou moins usurpée du vrai progrès social, mélange de bien et de mal, de faux et de vrai. Une chose surtout lui a fait un assez mauvais renom parmi les classes gouvernementales ou peu révolutionnaires : c'est que des hommes antérieurement étaient venus qui avaient voulu tout réformer en bloc, d'après des vues systématiques et peu pratiques, et comme en haine de ce qui existait. Sans parler de Cabet et de son *Icarie*, on n'a pas oublié Saint-Simon et les Saint-Simoniens des premières années du siècle passé, Fourier et ses étranges inventions, Owen, en Angleterre, avant Lasalle et Carl Marx, en Allemagne. De cet ensemble de vues plus ou moins systématiques accumulées pendant un siècle par des idéologues, il est resté, non des institutions, mais un fonds commun qui caractérise le socialisme de nos jours; en somme, de théorique qu'il avait été d'abord entre les mains des réformateurs faiseurs de livres, il est aujourd'hui, à l'aide du suffrage universel, entré dans la pratique, et ses progrès ne sont plus en question; il s'affirme ainsi comme un idéal social qui convient mieux aux couches nouvelles, et cela, encore une fois, ne doit étonner personne.

Mais c'est ici, c'est lorsqu'on passe de la théorie à la pratique que se découvrent les écueils ; ces théories, mises à l'épreuve, viennent le plus souvent échouer devant des difficultés imprévues; les utopistes ou réformateurs ambitieux qui avaient fait concevoir un monde nouveau plein de promesses ne peuvent réaliser qu'une bien petite partie de leurs espérances ou de leurs prétentions; car leurs vues, superficielles ou peu pratiques, vont la plupart à l'encontre de principes, de mœurs, d'habitudes, ou d'intérêts qui leur opposent des obstacles invincibles. Même dans les choses bonnes et justes, on ne passe pas ainsi brusquement et sans préparation d'un ordre social à un autre tout différent. « On ferait autant de mal à une société en détruisant les vieilles institutions avant que les nouvelles soient assez bien organisées pour prendre leur place, qu'on en ferait à un amphibie en amputant ses branchies avant que ses poumons soient assez bien développés, » dit M. Herbert Spencer.

L'ignorance de certaines lois sociales conduit

ainsi à des échecs assurés. Dès lors, ceux qui ont eu foi, trahis dans leurs espérances, leurrés par de fausses promesses, et poussés ensuite à des actes de violence comme vers leur dernière ressource, s'ils sont enfin vaincus par la force, voient bientôt arriver l'heure des réactions, toujours cruelle. Le mouvement ainsi arrêté ne reprend que lorsque le temps a effacé le souvenir des illusions passées; un jour on se croit plus fort, plus capable ou plus sage; mais en somme, à ce jeu-là, au lieu de gagner du temps on en a perdu, et cela au prix de mille souffrances inutiles. Ce n'est qu'à la longue, dans ce va et vient d'agitations successives, que quelques vérités s'imposent et restent acquises, et que d'utiles conquêtes demeurent définitives.

Il y a socialisme et socialisme : ne nous effrayons pas du mot; acceptons-le comme synonyme de progrès social, et sans l'associer à ses congénères, le communisme, le collectivisme, ou telles autres sectes bâtardes nées à l'ombre du radicalisme ou sorties de ses rêves. Il est entendu que tout ce qui tendait à changer trop radicalement l'ordre de choses établi est condamné d'avance; nous l'avons dit, un écart brusque et considérable est en opposition avec une loi naturelle des sociétés, et, on peut ajouter, avec les allures de l'esprit et du cœur humains; on évolue de nos jours, on ne révolutionne plus, car on a toutes les pièces nécessaires au progrès pacifique, dès qu'on y met intelligence et sagesse; des réformes impatientes et presque toujours aventuturées ne s'imposent que par la force et ne durent que tout juste autant que cette force. Voilà pourquoi les imaginations trop fécondes de beaucoup de réformateurs n'ont eu en général aucun résultat pratique, à commencer par Platon et sa république jusqu'aux mémorables inventions des sans-culottes français de 1793 ; le christianisme lui-même, sous sa forme sociale, n'a guère mieux réussi avec ses aspirations sublimes d'amour, d'abnégation et de fraternité; on est resté plus ou moins payen à cet égard. Tout au plus, des réformes complètes en ce genre peuvent-elles être tentées par des associations particulières, sur une petite échelle; et encore, en dehors des associations purement religieuses, les épreuves entreprises sous cette forme ont-elles pour la plupart échoué; qu'on juge donc de ce qui doit arriver lorsqu'elles tendent à englober un peuple tout entier!

Quand, dans notre siècle, on demande la communauté des biens, l'abolition de la propriété et du capital, celle de la famille et de la patrie, la fin de tout culte et de toute religion, on demande naïvement l'impossible, non seulement parce qu'on s'écarte ainsi aveuglément de l'ordre de choses établi, mais encore parce que cet ordre de choses repose sur un fond permanent et inaliénable. Le socialisme, conception d'une société sur un plan nouveau, n'a sans doute rien de commun avec cette autre secte, l'anarchisme, qui est, lui, la négation de toute société et de tout gouvernement, et ne mérite que la répression réservée au banditisme. Mais la démocratie de nos jours, en cherchant à substituer l'égalité de fait à l'égalité de droit obtenue par la liberté, s'est-elle demandé jusqu'où l'on pouvait s'avancer sur ce terrain-là sans s'effondrer? Non; on rêve un niveau général étendu sur toutes choses; est-ce sérieux? Lamartine, dans son *Histoire des Girondins*, a écrit là dessus des pages éloquentes : « Le partage égal des lumières, des facultés et des dons de la nature, dit-il, est évidemment la tendance légitime du cœur humain. Les révélateurs, les poètes et les sages ont roulé éternellement cette pensée dans leur âme, et l'ont perpétuellement montrée dans leur ciel, dans leurs rêves, ou dans leurs lois, comme la perspective de l'humanité. C'est donc un instinct de la justice dans l'homme... Tout ce qui tend à constituer des inégalités de lumières, de rang, de conditions, de fortune, parmi les hommes, est impie; tout ce qui tend à niveler graduellement ces inégalités, qui sont souvent des injustices, et à répartir le plus équitablement l'héritage commun, est divin. Toute politique peut être jugée à ce signe, comme la vérité à distance.

« Mais plus un idéal est sublime, plus il est difficile à réaliser en institutions sur la terre. La difficulté jusqu'ici a été de concilier avec l'égalité des biens les inégalités de vertus, de facultés et de travail, qui différencient les hommes entr'eux. Entre l'homme actif et l'homme inerte, l'égalité des biens devient une injustice; car l'un crée et l'autre dépense. Pour que cette communauté des biens soit juste il faut supposer à tous les hommes la même conscience, la même application au travail, la même vertu. Cette supposition est une chimère. Or, quel ordre social pourrait reposer solidement sur un tel mensonge? De deux choses l'une : ou bien il faudrait que la société, partout présente et partout infaillible, pût contraindre chaque individu au même travail et à la même vertu : mais alors que devient la liberté? la société n'est plus qu'un universel esclavage ; ou bien il faudrait que la société distribuât de ses propres mains, tous les jours, à chacun selon ses œuvres, la part exactement proportionnée à l'œuvre et au service de chacun dans l'association générale : mais alors quel sera le juge ?

« La sagesse humaine imparfaite a trouvé plus facile, plus sage et plus juste de dire à l'homme : « *sois toi-même ton propre juge, rétribue-toi toi-même par la richesse ou par la misère.* » La société a institué la propriété, proclamé la liberté du travail et légalisé la concurrence.

« Mais la propriété instituée ne nourrit pas celui qui ne possède rien. Mais la liberté du travail ne donne pas les mêmes éléments de travail à celui qui n'a que ses bras, et à celui qui possède des milliers d'arpents sur la surface du sol. Mais la concurrence n'est que le code de l'égoïsme, et la guerre à mort entre celui qui travaille et celui qui fait travailler, entre celui qui achète et celui qui vend, entre celui qui nage dans le superflu et celui qui a faim. Iniquité de toutes parts ! Incorrigibles inégalités de la nature et de la loi !

« La sagesse du législateur paraît être de les pallier une à une, siècle par siècle, loi par loi. Celui qui veut tout corriger d'un coup brise tout. Le possible est la condition de la misérable sagesse humaine. Sans prétendre résoudre, par une seule solution, des iniquités complexes, corriger sans cesse, améliorer toujours, voilà la justice d'êtres imparfaits comme nous.

« Le temps paraît être un élément de la vérité elle-même ; demander la vérité définitive à un seul jour, c'est demander à la nature des choses plus qu'elle ne peut donner. L'impatience crée des illusions et des ruines au lieu de vérités. Les déceptions sont des vérités cueillies avant le temps. La vérité est évidemment la communauté chrétienne et philosophique des biens de la terre. Les déceptions, ce sont les violences et les systèmes par lesquels on a cru vainement pouvoir établir cette vérité et l'organiser jusqu'ici. »

« Ces pages, dit Stuart-Mill qui les rapporte dans sa *Révolution de 1848*, devraient être le credo de tout réformateur sérieux et raisonnable sur les questions de propriété et de répartition des richesses. » Elles paraîtront peut-être un lieu commun aujourd'hui qu'on admet généralement un socialisme pratique, consistant en réformes graduées que réclament la justice et l'humanité, et réalisable par la paix et de bonnes lois. Et que veut ce socialisme ? Une organisation meilleure du travail, des secours mieux assurés et mieux entendus à ceux que le travail ne peut faire vivre, une meilleure répartition des charges entre les plus riches et les moins riches, la fin d'armements ruineux et une entente internationale moins précaire, voilà, en somme, ce que réclame le socialisme non révolutionnaire. Dans ce renouvellement d'idées, le socialisme, expression du progrès social, comporte peut-être encore d'autres réformes ; mais, avant tout, assurer la situation matérielle et morale des classes laborieuses, voilà ce qui intéresse les principes d'égalité et de justice.

Le programme du socialisme ainsi compris, n'est-ce pas, au fond, celui des progressistes? Tout le monde à peu près est progressiste de nos jours, les uns plus, les autres moins, c'est une affaire de mesure ou de méthode. Mais pour être progressiste il n'est pas nécessaire d'être radical, et encore moins révolutionnaire; il suffit d'être pratique, intelligent, sérieux, et de vouloir le bien des autres. Il n'appartient qu'aux visionnaires de faire des plans de sociétés nouvelles; non, on ne fait pas de nos jours de sociétés nouvelles, elles se font. Autour des révolutionnaires impatients et qui n'admettent pas l'élément du temps, affluent les fous, les vicieux, et tous ceux dont les violences, l'aveuglement ou les hontes sont particulièrement propres à compromettre les meilleures causes ; voilà ce que l'on sait trop aujourd'hui après tant de lamentables exemples, et voilà pourquoi on peut espérer que le socialisme moderne finira par comprendre que ce ne peut être là sa vraie voie.

Qu'est-ce au fond que ce socialisme moderne, qui, un peu partout, fait aujourd'hui de réels progrès? C'est la politique des nouvelles couches sociales, politique telle quelle, et plus ou moins acceptable dans ses conclusions ; elle est cela, tout comme l'absolutisme monarchique ou religieux fut la loi de l'ancien régime, tout comme les institutions libérales furent celles des classes moyennes et bourgeoises de notre temps. La démocratie appelait le socialisme, tout comme le mouvement bourgeois tendait à la liberté, et le socialisme est aujourd'hui un fait qu'il faut accepter pour lui faire sa part. Il se traduira en conséquences utiles pour la société en général et pour les classes inférieures en particulier, si, tout en faisant justice des erreurs ou des abus existants, il sait lui-même respecter la vérité et la justice; si, des régimes antérieurs, il accepte de l'un l'autorité indispensable à tout ordre social, et de l'autre la liberté nécessaire pour empêcher le retour de tout despotisme; si, enfin, il se montre assez avisé pour tenir compte des vérités primordiales qui sont de tous les temps et de tous les lieux, et que les réformateurs n'ont jamais méconnues sans se perdre avec les malheureux qu'ils avaient entraînés à leur suite. « Ceux qui font des révolutions *à moitié* ne font que se creuser un tombeau, » disait, il y a un siècle, Saint-Just ; et nul, parmi les Jacobins de la Terreur, n'a mis plus de fanatisme, d'obstination et de cruauté à faire *complète* une révolution qui, au milieu de l'exécration universelle, le mena à l'échafaud avec tant d'autres.

Voilà pourquoi tout socialisme radical et révolutionnaire est condamné d'avance à échouer. Aujourd'hui que la société a acquis plus d'expérience et la raison plus de lumière, on veut être persuadé, et non violenté; nous sommes, en d'autres termes, une société moins novice en affaires. Améliorer le sort des petits, des humbles, et aider le travailleur pour le sauver des misères auxquelles il reste exposé, voilà ce dont il s'agit, et l'on ne peut nier que cela ne soit dans les tendances de l'opinion publique à notre époque; la tâche est même déjà commencée, car, à beaucoup d'égards, la situation de l'ouvrier est meilleure aujourd'hui qu'il y a cinquante ans; mais l'on ne peut lui assurer ces avantages que par une meilleure organisation sociale. Le socialisme, en somme, se résout dans une question économique entre conservateurs et progressistes, les uns sacrifiant leurs prétentions à tout retenir, contre l'abandon par les autres d'un idéal irréalisable. A notre époque de transition, plus qu'à nulle autre, la vie politique et sociale doit être une affaire de compromis et de transactions.

Mais on fait ici une objection : « Peut-on, a-t-on dit, se flatter de satisfaire jamais les classes populaires ? N'est-il pas, au contraire, à craindre que plus on leur accordera plus elles demanderont ? »

« Si notre société est plus agitée, plus travaillée de convulsions intérieures, écrivait naguère un publiciste, M. A. Leroy-Beaulieu, ce n'est pas que la situation des classes populaires soit pire qu'aux époques précédentes, c'est plutôt qu'elle est sensiblement meilleure; c'est que les améliorations obtenues récemment rendent les classes ouvrières plus rebelles aux maux du jour et plus ambitieuses de conquêtes nouvelles. » Oui, et cela est dans l'ordre du cœur humain ; ce n'est pas seulment particulier aux pauvres gens ; les riches eux-mêmes ne sont pas contents avec leur superflu, la plupart visent encore à l'accroître. Que dire donc de ceux qui ont à peine le nécessaire ?

Oui! à mesure que l'ouvrier voit son aisance augmenter, ses besoins tendent à croître, et il perd, dans une vie moins simple et moins pénible, une chose qui l'avait soutenu jusque-là, nous voulons dire la résignation. « Il semble que, dans l'extrême misère, fait quelque part observer Augustin Thierry, le besoin d'être mieux agisse moins violemment sur nous que dans une condition déjà supportable. »

Mais, disons-le, si cela est dans le cœur humain, ce n'est pas une raison pour détourner une société riche et civilisée d'éviter à ses membres des souffrances imméritées, ou d'assurer à chacun les choses indispensables à la vie. Seulement, c'est là tout ce que la société peut et doit faire, et tout ce qu'on est en droit de réclamer d'elle ; le reste appartient à l'initiative individuelle. Une certaine résignation à un état inférieur, mais tolérable et satisfaisant, sera toujours pour les humbles une voie qu'ils ne pourront abandonner, sans de bonnes raisons, que pour leur malheur; sinon, de satisfaits qu'ils devraient être dans une situation convenable, ils deviendront des mécontents auxquels on aura ouvert des perspectives fallacieuses et parlé d'une terre promise où ils n'entreront jamais.

Moyennant ces réserves, tous les amis du progrès et de l'égalité, quel que soit leur nom, peuvent se dire socialistes; mais tous ceux qui portent le nom de socialistes ne peuvent se dire progressistes, car si, d'aventure, certaines de leurs doctrines venaient à s'imposer un instant, elles ne manqueraient pas de provoquer, tôt ou tard, une réaction qui retarderait pour longtemps la marche du progrès.

Dans beaucoup de pays, de nos jours, il serait utile de placer sur les monuments publics, sous forme de principes, de courtes inscriptions telles que celles-ci : *Pas de vraie liberté sans autorité, pas de vraie égalité sans subordonation :* ce serait de bonne politique. — *Le nécessaire à ceux qui n'ont rien au moyen du superflu de ceux qui ont trop :* ce serait de bonne justice. — Et chez certains peuples divisés par les luttes religieuses, ces simples mots : *Ni la loge, ni la sacristie*. Ces appels à l'esprit public remplaceraient utilement les mots fameux de *Liberté*, *Égalité*, *Fraternité*, qu'on lit sur plusieurs frontispices.

IV

DU VRAI ET DU FAUX EN MATIÈRE RELIGIEUSE

Dans l'ordre rationnel des choses, il n'y a de vrai que les principes, lesquels suffisent aux peuples adultes et aux hommes éclairés et civilisés, mais qui n'opèrent pas seuls et par eux-mêmes sur les peuples enfants ni sur le vulgaire. Chez ceux-ci, il faut parler aux sens et à l'imagination, et les principes doivent être figurés par des choses ou par des hommes. Ainsi, comme ailleurs, en a-t-il été en matière religieuse.

Ici, le principe, c'est la croyance à une puissance suprême qui gouverne le monde et se laisse deviner derrière les choses que nous voyons ; c'est la croyance à la divinité et au monde de l'au-delà, et c'est un culte qui satisfait à une prescience de notre esprit ou à un sentiment inné de notre cœur.

Mais pour s'imposer aux peuples enfants, une telle croyance a besoin d'un corps, de formes sensibles, qui ne sont parfois que des symboles grossiers ; les dieux des sauvages sont des objets matériels, des fétiches ; ceux de l'antiquité païenne étaient des hommes, des héros ; des traditions, produits d'imaginations folles, remplacent alors les croyances naturelles; le mystère de l'au-delà disparaît devant les révélations précises des prophètes; des prêtres, un clergé, une église multiplient les formes du culte et en vivent; tout devient formel ou mystique pour satisfaire aux besoins des sens ou de l'imagination, et ce n'est qu'à ces conditions que la religion est comprise et agit sur l'esprit du grand nombre; le principe a pris corps, mais la vérité dès lors n'y apparait souvent que travestie, et le culte se matérialise.

Oui, il est vrai que la morale sans religion et sans culte ne suffit qu'aux êtres supérieurs et éclairés; pour le peuple il faut un culte et une sanction religieuse, sinon il comprendrait peu pourquoi le bien est préférable au mal, ou même distinguerait mal l'un de l'autre. La religion comme élément social semble donc nécessaire. Il y a une foi fondamentale, indépendante des formes, qui a pour principe le sentiment religieux, dont on peut dire que personne n'est totalement dépourvu, et qui est l'indice d'une vérité cachée au fond des choses [1]; mais peut-être ceux à qui cette foi naturelle suffit, et qui la croient seule fondée, doivent-ils encore aller plus loin par respect pour les humbles, et con-

1. « Les religions renferment toutes une vérité, autrement les hommes ne les auraient pas embrassées. » (Carlyle.)
— « La morale indépendante, c'est la morale indépendante de la révélation, ce n'est pas la morale indépendante de Dieu. » (J. Simon, *Dieu, Patrie et liberté*.)

sidérer, dans une certaine mesure, le devoir religieux comme un devoir civique; c'est l'opinion de beaucoup de gens en Angleterre et aux Etats-Unis, où généralement on pratique un culte quelconque [1].

Mais où doit-on s'arrêter dans la pratique et dans la foi, et quel est l'hommage le plus digne de Dieu? Voilà ce qu'on se demande. — Dans l'humanité, le sentiment religieux, source des religions, a pris souvent d'étranges formes, et toutes diverses, suivant le degré d'avancement des peuples. « L'homme, dit Renan, dès qu'il se distingua de l'animal, fut religieux, c'est-à-dire qu'il vit dans la nature quelque chose au delà de la réalité, et pour lui quelque chose par delà la mort. Mais ce sentiment, pendant des milliers d'années, s'égara de la manière la plus étrange. »

Généralement, nous l'avons dit, les peuples enfants se font un Dieu à leur image. Voici, par exemple, comment se le représentent les nègres : « Ils ont, sous le nom de fétiche, un objet matériel qui le figure et auquel s'adresse leur culte; pour empêcher, dans certains cas embarrassants, qu'il voie ce qui se passe et les gêne dans leurs petites affaires, ils usent d'un moyen tout simple, ils le mettent en poche : naïveté du premier âge!

1. M. le duc de Noailles écrivait, il y a quelques années, sur l'esprit religieux aux Etats-Unis : « A part les puissants motifs de foi, chacun, selon ses tendances, voit dans la religion un document humain de haute valeur, la plus noble expression de spiritualisme pratique, ou simplement une économie à réaliser sur les frais supplémentaires de police, de justice et de prison. »

Toutes les religions ont leurs folies; toutes ont compté leurs superstitions, leurs reliques, leurs miracles, leurs prêtres fanatiques, même les sacrifices humains à la divinité. On connaît les extravagances des dévots hindous, sectateurs de Brahma, des fakirs et des derviches, enfants de Mahomet. Voici ce que dit M. Taine des bouddhistes : « Chez les bouddhistes, plus on prononce, plus on écrit, plus on imprime de prières, plus on a de mérite. Afin d'en accroître le nombre, on a remplacé l'homme par la machine : des cylindres remplis de petits papiers, où la prière est écrite, se trouvent dans les principales rues, dans les temples et chez les particuliers; chaque tour de roue équivaut à la récitation de toutes les prières contenues dans le cylindre, et quelques-uns, énormes, renferment des millions de fois la formule sacrée; les personnes pieuses ont chez elles un serviteur dont tout l'emploi est de tourner le cylindre de la famille; de grands moulins à eau et à vent font le même office. »

Jusqu'au paganisme des anciens, que son caractère naturaliste aurait dû, semble-t-il, préserver de tout excès en ce genre, le paganisme avait ses mystiques et ses superstitieux. « A son déclin, selon Plutarque, le dévot était sans cesse en proie aux angoisses de l'épouvante; pour lui, plus de repos, le sommeil ne lui apporte que des songes horribles; à son réveil, il court demander le sens des visions à des fourbes qui le rançonnent et le renvoient chez les sorciers apprendre le secret des incantations purifiantes; il se plonge dans la mer et se meurtrit le front contre la terre; il se tient des journées entières sur le seuil de son logis, immobile comme un poteau, tantôt enveloppé d'un sac, tantôt couvert de guenilles infectes, ou bien il se roule tout nu dans la boue et dans l'ordure, tout cela pour expier des forfaits souvent imaginaires. »

D'autre part, mêmes pratiques religieuses et même foi aux reliques que dans nos églises. « Aux murailles des temples, nous dit à son tour M. V. Duruy, on suspendait des offrandes, et souvent des ex-voto, en reconnaissance d'une guérison miraculeuse ou d'un salut inespéré. On avait aussi les reliques des héros : à Olympie, l'épaule de Pelops, dont le contact guérissait certaines maladies ; à Tégée, les ossements d'Oreste, qui rendirent cette ville victorieuse tant qu'elle les garda. Les statues des Dieux possédaient des vertus particulières : l'une guérissait les rhumes, l'autre la goutte; l'image d'Hercule, à Erythrée, avait rendu la vue à un aveugle. Plus souvent les simulacres se couvraient de sueur, agitaient les bras, les yeux, leurs armes. A Andros, chaque année, aux jours de la fête de Bacchus, l'eau se changeait en vin. Les temples avaient des biens qui n'étaient pas la propriété des prêtres, et, comme nos églises au Moyen-âge, beaucoup jouissaient du droit d'asile. Des particuliers, des cités, pouvaient être exclus des sacrifices et des peuples entiers, frappés d'excommunication, furent exterminés, comme l'ont été nos Albigeois et comme les protestants ont failli l'être. »

Et au sein du christianisme, les catholiques du Moyen-âge ont-ils seuls eu la spécialité des folies religieuses ou des ardeurs dévotes, à l'exclusion des chrétiens des autres communions? Non. Nulle part peut-être la religion réduite en pratiques extérieures n'a eu plus de fanatiques qu'en Russie, chez les orthodoxes de la religion grecque, comme chez les schismatiques. Le signe et la forme de la croix, selon un publiciste moderne [1], la direction des processions à l'occident ou à l'orient, la lecture d'un des articles du symbole, l'orthographe du nom de Jésus, l'alleluia répété deux ou trois fois, etc., tels sont les grands points des controverses qui divisent l'Eglise Russe; les orthodoxes font le signe de la croix avec trois doigts, les dissidents avec deux; les premiers admettent la croix à quatre branches, les seconds ne tolèrent que la croix à huit branches ayant une traverse pour la tête du sauveur et une autre pour les pieds. Quant aux extravagances des schismatiques ou *Raskolniks*, si nombreux en Russie, elles dépassent toute imagination. Pour se mettre à l'abri du contact diabolique du monde, certains d'entr'eux ont systématiquement recours au meurtre et au suicide, les uns se faisant un devoir d'envoyer au ciel l'âme innocente des nouveaunés, les autres croyant rendre service à leurs parents

1. M. Anatole Leroy-Baulieu.

en les empêchant de mourir de mort naturelle, et justifiant tout cela par ce passage des Ecritures que *le royaume du ciel doit être pris par violence*. On a vu de ces sectaires se brûler ensemble sur de vastes bûchers, ou par familles, dans leurs cabanes, au milieu des prières et des cantiques.

On aurait pu croire que la Réforme protestante du seizième siècle était faite pour mettre fin à ces abus et à ces folies; eh bien, Genève, au temps de Calvin, fut soumise à la discipline sévère et étroite d'un vrai couvent; naguère, dans des pages signées Marc Monnier, la *Revue des deux mondes* en exposait les détails curieux puisés dans les registres du consistoire : c'est la règle inquisitoriale dans toute sa rigueur.

Les auteurs de la Réforme, d'ailleurs, les Calvin et les Luther, étaient des esprits non moins mystiques que les moines de la primitive Eglise. Ainsi pour Luther, les œuvres ne sont rien, c'est la foi qui est tout; les œuvres sont naturelles et viennent de la volonté humaine « qui est esclave et incapable de faire le bien par elle-même »; la foi, elle, est surnaturelle et vient du commerce immédiat avec la grâce.

Calvin, lui, était partisan de la *prédestination;* tout comme saint Augustin, il refuse la liberté à l'homme, et il va jusqu'à penser que, pour les dévoués à l'enfer, la prière se change en crime. Le caractère de le réforme du seizième siècle, qui proclama la justification par la foi sans les œuvres, fut une réaction contre le culte formel et les pratiques multipliées de l'Eglise du Moyen-âge.

Le christianisme du Moyen-âge, le catholicisme, en d'autres termes, a été une religion toute sacerdotale; sa tendance fut de faire du clergé la puissance dominante; le prêtre, c'est le ministre de Dieu même; quand l'église a prononcé par sa voix, il n'y a plus qu'à obéir, voici à cet égard les principes du pape Grégoire VII, au onzième siècle, d'après ses lettres particulières : « Le monde est réglé par deux lumières, par le soleil, la plus grande, et par la lune, la plus petite; ainsi, la puissance apostolique représente le soleil, et la puissance royale, la lune; car, comme la lune reçoit la lumière du soleil, ainsi l'empereur, les rois et les princes reçoivent leur autorité du pape, et celui-ci ne la tient que de Dieu; donc la puissance de la chaire de Rome est plus grande que la puissance des trônes, et le roi doit soumission et obéissance au pape... Si les apôtres ont le droit de commander aux anges, qui certainement sont au-dessus des plus grands souverains, à combien plus forte raison devront-ils avoir le droit de juger les serviteurs de ces anges; or le pape est le successeur des apôtres, le successeur de saint Pierre sur sa chaire, il est le vicaire du Christ, et, par conséquent, au-dessus de tout. »

Et ce même pape écrivait à l'évêque de Metz : « Qui donc parmi les écoliers douterait que les prêtres fussent au-dessus des rois? » Et Boniface VIII, à Philippe le Bel, roi de France : « Sachez que vous êtes soumis dans le temporel comme dans le spirituel. » Et saint Bonaventure à son tour justifiait ainsi cette doctrine : « De même que l'esprit l'emporte sur le corps par sa dignité et son office, de même le pouvoir spirituel est supérieur au pouvoir temporel, et il mérite, à cause de cela, le nom de *domination ;* d'où il suit que la puissance royale est soumise à l'autorité ecclésiastique. »

Le clergé du Moyen-âge ne manqua pas d'abuser de la puissance qui ressortait de ces principes; il exploitait scandaleusement la foi naïve des fidèles dans l'intérêt du pouvoir et des richesses de l'Eglise. L'histoire de ce temps est pleine de légendes ou de récits de gens qui ont visité l'enfer, où ils en ont rencontré d'autres qui n'étaient là, dans les plus affreux supplices, que pour avoir fait quelque tort de l'espèce à l'Eglise; d'autres, qui ont visité le paradis, et où des pécheurs avaient été reçus malgré leurs crimes, en considération de quelque avantage que l'Eglise en avait tiré. Parmi ces récits, il faut citer ce que le moine Hildebrand — Grégoire VII plus tard — prêchant devant le pape Nicolas, racontait d'après un saint personnage qui avait rencontré en enfer un comte riche et homme de bien, mort en Allemagne quelques années auparavant. Ce comte était là sur le degré le plus élevé d'une immense échelle; cette échelle plongeait son pied dans les horreurs infernales; elle était destinée à recevoir tous ceux qui descendaient d'une même ligne ; le nouveau venu aux lieux de damnation prenait le degré supérieur, et tous les autres morts antérieurement descendaient chacun d'un échelon vers l'abîme ; de sorte que, à la fin, par une loi inévitable, tous les membres de cette famille allaient les uns après les autres au fond du gouffre infernal. Le saint homme qui vit ces choses, ayant demandé la cause de cette terrible damnation, et pourquoi était puni ainsi ce comte, son contemporain, qui avait bien vécu, reçut cette réponse : « A cause d'un domaine de l'Eglise de Metz, qu'un de ses ancêtres, au dixième degré, avait enlevé au bienheureux Etienne. »

Non seulement l'Eglise au Moyen-âge exigeait de tout mourant qu'il lui laissât une part de ses biens, sous peine de ne pas recevoir les derniers sacrements et de ne pas être inhumé en terre sainte ; mais elle alla jusqu'à déterminer la part qui lui revenait ; cette part, fixée d'abord au dixième, monta jusqu'au quart, et l'on fut obligé, en France et ailleurs, de réagir par des lois contre des abus aussi criants.

Mais le Christ, selon l'Eglise, avait donné à ses disciples, par la confession, le pouvoir terrible de remettre et de retenir les péchés. « Jusqu'au treizième siècle, dit l'abbé de Banville, les chrétiens ne connurent aucune obligation de se confesser que celle que leur inspirait le besoin de leur conscience. Les siècles d'ignorance et de barbarie ayant étouffé la piété et multiplié les désordres, la confession fut négligée ou devint abusive. En 1215, le quatrième concile de Latran se crut obligé d'ordonner à tous les fidèles, sous les peines les plus sévères, de se confesser au moins une fois l'an à leur pasteur. »

Cette loi de l'Eglise renouvelée depuis par le concile de Trente, et qui fait encore la règle de sa discipline, a beaucoup aidé à sa puissance. « Par le sacrement de pénitence, dit M. Jules Simon, l'église tient en quelque sorte la clef du ciel et celles de l'enfer, et elle devient maîtresse souveraine des volontés. » — « Pourquoi la confession est-elle ordonnée? lit-on dans le catéchisme de Meaux. — Pour humilier les pécheurs. — Pourquoi encore? — Pour se soumettre à la puissance des chefs et au jugement des prêtres, qui ont pouvoir de retenir les péchés et de les remettre [1]. »

C'est donc bien à l'omnipotence du prêtre que vise l'Eglise du Moyen-âge, laquelle niait à l'homme le pouvoir de se sauver sans son secours et par sa propre vertu. On lit dans Taine à ce propos : « Le propre d'une pareille conception, c'est de supprimer l'action personnelle et de remplacer l'intention par la soumission. Insensiblement, dès le quatrième siècle, on voit la règle morte se substi-

1. La confession auriculaire n'était pas inconnue des anciens. Plutarque rapporte que Lysandre, étant sommé, par un prêtre, de se confesser, lui demanda : « Est-ce à Dieu ou à l'homme que je dois me confesser ? — A Dieu, répondit l'hiérophante. — Retire-toi donc, ô homme », répliqua le général lacédémonien.

— Dans son programme de réforme catholique, l'ancien père Hyacinthe dit « qu'il faut que la confession auriculaire soit *rare et libre* ».

tuer à la foi vivante. Le peuple chrétien se remet aux mains du clergé, qui se remet aux mains du pape. Les opinions chrétiennes se soumettent aux théologiens, qui se soumettent aux Pères. La foi chétienne se réduit à l'accomplissement des œuvres, qui se réduit à l'accomplissement des rites. La religion, fluide aux premiers siècles, se fige en un cristal raide, et le contact grossier des barbares vient poser par-dessus une couche d'idolâtrie : on voit paraître la théocratie et l'inquisition, le monopole du clergé et l'interdiction des Écritures, le culte des reliques et l'achat des indulgences. Au lieu du christianisme, l'Église ; au lieu de la croyance libre, l'orthodoxie imposée ; au lieu de la ferveur morale, les pratiques fixes ; au lieu du cœur et de la pensée agissante, la discipline extérieure et machinale : ce sont les traits propres du Moyen-âge. Sous cette contrainte, la société pensante avait cessé de penser ; la philosophie avait tourné au manuel, la poésie au radotage, et l'homme inerte, agenouillé, remettant sa conduite aux mains du prêtre, ne semblait qu'un mannequin bon à réciter un catéchisme et à psalmodier un chapelet [1]. »

1. Si l'Eglise, instruite par l'expérience, semble aujourd'hui s'inspirer d'un esprit plus moderne, les faits les moins excusables de l'intransigeance du clergé qui se sent atteint dans son pouvoir ne sont pas uniquement de l'histoire du passé, il s'en produit encore de nos jours. Voici ce que contait naguère M. Emile Olivier, à propos de la loi du 9 avril 1850 sur l'abolition, en Piémont, des immunités ecclésiastiques : A la mort de Santa Rosa, ministre de l'agriculture et du commerce, son curé, Pittaviro, moine de l'ordre des Servites, vint, sur l'ordre de l'archevêque de Turin, déclarer que les derniers sacrements et la sépulture chrétienne ne seraient accordés

Qu'est-ce donc que des religions tout en pratiques extérieures et d'aveugle obéissance aux prêtres, lesquelles n'agissent pas autrement sur les mœurs pour les rendre meilleures? « L'importance que les religions attachent aux pratiques du culte, écrivait naguère un auteur contemporain, M. Beausire, relègue parfois dans l'ombre les devoirs généraux de la morale, et l'on songe moins à se montrer sévère pour l'oubli de quelques-uns des commandements de Dieu, quand cet oubli est pallié par l'observation des commandements de l'Église. »

Les commandements de l'Église, c'est-à-dire, au fond, la puissance du clergé, voilà, en effet, l'important aux yeux du christianisme du Moyen-âge. M. Jules Simon, dans une page remarquable, met bien en évidence cette tendance des clergés en général : « Plus la vérité révélée sera au-dessus de la raison, dit-il, et plus les prêtres auront d'autorité comme interprètes de la révélation ; plus les cérémonies seront déterminées et efficaces, et plus les prêtres auront d'autorité comme ministres de l'autel et dispensateurs de la grâce ; plus la croyance aux peines et aux récompenses à venir sera ferme, plus

que s'il rétractait formellement sa participation aux lois Siccardi. Santa-Rosa s'était confessé dévotement et avait reçu l'absolution. Son confesseur protesta par écrit que le mourant était persuadé de n'avoir ni volé les droits de l'Eglise ni méconnu l'autorité de son chef visible ; sa femme se jette en sanglotant aux pieds du curé, le suppliant de ne pas refuser les suprêmes consolations à son mari bien-aimé. Le curé reste inflexible : « Non, il me faut une rétractation formelle. » Le moribond murmure : « On me demande des choses que ma conscience ne me permet pas d'accorder ; je ne veux pas laisser un nom déshonoré à mes enfants. » Il rend l'âme, et le prêtre inexorable se retire sans prononcer une parole. »

elle contiendra de promesses et de menaces, et plus les prêtres seront indépendants des événements du monde, plus ils seront puissants en ce monde par le moyen de l'autre. Ces conséquences s'enchaînent si étroitement qu'on peut prévoir, en restant toujours dans les termes généraux, que, si les prêtres interprètent la révélation, ils choisiront de préférence l'interprétation la plus opposée à la raison humaine; que, s'ils enseignent à la fois des devoirs de pure morale et des devoirs de piété indifférents par eux-mêmes et dépéndant uniquement des prescriptions ecclésiastiques, ils donneront plus d'importance aux seconds qu'aux premiers; et qu'enfin, si le texte sacré leur permet une latitude dans la description des peines et des récompenses, ils tendront à l'exagération dans les deux sens. La raison en est que la grandeur sacerdotale croît à mesure que le dogme s'élève au-dessus des lumières naturelles, que les cérémonies acquièrent une mystérieuse efficacité, et que l'imagination est frappée des espérances et des terreurs de la vie future [1]. »

Quels furent les résultats de la conception religieuse du Moyen-âge, et quels chrétiens fit ce christianisme? — Un de ces résultats fut, comme on sait, la corruption du clergé, devenu trop puissant et trop riche, laquelle amena la Réforme protestante comme conséquence. « Je ne voudrais pas pour cent mille florins, dit Luther, n'avoir pas vu

1. *La Religion naturelle.*

Rome; je me serais toujours inquiété si je ne faisais pas injustice au pape. » Et là-dessus, il fait un tableau des crimes et de la perversité des mœurs de l'Italie en ce temps-là.

« Il n'est pas à contester, dit un prince de l'Église qui paraîtra ici moins suspect que Luther, le cardinal Bellarmin, il n'est pas à contester, et les témoignages des contemporains établissent à l'évidence que, quelques années avant les hérésies de Luther et de Calvin, les tribunaux ecclésiastiques ne jugeaient plus selon la justice, le clergé n'avait plus de mœurs, plus la connaissance des choses divines, plus de respect pour la parole de Dieu, en un mot, il n'y avait plus de religion. » C'est donc que la réforme a eu d'autres raisons que l'orgueil ou la sensualité d'un moine révolté, comme on a dit de Luther; et personne n'en doute plus aujourd'hui.

Une telle conception religieuse n'empêcha donc pas la corruption et la barbarie des mœurs, dans les classes qui devaient le plus le bon exemple aux autres, à l'époque de la domination de l'Église. L'histoire de l'Italie, vers les quinzième et seizième siècles, est pleine de meurtres et d'atrocités, pour lesquels on se préparait par des actes de dévotion; les églises, où parfois même ils étaient commis, servaient de lieu d'asile pour les criminels, et le confessionnal constituait une sauvegarde en face des incertitudes de l'éternité : mœurs féroces, mêlées à toutes les pratiques de la foi la plus superstitieuse.

Quelle influence a donc eue sur les cœurs et les esprits une telle religion et un christianisme ainsi compris? On dirait que c'est précisément là où ils ont été le plus pratiqués et obéis que les mœurs ont été les moins chrétiennes [1]. Voyez encore l'Espagne, dévote et fanatique; quels hommes y avait formés l'Église au temps de sa puissance! Ils se sont révélés dans toute leur férocité à l'époque de la découverte de l'Amérique, pour ne citer que cette page de l'histoire. Là, ils abordèrent, la croix en tête et l'Evangile à la main, au milieu de peuples doux et hospitaliers, qui les accueillirent avec joie et bienveillance. Mais il fallait les convertir; et que fit-on pour cela? Un seul exemple le fera suffisamment comprendre : au Pérou, un moine présente au chef des Incas la bible comme preuve du christianisme, et sur le refus d'Atahualpa de se convertir sur cette preuve unique, Pizarre le fait étrangler.

On lit dans Las Casas, ce prêtre héroïque et vertueux qui se fit, lui, le défenseur des Indiens du Nouveau-Monde : « Les Espagnols, montés sur de beaux chevaux, armés de lances et d'épées, n'avaient que du mépris pour des ennemis si mal équipés; ils en faisaient impunément d'horribles boucheries; ils ouvraient le ventre aux femmes enceintes, pour

1. Aujourd'hui encore, d'après une statistique sur le nombre des homicides et des assassinats, l'Italie et l'Espagne occupent le premier rang parmi les nations européennes : tandis que l'Angleterre, par million d'habitants, n'en compte que cinq par an, en Italie il y en a quatre-vingt-seize.

faire périr leur fruit avec elles ; ils faisaient entr'eux des gageures à qui fendrait un homme avec le plus d'adresse d'un coup d'épée, ou à qui enlèverait la tête de meilleure grâce de dessus les épaules ; ils arrachaient les enfants des bras de leurs mères et leur brisaient la tête en les lançant contre les rochers... Pour faire mourir les principaux d'entre ces nations, ils élevaient un petit échafaud soutenu de fourches et de perches ; après les y avoir étendus, ils y allumaient un petit feu, pour faire mourir lentement ces malheureux, qui rendaient l'âme avec d'horribles hurlements, pleins de rage et de désespoir. Je vis un jour quatre ou cinq des plus illustres insulaires qu'on brûlait de la sorte ; mais comme les cris effroyables qu'ils jetaient dans les tourments étaient incommodes à un capitaine espagnol et l'empêchaient de dormir, il commanda qu'on les étrangla promptement. Un officier dont je connais le nom, et dont on connaît les parents à Séville, leur mit un bâillon dans la bouche pour les empêcher de crier et pour avoir le plaisir de les faire griller à son aise, jusqu'à ce qu'ils eussent rendu l'âme dans ce tourment. J'ai été témoin oculaire de toutes ces cruautés, et d'une infinité d'autres que je passe sous silence. »

Que faut-il donc penser d'une nation chrétienne qui a donné le jour à de tels monstres, ou d'une religion tellement faussée dans son esprit que ses apôtres se montraient plus barbares que ceux mêmes qu'ils prétendaient civiliser ?

Superstitions, fanatisme, pratiques vaines ou absurdes, voilà donc les traits du faux en matière religieuse. La religion mal comprise, la foi égarée par la passion, ont encore d'autres conséquences moins cruelles, mais parfois bien singulières, par exemple à propos des disputes de sectaires. Saint-Simon, dans ses *Mémoires*, rapporte qu'un jour le duc d'Orléans proposa pour un emploi à son oncle, Louis XIV, le fils d'un janséniste; le roi se récria et demanda comment son neveu pouvait lui proposer un tel choix; mais celui-ci lui ayant assuré que l'homme en question était si peu janséniste qu'il ne croyait pas même en Dieu, Louis se radoucit, et dit que, puisqu'il en était ainsi, il ne voyait plus d'obstacle à cette nomination...

Aujourd'hui, dans des milieux apaisés, l'éducation catholique, maintenue dans la dépendance jalouse du prêtre, gardien de la foi, sans produire les mêmes égarements, n'en a pas moins ses conséquences particulières. Elle faisait naguère écrire ceci à un écrivain protestant, M. Agenor de Gasparin : « Sous le régime du sacerdoce romain, les hommes n'ont rien appris de ce qu'on doit savoir pour se gouverner soi-même... Dirigés à outrance, débarrassés de la responsabilité, menés aux lisières, asservis aux prêtres, inhabiles aux résistances comme aux décisions, le jour où ils sont appelés à se mettre sur leurs pieds, à ouvrir les yeux, à marcher, le vertige les prend, ou bien, ils se laissent choir, inertes, incapables, ou bien enfiévrés, hors d'eux-mêmes, ils vont en insensés, saccageant tout au gré de leur folie. » Voilà peut-être quelqu'exagération, mais il y a là une part de vérité. Oui, de nos jours, l'éducation catholique fait en général des hommes timides et sans initiative; doux, honnêtes, oui! mais mous de caractère, étroits d'esprits, et faibles d'invention; la peur, les scrupules, le manque de liberté les font souvent paraître faux, sans qu'ils le soient: mais ils n'ont pas la décision et la franchise qui feraient éviter de tomber dans l'erreur à cet égard. Il est vrai encore que la casuistique de leurs confesseurs peut les porter à se faire une assez fausse idée du mérite dans la pratique du bien, ce qui ajoute aux apparences qui leur sont contraires.

Croire à l'Eglise et se laisser gouverner par elle, voilà l'essentiel. Est-il étonnant que l'éducation qui s'inspire de l'idéal d'un régime aussi absolu offre des lacunes, et concourt à faire des êtres passifs et sans ressort, inférieurs dans l'âpre combat de la vie à notre époque? Sans doute, en pratique, les choses, corrigées les unes par les autres, se passent un peu autrement; l'influence d'ailleurs n'est pas la même sur tous les esprits; mais on peut dire que l'éducation catholique, même la plus morale, imprime en général aux caractères un pli qui ne s'efface jamais, qui rend les hommes moins propres au progrès moderne, et qui a fait dire que la vie du vrai catholique est en dehors des affaires de ce monde.

Pareille conséquence ne s'affirme pas au même degré chez les chrétiens du culte réformé, plus moderne et plus en harmonie avec le mouvement des idées. Tout au moins il est vrai que, dans ces derniers siècles, les nations protestantes ont fait preuve, en général, d'un esprit plus viril et plus ouvert que les nations catholiques. Un protestant de nos jours peut pratiquer sa religion sans rien abdiquer de sa raison; c'est presque impossible à un catholique qui veut maintenir sa foi intacte : l'Église possède la vérité immuable depuis Pierre, son premier chef sur la terre, et elle la conservera sans partage jusqu'à la fin des siècles, c'est de foi. Et le penseur, moins que tout autre, ne peut user de sa liberté sous l'étroitesse de ces liens : « Un philosophe, dit M. Jules Simon, qui veut rester réellement chrétien, doit se tenir prêt à renoncer à la raison le jour où la raison lui paraîtra s'écarter de l'orthodoxie. »

Voici, à propos d'éducation et d'esprit religieux, une page bien connue de Rousseau, mais qu'il est bon de relire de temps en temps, parce que, malgré ses exagérations, elle contient un fonds de vérité qui reste stable, en dépit du temps et du progrès des lumières : « Le christianisme est une religion toute spirituelle, occupée uniquement des choses du ciel; la patrie du chrétien n'est pas de ce monde. Il fait son devoir, il est vrai; mais il le fait avec une profonde indifférence sur le bon ou le mauvais succès de ses soins. Pourvu qu'il n'ait rien à se reprocher, peu lui importe que tout aille bien ou mal ici-bas : si l'État est florissant, à peine ose-t-il jouir de la félicité publique ; il craint de s'enorgueillir de la gloire de son pays ; si l'État dépérit, il bénit la main de Dieu qui s'appesantit sur son peuple. Pour que la société fût paisible et que l'harmonie se maintînt, dans une société de vrais chrétiens, il faudrait que tous les citoyens sans exception fussent également bons chrétiens ; mais si malheureusement il s'y trouve un seul ambitieux, un seul hypocrite, un Catilina, un Cromwel, celui-là certainement aura bon marché de ses pieux compatriotes. La charité chrétienne ne permet pas aisément de penser mal de son prochain. Dès qu'il aura trouvé dans quelque ruse l'art de leur imposer et de s'emparer d'une partie de l'autorité publique, voilà un homme constitué en dignité : Dieu veut qu'on le respecte ; bientôt voilà une puissance : Dieu veut qu'on lui obéisse. Le dépositaire de cette puissance en abuse-t-il, c'est la verge dont Dieu punit ses enfants ; on se ferait conscience de chasser l'usurpateur ; il faudrait troubler le repos public, user de violence, verser le sang ; tout cela s'accorde mal avec la douceur chrétienne ; et, après tout, qu'importe qu'on soit libre ou serf, dans cette vallée de misères ? L'essentiel est d'aller en paradis, et la résignation est un moyen de plus pour cela. »

Rousseau a eu en vue ici un idéal qui ne peut être que celui du chrétien de la primitive Église, le dévot catholique. Celui-ci, en effet, comprend la vie présente non pour elle-même, mais comme un acheminement à la vie future; celle-ci est l'unique but de celle-là ; ce but il ne peut le perdre un instant de vue; son salut est dans l'obéissance aux dogmes révélés et aux pratiques prescrites par les prêtres pour y parvenir. C'est en cela seul que l'homme de foi doit trouver son bonheur, car le reste n'est qu'un vain mirage, le mirage des faux biens de ce monde qu'on doit mépriser parce que la terre n'est pas notre vraie patrie, mais un lieu de passage et d'épreuves; plus on souffre pour l'amour de Dieu, plus on a de mérite, et si l'on fait pénitence en cette vie, on est sauvé dans l'autre.

Un tel idéal, tout mystique, qui fait qu'on sacrifie le présent dont on jouit à l'avenir qu'on a en vue, n'est guère celui de l'homme qui, par un entraînement contraire, ne comprend rien en dehors de la vie terrestre. Celui-ci ne vise qu'à satisfaire aux besoins et aux plaisirs de son existence actuelle et à développer ses facultés pour y atteindre plus pleinement. Son cœur et son âme peuvent y avoir part comme ses sens; mais même lorsqu'il cherche à en élever le but, pour donner plus de surface à ses jouissances, il n'en rapporte pas les conséquences jusqu'au delà de la tombe, tout pour lui étant compris entre celle-ci et son berceau.

De ces deux formes de comprendre la vie, résultent nécessairement deux mondes de caractères qui contrastent singulièrement entr'eux. L'un mystique, impropre au mouvement, qui n'a en vue que les affaires ou les intérêts matériels, lesquels il subordonne à l'affaire du salut, la seule grande à ses yeux; l'autre, tout positif, fait pour la lutte contre les maux de la vie présente, tout entier au succès de ses entreprises terrestres ou mondaines, et qui n'a que de rares échappées sur l'autre vie, ou même qui n'y croit pas.

Cette opposition est-elle dans la nature ou la nécessité des choses? Non; elle n'est que l'effet d'une exagération dans des points de vue particuliers, qu'il importe de concilier entre eux, mais que nous rendons exclusifs l'un de l'autre. Ce qui est incontestable, c'est que nous ne pouvons nous désintéresser des besoins du présent ni des espérances ou des prévisions de l'avenir. Si, dans le conflit de ces deux vies ou de ces deux mondes, il se fait que par la force des choses les angles s'émoussent, que ceci corrige cela, et qu'en somme on n'est jamais autant de son monde qu'on le croit, il n'en est pas moins vrai pourtant que l'idée principe, l'idée mère, n'agit différemment sur chacun de nous pour nous rendre souvent étrangers les uns aux autres, et nuire à nos rapports de confiance; l'effet est surtout mauvais sur les esprits faibles, étroits, ou passionnés, dont cette idée fait des fanatiques religieux ou des fanatiques anti-religieux.

L'on a eu raison de dire que la seule vie qui convienne aux fidèles de l'Église du Moyen-âge, c'est la vie de couvent et de prière, qui est pour eux non seulement un idéal de perfection, mais qui est encore une condition nécessaire de salut. Et l'on peut dire, d'autre part, que l'athéisme et la suppression de tout culte répondent seuls à l'attente des jouisseurs de la vie présente, pour qui rien n'existe et rien n'a lieu que conformément aux lois et aux besoins de la nature terrestre. Cela donne la mesure de la distance qui sépare ces deux mondes, dont aucun ne répond à la vérité naturelle.

En réalité, il y a un autre christianisme que le christianisme de l'Église italienne du Moyen-âge, plus humain, plus compréhensif, moins exclusif, moins incompatible avec les luttes et les progrès de la vie présente et fondé tout ensemble sur la raison et sur la morale de l'Évangile. « Pour nous, qu'on peut accuser, il est vrai, d'avoir une mesure un peu large de ces sortes de choses, écrivait-il, y a quel ques années, un philosophe français, M. Vacherot, nous croyons qu'il y a bien des manières d'être chrétien. On peut l'être selon l'esprit ou selon la lettre. On peut l'être avec Jésus, avec Paul avec Jean, avec les théologiens alexandrins, avec les docteurs en Sorbonne, avec la tradition tout entière, ainsi que l'ordonne l'Église catholique. Ne semble-t-il pas qu'être chrétien avec le Christ tout seul, en ne s'inspirant que de son esprit et de ses exemples, c'est l'être de la meilleure et de la plus chrétienne manière? Qu'on nous dise qu'il n'y a qu'une élite d'âmes essentiellement religieuses auxquelles une telle inspiration suffise pour vivre dans le christianisme, et que, pour le reste, tout l'appareil du dogme et de la discipline traditionnelle est nécessaire, nous n'en disconvenons pas. Sur ce terrain, bien des manières de voir peuvent se concilier. Ce qui nous paraît dur et presque odieux, c'est l'intolérance des amis de la *lettre* envers les amis de l'*esprit;* c'est qu'il soit possible de dire qu'en se rapprochant du foyer de toute foi religieuse, l'âme du Christ, pour s'y réchauffer, s'y ranimer, s'y purifier de plus en plus, on s'éloigne de la religion du Christ. »

A notre époque, il s'est rencontré, en France et ailleurs, des prêtres catholiques éclairés, les Lacordaire, les Gratry et autres, disposés à élargir en ce sens la pratique et l'interprétation religieuses. Selon le père Gratry, l'affaire du salut ne doit pas uniquement nous préoccuper ici-bas, mais bien aussi nos intérêts matériels et les progrès de la science. « La chrétienneté, ajoute-t-il, doit aujourd'hui, par la force des choses et la volonté de Dieu, passer de la foi de l'enfance à la foi de l'homme fait. » Cela dit beaucoup de choses; mais quand d'autres ont voulu plus hardiment appliquer ces principes, Rome et les évêques les ont désavoués.

La foi antique, comme l'idéal sacerdotal du Moyen-âge, n'est pourtant plus de notre époque; en vain l'Église voudrait-elle y revenir ou les maintenir contre la force des choses; elle n'arriverait qu'à éloigner un peu plus sûrement les esprits de toute pensée ou de tous sentiments religieux. Quand les premières religions ont achevé leur œuvre d'éducation et de moralisation, on les abandonne comme de vieux vêtements qui ne conviennent plus qu'à un petit nombre de fidèles. Taine donne les détails suivants sur le catholicisme en France à la fin du dix-neuvième siècle : « Au dix-huitième siècle, dit-il, quand un curé devait renseigner l'intendant sur le chiffre de la population de sa paroisse, il lui suffisait de compter ses communiants en temps pascal ; leur nombre était à peu près celui de la population adulte et valide. Eh bien, à Paris, de nos jours, sur deux millions de catholiques, cent mille environ remplissent leurs devoirs religieux, et ce sont la plupart des femmes ; sur cent inhumations et sur cent mariages, vingt-cinq civils ; enfin, vingt-quatre pour cent d'enfants non baptisés. Et pour toute la France, sur trente-deux millions d'habitants, on n'estime qu'à deux millions ceux qui pratiquent. »

Si l'on songe, d'autre part, que, sur un milliard quatre cents millions d'être humains qui couvrent la surface du globe, toutes les sectes du Christianisme réunies ne comptent qu'environ trois cents millions de fidèles ; et qu'au nombre de ceux-ci il y a seulement la moitié de catholiques : et qu'enfin plus de cinquante pour cent de ces derniers ne croient plus ou ne pratiquent plus, on ne peut que s'étonner du nombre infime d'êtres humains destinés à être sauvés ; et c'est pourtant ainsi aux yeux de l'Église : « *Hors de l'Église, point de salut.* »

Faut-il conclure de cette perte ou de cette tiédeur de la foi à la chute de toute religion parmi les nations du monde catholique ? Non, mais bien à la nécessité d'un renouvellement, d'une transformation de l'esprit religieux? On pratiquera même encore longtemps sans croire : « Il faut le reconnaître, écrivait un jour un penseur contemporain, M. Paul Janet, si l'on devait renoncer aux pratiques religieuses aussitôt que la foi diminue et est ébranlée, ou quand on a des faiblesses morales, combien de pratiquants seraient réduits à devenir libres-penseurs ? » Mais c'est là, sans doute, une foi qui n'a plus rien d'efficace aux yeux d'une Église imbue d'un dogmatisme absolu. Oui, peut-être le spectacle du culte, ses cérémonies ou ses pratiques, auxquelles se rattachent des traditions restées chères, seront encore longtemps nécessaires pour nourrir la foi populaire ; mais ces pratiques du culte extérieur demeureront, dans la pensée de la majorité, dépourvues de plus en plus des vertus surnaturelles et mystiques qu'on leur attribuait autrefois.

Quoi qu'il en soit, on peut dire en général qu'entre la religion bien comprise et la pure philosophie spiritualiste il ne peut exister de querelle ; s'il en est encore autrement, c'est à cause de l'esprit étroit des églises et des sectes, lequel tient à leur passé. Aux États-Unis d'Amérique, pays neuf, l'esprit est autre : « L'Américain, en général, selon un écrivain français, est également contraire à la grande ferveur des sectes intolérantes et à la révolte philosophique qui ne fleurit que dans les pays où la religion s'impose; il fait dériver la foi des croyances individuelles, et, mettant la source de la religion dans le témoignage de la conscience de chacun, il lui laisse le sentiment de l'indépendance avec celui de la vénération [1]. »

Malebranche a écrit quelque part : « Il y aura toujours des esprits qui veulent voir évidemment et d'autres qui veulent croire aveuglément. » La vérité religieuse, pour l'adulte qui sent et qui pense, s'éclaire d'autres principes : « Elle est plutôt une affaire de sentiment que de science, dit avec raison Taine; on la compromet quand on exige d'elle des démonstrations trop rigoureuses et des dogmes trop précis. » « Lorsqu'on veut se servir du raisonnement seul pour établir les vérités religieuses, dit aussi Mme de Staël, c'est un instrument pliable en tous sens, qui peut également les défendre et les attaquer, parce qu'on ne saurait, à cet égard, trouver aucun point d'appui dans l'expérience... Les médecins, dans l'étude physique de l'homme, reconnaissent le principe qui l'anime, et cependant nul ne sait ce que c'est que la vie; et si l'on se mettait à raisonner, on pourrait très bien, comme l'ont fait quelques philosophes grecs, prouver aux hommes qu'ils ne vivent pas. Il en est de même de Dieu, de la conscience, du libre arbitre. Il faut

1. M. Duvergier de Hauranne.

croire, parce qu'on les sent : tout argument sera toujours d'un ordre inférieur à ce fait. »

Que la religion soit une affaire de conscience et de sentiment plutôt que de raisonnement, rien de plus vrai; mais elle n'en est pas moins aussi une affaise de *raison*, si non de *raisonnement*, parce qu'elle répond à une vérité naturelle, instinctive, qui s'impose à nous, pour se traduire sous diverses formes dans les diverses religions qui se partagent le monde. Quelles que soient ces formes, le principe au fond est respectable : « Respectons dans les temples, dit M. Jules Simon, à quelque religion qu'ils appartiennent, le nom de l'Éternel qui les remplit, et la piété, peut-être erronée dans ses caractères, mais à coup sûr vénérable dans son origine et dans son but, qui les fait élever pour la gloire de Dieu et la sanctification des hommes. »... « Mais, ajoute l'écrivain, c'est aussi une manière d'offenser Dieu que de s'humilier devant le fanatisme et la superstition, et la philosophie, qui doit respect aux religions, est faite pour résister à ce qui les fausse. »

APPENDICE

NOTES, PENSÉES ET EXTRAITS

Sir John Lubbock, en faisant remarquer que beaucoup d'observateurs s'accordent à dire qu'il existe des peuplades sans religion aucune, ajoute ceci : « Il faut bien l'avouer, des voyageurs ont nié l'existence d'une religion parce que les croyances qu'elle professait étaient entière rement contraires aux nôtres. La question de l'existence universelle d'une religion parmi les hommes est, en somme, dans une grande mesure, une affaire de définition. S'il suffit pour constituer une religion d'une simple sensation de crainte, de la seule idée chez l'homme qu'il y a probablement d'autres êtres plus puissants que lui, on pourra, je crois, admettre que la race humaine tout entière a une religion. » « Il semble, dit ailleurs le même auteur, que tout pas fait en avant par la science amène une épuration correspondante de la religion. » La religion se montrerait ainsi en principe, et avant toute vénération, sous la forme d'une crainte aveugle plus ou moins salutaire, et il s'opérerait en religion une évolution à laquelle toute chose est soumise.

« Personne ne doit s'attendre à voir le sentiment religieux disparaître ou changer la direction de son évolution.... Quelque dominant que puisse devenir le sentiment moral voué à l'humanité, il ne pourra jamais se substituer au sentiment appelé proprement religieux, éveillé par ce qui existe au delà de l'humanité et au delà de toutes choses. »

(HERBERT SPENCER.)

« L'antagonisme à l'égard des idées superstitieuses mène généralement à les rejeter entièrement; on suppose que tant de faux ne peut être mêlé de vrai.... Les fausses croyances rejetées cachent une idée juste. Les dogmes ne sont que les formes temporaires de ce qui est permanent. »

(*Le même.*)

***

« Une vraie théodicée emprunte à toutes les croyances religieuses leur commun principe et elle le leur rend entouré de lumière, élevé au-dessus de toute incertitude, placé à l'abri de toute attaque. » (V. Cousin.)

***

Les religions particulières ne sont, chacune, que l'expression d'une *vérité relative*, laquelle, à mesure de l'avancement des peuples et des esprits, se rapproche de plus en plus de la *vérité absolue*, c'est-à-dire de la religion fondamentale.

***

« Le christianisme a d'abord été fondé, puis altéré, puis examiné, puis compris, et ces diverses périodes étaient nécessaires à son développement. »

(Mme de Stael.)

***

« Le temps des symboles, des cérémonies pompeuses, des clergés, des organisations religieuses toutes puissantes, est passé; la religion doit se répandre de plus en plus par des moyens purement rationnels. — La religion ne doit pas être envisagée comme le monopole des prêtres. — L'infaillibilité n'appartient à aucune secte ou communion religieuse. — Toutes les fois qu'on vous enseigne des doctrines tirées des traditions chrétiennes qui sont contraires à quelque claire conviction de votre raison ou de votre conscience, soyez assuré que ce que vous entendez n'est pas l'enseignement du Christ. »

(Idées de CHANNING.)

* * *

« La pureté du cœur et de la vie, l'amour de Dieu et de nos semblables, voilà les choses essentielles.

(CHANNING.)

* * *

« Les cérémonies extérieures ne sont que la marque du culte intérieur qui est l'essentiel. Ces cérémonies sont destinées à frapper l'homme grossier par les sens et à nourrir l'amour dans le fond du cœur. »

(FÉNELON, *Lettres.*)

Voici un passage bien curieux de l'Epître de saint Paul aux Romains : « Avez-vous une foi éclairée ? Contentez-vous de l'avoir dans le cœur aux yeux de Dieu. Heureux celui qui ne s'attire point de condamnation à l'égard d'une chose sur laquelle il porte un jugement véritable ! » Et voici là-dessus le commentaire d'un théologien qui fait autorité dans l'Ecole, Dom Calmet : « Heureux l'homme dont la conscience est éclairée et qui dans sa conduite ne fait rien ni contre ses lumières, ni contre sa conscience ! Heureux si vous êtes du nombre de ces personnes clairvoyantes qui savent sûrement prendre le bon parti ! Mais plaignez celles qu'une conscience faible et peu éclairée jette dans des inquiétudes et des scrupules continuels, et craignez de les blesser par votre force mal entendue. » Cela dit, paraît-il, à l'occasion de certains esprits faibles et superstitieux qu'il fallait plaindre, est également propre à justifier une foi large que l'on traite volontiers de tiédeur ou même d'incrédulité, et à propos de laquelle il ne faut pas craindre de faire plus de lumière.

Hors de l'Église point salut : selon le père Gratry, l'Église catholique n'entend cette exclusion qu'envers ceux qui se trouvent en dehors de *l'âme de l'Église*, c'est-à-dire de l'assemblée *invisible* de tous les justes unis entre eux et avec Dieu, et non hors du *corps* de l'Église ou hors de l'Église visible. Ne faudrait-il pas nécessairement conclure, s'il en est ainsi, que tous les justes seront sauvés, en dépit des fanatiques qui vouent à la damnation éternelle ceux qui ne partagent pas leur foi ?

Un écrivain de nos jours, M. de Molinari, dans son livre *Science et Religion*, dit ceci à propos de l'église du Moyen-âge : « En exagérant les pénalités qui sanctionnaient les prescriptions relatives à l'exercice du culte, en les égalant à celles qu'elle édictait contre les pires atteintes à la loi morale, l'Église jetait le trouble dans les consciences et oblitérait la notion du bien et du mal. Si en faisant gras le vendredi on s'exposait à la même peine qu'en commettant un viol ou un assassinat, qu'en conclure, sinon que les dérogations les plus graves aux *commandements de Dieu* n'étaient pas plus condamnables que les manquements les moins importants aux *commandements de l'Église*, et qu'on pourrait au besoin compenser l'infidélité aux uns par la fidélité aux autres. Et cette croyance devint une certitude, lorsque l'Église accorda des indulgences aux auteurs des crimes les moins excusables, en échange d'un supplément de pratiques cérémoniales et de contributions pécuniaires. »

« Le préjugé théologique, amenant à se conformer aux règles de la morale par des motifs de pure obéissance et non à cause de la valeur intrinsèque des principes, doit obscurcir les vérités sociologiques... Conserver les dogmes et les formes de la religion devient alors la chose capitable, la chose essentielle par excellence ; la chose secondaire, souvent sacrifiée, c'est d'assurer entre les hommes les relations qu'exigerait l'esprit vrai de la religion. »

(Herbert Spencer.)

« Des caractères privés des qualités naturelles, à l'a-
« bri de ce qu'on appelle la dévotion, se sentent plus à
« l'aise pour exercer des défauts qui ne blessent aucune
« des lois dont ils ont adopté le Code. »

(Mme de Stael.)

Il faut sentir Dieu pour bien y croire; mais il y a peut-être des âmes athées.

« Ce n'est pas une fantaisie chez les peuples que d'être dévots ou irréligieux; on ne doute point parce qu'on veut douter, comme on ne croit point parce qu'on veut croire. »

(Benj. Constant.)

Se souvient-on assez de ce qu'il y a plus de deux cents ans, écrivait déjà un archevêque de l'Eglise Romaine? On lit dans la *Direction pour la Conscience d'un roi*, de Fénelon : « Sur toutes choses ne forcez jamais vos sujets à changer de religion ; nulle puissance humaine ne peut forcer le retranchement impénétrable de la liberté du cœur ; la force ne peut jamais persuader les hommes, elle ne fait que des hypocrites. » Et cela était écrit sous le régime du roi qui chassa les protestants de France, par la révocation de l'édit de Nantes!

« L'état ne peut jamais être sacerdotal, mais il est « nécessairement religieux ; l'Etat ne saurait être « athée ».

(Jules Simon.)

Heureux qui croit de la simple foi du cœur! « L'humble croyant qui mêle même des fables à son sentiment de la vie universelle, est moins éloigné du vrai, et surtout du bien, que le matérialiste orgueilleux et égoïste qui ne croit qu'à l'heure présente [1]. »

La foi contre la raison, la foi contre les vérités incontestables de la science, est une maladie de l'âme ou de l'esprit qui est inévitable et peut-être même nécessaire chez les peuples enfants.

1. M. A. Fouillée.

* * *

L'on pourrait dire que le monde se partage entre ceux qui savent et ceux qui croient, les uns qui affirment que pour savoir ils n'ont pas besoin de croire, et les autres que ce qu'ils croient leur suffit pour savoir; les uns vivent de leur esprit, les autres de leur foi, et les uns comme les autres ne soupçonnent pas que ce n'est que de l'union de l'esprit et de la foi que sort la plénitude la vie.

Le mystère attire les plus hautes âmes, car l'avenir est un mystère. « Il faut à l'âme humaine du merveilleux et des mystères; les mystères sont l'ombre portée de l'infini sur l'esprit; ils prouvent l'infini sans l'expliquer. » Ces belles paroles de Lamartine sont bien d'un poète philosophe.

On condamne la croyance au surnaturel : c'est très bien, s'il s'agit d'un surnaturel voulu ou imposé, invention de l'imagination humaine ou héritage des âges passés, contraire d'ailleurs à toutes les certitudes de la science ou de l'histoire. Mais on a beau dire : Il y aura toujours un côté des choses qui ne se laissera jamais expliquer par les lois de la nature finie, telles que nous les révèlent nos sens et notre intelligence, côté mystérieux et impénétrable, correspondant à une vérité qu'on devine, qu'on sent, et qu'on ne voit pas. Voilà le surnaturel nécessaire, imposé à notre croyance quel que soit le sentiment contraire d'une époque qui prétend que tout rentre sous l'empire des lois de la seule nature concevable à notre esprit borné. Les religions ne sont, en somme, que les formes symboliques de ce surnaturel des choses.

Les religions, indépendamment de leur vérité fondamentale, seront toujours la consolation de l'homme malheureux. Necker, dans son livre sur l'*Importance des visions religieuses*, condamne ceux qui veulent ravir cette consolation aux humbles et aux déshérités des biens du monde,« à cette classe infortunée, dit-il, dont la jeunesse et l'âge mûr sont dévorés par les riches, et qu'on abandonne à elle-même quand le moment est venu où elle n'a plus de force que pour prier et pour verser des larmes ».

Le repos éternel! C'est par ces mots que généralement on désigne la mort. Ils renferment deux idées : celle du néant où nous rentrons après notre courte apparition sur la terre, et celle de la fatigue ou du soulagement par lesquels se termine notre éphémère existence. Tristes pensées! Que sommes-nous donc venus faire sur le monde? Nous disparaissons presque sans y laisser de trace, et ceux qui ont fait le bien, comme ceux qui ont fait le mal, subissent la même destinée : le repos éternel, le néant pour tous! Il y a ici en nous quelque chose qui proteste. Sans doute, le sentiment seul d'une bonne vie est fait pour consoler le juste mourant ; mais cela suffit-il à la justice, et sans la foi à un au-delà? Le néant, le repos éternel : ce ne peut être là tout au plus que la dernière espérance de quelques-uns.

« Les belles femmes qui n'ont pas de religion sont comme les fleurs sans parfum. » Ces paroles d'un poète bien profane, Henri Heine, méritent peut-être d'être méditées de nos jours.

« L'homme vaut en proportion du sentiment religieux qu'il emporte avec lui de sa première éducation, et qui parfume toute sa vie. »

(E. Renan.)

Tout condamné qu'il soit par l'Eglise, il n'existe aucun livre, fût-il écrit par un saint, plus propre à faire aimer le vrai Christianisme et son doux inspirateur que la *Vie de Jésus* par Renan. L'auteur en parle en simple historien philosophe, sans doute, mais avec un respect et une admiration qui n'ont rien de simulé. Il n'y voit pas un Dieu, non ! mais bien un être vraiment inspiré de Dieu. « Cette sublime personne, dit-il, qui chaque jour préside encore au destin du monde, il est permis de l'appeler divine, non en ce sens que Jésus ait absorbé tout le divin, mais en ce sens qu'il a fait faire à notre espèce le plus grand pas vers le divin. » « Christianisme, dit-il encore, est devenu presque synonyme de religion; tout ce qu'on fera en dehors de cette grande et bonne tradition chrétienne sera stérile; Jésus a fondé la religion dans l'humanité comme Socrate y a fondé la philosophie, comme Aristote y a fondé la science. » — L'Eglise catholique ne pouvait, sans doute, approuver un livre qui se trouvait en désaccord avec les dogmes qui, selon elle, sont seuls conformes à la doctrine du maître; elle le pouvait d'autant moins qu'elle reproche à l'auteur d'avoir tenu peu de compte de certains textes de l'Evangile, entre autres de ceux où Jésus se dit *le Christ, fils de Dieu;* nous le savons. Mais cela n'empêchera pas que la lecture de la *Vie de Jésus* ne soit une des plus chrétiennes que l'on puisse faire, c'est-à-dire des plus propres à affermir une religion qui édifie les esprits et les cœurs, et proclame la justice envers les faibles contre l'égoïsme et la dureté des puissants. — L'auteur fait observer que « jamais on n'a été moins prêtre que ne le fut Jésus, jamais plus ennemi des formes qui étouffent la religion sous prétexte de la protéger ». Voilà qui ne peut déplaire au sentiment religieux de notre époque. — En parlant de l'exaltation, par certains côtés, de la morale évangélique et du danger qui peut en résulter pour la société, il dit : « A force de détacher l'homme de la terre, on brisait la vie ; le chrétien sera loué d'être mauvais fils, mauvais patriote, si c'est pour le Christ qu'il résiste à son père et combat sa patrie... La perfection étant placée en dehors des conditions ordinaires de la société, la vie évangélique complète ne pouvant être menée que hors du monde, le principe de l'ascétisme et de l'état monacal est posé. » Mais, ajoute l'auteur, « pour obtenir moins de l'humanité il faut lui demander plus; l'immense progrès moral de l'Evangile vient de ses exagérations. » Ce ne peut donc être là qu'un haut idéal dont il faut s'approcher. Cela résulte de principes tels que ceux-ci extraits des discours de Jésus : « Vendez ce que vous avez et donnez-en le prix aux pauvres. — Ne vous souciez pas de demain, demain se souciera de lui-même; à chaque jour suffit sa peine. — Si l'on vous frappe sur la joue droite, présentez la joue gauche. » — De tels principes, comme le dit Renan, ne sont guère praticables qu'en dehors des conditions ordinaires; ils font des saints pour un autre monde que le nôtre; mais, dans celui-ci, ils poussent doucement les masses vers une plus haute civilisation : l'esprit de l'Evangile [1].

1. Le père Gratry lui-même, qui combat avec passion l'auteur de

***

Notre siècle, en France et ailleurs, finit plus croyant que le dix-huitième, tout au moins plus favorable au sentiment religieux mieux compris, et moins hostile à la foi des fidèles. On n'est, certes, pas plus clérical qu'autrefois, mais on est plus tolérant pour les personnes. Ainsi, naguère encore, à Paris, après la révolution de 1830, selon M. Thureau-Dangin, la haine qu'inspirait le clergé était si vive que, pendant près de deux ans, les prêtres n'osaient se montrer en soutane; on peut dire que ce ne fut que le choléra de 1832 qui modifia quelque peu ces sentiments; le nonce du Pape avait quitté Paris, et la nonciature ne fut rétablie qu'en 1843.

C'était là la réponse des tentatives réactionnaires qu'avait favorisées l'influence cléricale. Aujourd'hui, à la haine religieuse et à l'incrédulité radicale qui en avaient été la suite, s'est substitué chez beaucoup de personnes un fonds de tolérance et de croyances naturelles et rationnelles qui a remplacé la foi aux dogmes précis des religions positives; c'est en quelque sorte le fond commun de celle-ci qui est devenu la religion nouvelle, religion philosophique plutôt que sacerdotale, mais tout aussi affirmative des grands principes sur lesquels sont fondés les cultes des diverses nations. En réalité, quelles que puissent être les apparences contraires, nous pensons qu'il est non douteux qu'on croit aujourd'hui plus qu'on ne croyait naguère : le sentiment religieux s'est réveillé dans une plus grande liberté d'esprit et de conscience, et il n'en est pas moins sincère pour être plus éclairé.

Voici encore quelques opinions du siècle qui finit qui

la *Vie de Jésus*, reconnaît que si ce livre a scandalisé des croyants, il a aussi ramené à la foi des incrédules.

peuvent faire présumer ce que sera pour plusieurs, au point de vue des opinions religieuses, le siècle qui va commencer.

Il y a une quarantaine d'années qu'un philosophe français, M. de Rémusat, écrivait ceci : « Les défenseurs de la vieille Eglise ne savent pas tous se préserver d'une opinion témérairement excessive et faite pour rester à tout jamais un paradoxe, celle qui veut que le théisme sans révélation ne soit qu'une vague inconséquence, et que l'homme livré à lui-même soit destiné à ne pas croire en Dieu et n'ait aucune bonne raison d'y penser. J'ai toujours admiré le sang-froid avec lequel les écrivains qui entendent être religieux acceptent ces énormités. Pour motiver la révélation, ils soutiennent qu'il eût été vraiment indigne de la bonté de Dieu de laisser l'homme sans information directe, sans règle positive touchant son existence et sa volonté, et ils ne voient pas qu'en refusant à la raison humaine les moyens d'arriver à lui par ses propres forces ils destituent et dispensent à la fois de toute pensée religieuse les trois quarts de notre espèce, à qui toute révélation a été refusée. Ce qu'il y a de religieux dans la nature humaine devient une superfétation sans objet, quelque chose d'oiseux et de vain que Dieu a créé dédaigneusement, qu'il a jeté au hasard si même il n'en a pas fait, comme le voudrait une certaine interprétation du christianisme, la source d'un malheur éternel... Qu'est-ce que cette faculté ou cette aspiration qui rend l'homme capable de choses divines, si elle est nulle et comme non avenue dans tous les temps et dans tous les lieux où la parole suprême prononcée sur la croix du calvaire n'a pas été entendue? Quoi, en dehors de l'époque et de la portée d'un tel événement historique, la nature religieuse de l'homme ne serait rien ! Autrement dit, Dieu serait comme s'il n'était pas! Cette vérité, cet audacieux défi porté à la raison humaine, n'effraient pourtant pas ces ennemis obstinés de la religion naturelle, que l'intérêt mal compris de la foi a de nos jours multipliés. Craindraient-ils donc que s'il,était naturel de croire en Dieu, le surnaturel devînt superflu ? »

Plus récemment, un homme d'Etat anglais, qui est en même temps un philosophe, M. Balfour, dans un livre qui a eu un grand succès, *les Fondements de la croyance*, conclut pour l'avenir à *un déisme sous forme particulière de la doctrine chrétienne.*

Dans une pensée peu différente, a paru le *Théisme chrétien*, de M. Pecaut, résumé ainsi, croyons-nous, par M. Vacherot : « Un Dieu en une personne, dont n'approche nulle personnalité humaine, pas même celle du Christ, qui en est pourtant la plus pure image ici-bas, et qui a laissé une méthode de religion supérieure à tous les systèmes passés, présents et futurs. »

Quelle conclusion à tirer de toutes ces opinions à la fin de notre siècle, et quelle en est la signification pour le siècle qui va commencer ?

On lisait naguère d'un autre écrivain de nos jours, M. Jules Lemaître, dans la *Revue Bleue* : « Il semble qu'un attendrissement de l'âme humaine soit en train de se produire dans cette fin de siècle, et que nous devions bientôt assister qui sait ? à un réveil de l'Évangile. » Voilà peut-être une des conclusions les moins douteuses à en tirer. Quelle que soit, en effet, la foi nouvelle, le christianisme ne cessera pas de la féconder; les diverses sectes qui le divisent tendront à se rapprocher, et elles maintiendront ensemble l'homme dans la voie de sa destinée, selon l'idéal qui est au meilleur de son âme, et qui veut que l'humanité s'élève de plus en plus et devienne de plus en plus humaine, c'est-à-dire éclairée, juste, morale, sociale et pacifique, en d'autres termes, de plus en plus compréhensive d'esprit, de cœur et d'âme.

***

« Ma conviction intime est qu'il n'y pas de milieu : ou bien rompre avec tout principe religieux, ou bien se résigner, si l'on ne s'en félicite, à porter plus ou moins l'empreinte chrétienne. » (Albert Réville).

Dieu, disent les hommes de foi, n'a pu jeter l'être humain sur la terre, sans lui donner une loi pour se conduire. La loi morale dont nous apportons le germe en naissant, et qui se développe à mesure que l'humanité se civilise, c'est la loi de Dieu ; tout comme Dieu nous a donné l'instinct physique pour préserver notre corps, il nous a donné l'instinct moral pour nourrir notre âme. Cette loi divine, des hommes inspirés d'en haut, des prophètes, des révélateurs, des initiateurs, des philosophes, l'ont à diverses fois précisée dans le cours de l'histoire ; Jésus, par ses enseignements, et avec une toute autre autorité, l'a vulgarisée sur la terre. L'Evangile est un progrès sur la loi de Moïse ; l'Ancien Testament nous révèle une humanité barbare encore ; le Nouveau Testament est la loi de l'avenir ; c'est l'Ancien Testament qu'invoque le fanatisme religieux ; l'Evangile c'est la loi de paix, de justice et de tolérance fraternelle qui convient à l'humanité nouvelle.

L'on nie la divinité du Christ ; il n'aurait été qu'un prophète, divinement inspiré, apportant la parole de Dieu sur la terre : c'est peut-être suffisant ; le christianisme s'est *divinisé par l'usage*, en ce qu'il est devenu une forme supérieure du culte que les êtres de raison doivent au Dieu de toutes les religions.

V

DES PARTS RESPECTIVES DE L'INSTRUCTION ET DE L'ÉDUCATION DANS L'ŒUVRE DE LA CIVILISATION

L'on commence aujourd'hui à revenir d'une erreur qui a été surtout celle de notre siècle, à savoir que l'instruction pouvait se substituer à l'éducation dans l'œuvre de moralisation et de civilisation des peuples.

Pendant longtemps, on a cru que l'école était tout, qu'il suffisait de savoir pour devenir homme de bien, et que la science se confondait avec le devoir. C'était comme un emballement des esprits, à la suite des rénovations et des réactions de la fin du XVIIIe siècle.

Malheureusement, les faits n'ont pas répondu à cet optimisme de gens trop prévenus ; ils abondent aujourd'hui comme preuves que l'instruction sans éducation est inopérante, et que parfois même elle aiderait plutôt au mal certains êtres à prédispositions fâcheuses. Les exemples de criminels à l'esprit cultivé se présentent aujourd'hui fréquemment. En France, selon M. E. Guyau, la statistique judiciaire, qui constatait au commencement du siècle, sur cent personnes, soixante et un ignorants et trente-neuf ayant reçu de l'instruction, apprend que, de nos jours, où l'instruction est devenue obligatoire, le résultat est simplement renversé : sur cent accusés, soixante-dix sont lettrés, trente sont illettrés. M. A. Leroy-Beaulieu, d'autre part, révélait naguère qu'en Russie le nombre des gens sachant lire et écrire, ou même ayant reçu une instruction supérieure, semble relativement plus considérable parmi les criminels que dans l'ensemble de la population. « A en juger par la statistique, ajoute ce dernier, il semble en Russie qu'au lieu de diminuer la propension au crime l'instruction l'augmente. »

Tout cela prouve au moins que l'instruction seule n'est pas suffisante pour moraliser et civiliser. En peut-il être d'ailleurs autrement ? « Les uns s'imaginent, écrivait un jour un membre de l'Institut de France, M. Ch. Lévèque, qu'une maladie unique, l'ignorance, dévore la société actuelle ; ils en ont conclu qu'un seul remède est nécessaire, l'instruction, et s'attachant uniquement à cette pensée, d'ailleurs vraie en partie, ils se persuadent que, répandue à grands flots, la science fera éclore et fleurir toutes les autres vertus. Ils oublient que l'instruction ne s'adresse qu'à l'esprit, et que, lorsque celui-ci est éclairé, il reste encore à fortifier les volontés et à discipliner les appétits. » Et M. Spencer, dans le même sens : « Les dépositaires de l'autorité admettent, comme le public, que la bonté d'une éducation peut se mesurer à la somme de connaissances acquises ; elle se mesure bien plus sûrement à la capacité de se servir de ce que l'on sait, et au degré auquel les connaissances acquises se sont transformées en faculté de façon à être utiles à la fois dans la vie pratique et dans les recherches indépendantes de la science. » Telle est en effet la vérité. Oui ! l'instruction concourt, à sa façon, avec l'éducation, à moraliser et à civiliser, et voici comment : plus on a de connaissances et de lumières, plus on sait apprécier le mal dans toutes ses conséquences, et mieux on distingue le chemin qu'il faut suivre pour l'éviter; on l'évite alors, sinon toujours par devoir, tout au moins par intérêt bien entendu. Le mal qui naît de l'erreur, de l'ignorance ou du préjugé, voilà surtout celui dont détourne l'instruction; l'instruction fortifie celui qui la possède contre le mensonge et les mauvaises suggestions, parce que, par elle, il sait mieux les reconnaître et les apprécier.

Mais il en est autrement du mal qui est la conséquence d'un vice ou du manque d'éducation; ici l'instruction est la plupart du temps inefficace pour les combattre, parce qu'elle reste étrangère à cette grande fonction qui n'appartient qu'à l'éducation première, à savoir, donner le goût et l'habitude du bien; ceci se fait par la famille plus que par l'école, par le milieu moral et social où l'on vit bien plus que par la science; cela se fait encore par la discipline à laquelle il faut soumettre les enfants et les jeunes gens, discipline qui les fortifie en vue de leur avenir et qui en fera des hommes.

Voilà ce que l'on a beaucoup négligé de nos jours. L'école fait partie de cette discipline, sans doute; mais elle n'en est qu'une fonction; l'erreur, c'est d'avoir pensé qu'on pouvait tout en attendre. On sait qu'une des raisons de cette erreur est l'entraînement général, qui, à certaine heure de notre siècle, a tout mis dans la culture de l'esprit; mais il en est une autre encore qu'il faut dire. L'éducation s'était longtemps identifiée avec la discipline religieuse; avant la transformation de la société moderne, c'est sur l'Église que reposait surtout la charge d'élever la jeunesse, et l'on sait dans quelle pensée peu favorable à l'esprit nouveau, qui se proclamait seul ami des lumières. Il en résulta que par antagonisme avec cette chose qui s'appelle éducation, et qui jusque-là s'était confondue à beaucoup d'égards avec l'enseignement religieux, on lui substitua, dans un autre esprit, cette autre chose qui s'appelle instruction, et qui s'enseigne dans les écoles. Or, une chose n'était pas l'autre, les méthodes étant diverses; et voilà ce qu'on s'était refusé à reconnaître, mais que l'expérience a, depuis, laissé hors de doute.

Il y a en tout état de cause une éducation nécessaire, qui précède ou accompagne l'instruction, éducation qui se donne dans la famille ou ailleurs, mais que l'école ne remplacera jamais tout à fait. Parce qu'un âge a pris fin, ce n'est pas une raison pour nier le principe qui est de tous les âges. Que l'éducation religieuse, sous l'empire séculaire et peu disputé de l'Église, fût étroite et exclusive, qu'elle s'appliquât à étouffer les idées et à faire des croyants soumis plutôt que des hommes forts, capables de se gouverner eux-mêmes, on ne peut le nier ; mais en est-il moins vrai qu'à côté du savoir il y a une morale,et que le christianisme lui-même, dans cette voie-là, est un guide parfait? Non; on ne peut répudier le rôle du cœur, du sentiment et de la conscience dans l'éducation première ; et s'il importe d'avoir de bons principes, c'est à la lumière du cœur et du sentiment ainsi que de la raison qu'ils apparaîtront comme les meilleurs à suivre et les plus doux à pratiquer.

Qu'est-ce que la civilisation ? C'est d'abord la conquête des choses par l'esprit et par la science; c'est ensuite la victoire de la sociabilité sur l'égoïsme, et de l'ordre sur l'anarchie. Mais la civilisation est encore autre chose : c'est l'empire de l'âme et de l'esprit sur les sens et les passions perverses, de façon à nous rendre maîtres de nous-mêmes et de nos actions. Or, cela ne s'obtient, en règle générale, qu'à l'aide de la discipline et des habitudes de l'éducation première. On a beau dire, avec l'école déterministe ou fataliste de nos jours, que les vertus et les vices sont choses innées, dépendant de dispositions naturelles et persistantes, et qu'il n'y a d'efficace que l'instruction à y opposer, afin d'éclairer l'intelligence sur leurs bonnes ou leurs mauvaises suites et conséquences. Ce jugement, sans doute, a sa valeur; mais il a trop compté dans l'opinion de notre époque, et il pèche tout au moins par son caractère absolu et exclusif. Ce fait, généralement admis, qu'un être bien doué devient moins bon au contact d'un milieu mauvais, tandis qu'un être né vicieux devient meilleur dans un milieu favorable, ce fait-là suffit pour prouver que l'éducation qui opère suivant une méthode pratique, et par voie d'exemple, est autre chose que l'instruction qui n'agit que sur l'esprit et n'est pas tout à elle seule. C'est qu'il ne suffit pas d'éclairer, il faut encore, comme dit M. Ch. Lévêque, fortifier les volontés et discipliner les appétits. Bien qu'une tendance instinctive pousse l'homme vers le progrès, la civilisation, à certains égards, n'en est pas moins un état contre nature, en ce sens qu'elle exige des efforts continus pour se maintenir; du moment qu'on se relâche ou qu'on s'abandonne, les instincts primitifs et sauvages prennent le dessus, et il y n'a plus de civilisation.

On dit : « La civilisation est le fruit du progrès des lumières; » oui! mais il est au moins aussi vrai de dire qu'elle résulte encore du progrès de la conscience et du sentiment. Plus on prend connaissance de l'histoire du passé, ou de l'état social de certains peuples, moins on échappe à la conviction qu'il est des moments pour l'homme où il n'a nulle conscience du mal qu'il fait, de la criminalité ou de la barbarie de ses actes; ces actes, qui inspirent tant d'horreur à l'être civilisé, le barbare les accomplit avec indifférence ; cette horreur, il est incapable de l'éprouver ou de la comprendre, parce que l'éducation de la conscience lui manque ; il vole, et il n'a aucune idée qu'il en puisse être blâmé pour le tort qu'il fait à celui qu'il dépouille; il tue comme une bête fauve; est-il beaucoup plus coupable qu'elle ? On ne peut l'affirmer, car il lui semble avoir cédé à un instinct naturel; tout au moins n'y a-t-il en lui rien qui révolte en présence de certains faits qui sont pour nous des crimes; encore une fois, il n'a pas conscience du mal chez les autres plus qu'en lui-même, et il comprend peu notre répulsion. S'il donne pleine carrière à ses passions sauvages, est-ce uniquement parce que son intelligence est obscure? Non ; c'est aussi parce que sa conscience est muette. On ne peut donc se le dissimuler, l'homme est destiné à progresser dans sa conscience et ses sentiments tout comme dans son intelligence des choses. Au sein de nos sociétés civilisées, ne reste-t-il plus de nos jours de ces brutes inconscientes, à quelque étage qu'on les prenne ? Nous croyons qu'on ne peut en douter; la bête reparaît toujours en quelque coin.

L'instruction comme l'éducation a sans doute ici sa tâche à accomplir ; mais quelle instruction? Est-ce uniquement l'instruction par la science ? Ecoutons là-dessus un philosophe français de nos jours. M. Fouillée : « La science, dit-il, n'est bonne que relativement et selon l'usage qu'on en fait; l'art même a ses dangers; seule, la moralité est absolument bonne. C'est ce qui fait que l'instruction, surtout scientifique, est une arme à deux tranchants; ses avantages ne vont point sans des inconvénients corrélatifs; elle peut produire une disproportion entre les connaissances acquises et la condition où l'individu se trouve ; elle expose la société à une sorte de déclassement universel. De là le mécontentement de son sort, l'ambition inquiète, la jalousie, les révoltes contre l'ordre social. Il y a donc nécessité de choisir les objets de connaissance de les approprier à la condition de chacun, et il ne faut pas croire, comme on le croit trop aujourd'hui, que toute connaissance soit toujours profitable. Encore une fois, il n'y a de sûr et d'universellement bon que les hauts sentiments et les grandes idées; l'éducation morale est profitable à tous et pour tous; l'instruction, surtout scientifique, n'a que la valeur qui lui est conférée par l'éducation même. Les connaissances acquises produisent finalement de bons ou de mauvais résultats selon l'orientation bonne ou mauvaise des idées directrices de la conduite. Ce dont on s'est surtout exagéré en France l'importance morale et sociale, c'est la demi-instruction grammaticale et scientifique répandue au hasard, sans être dirigée. L'instruction pure et simple n'est qu'un moyen encore indirect et incertain de moraliser ou de relever un peuple, parce qu'elle est à double fin ; elle ne devient bienfaisante que si les idées directrices qui la dominent sont elles-mêmes bienfaisantes. Pour l'esprit comme pour le corps, la santé est la seule chose qui soit toujours un avantage certain, et c'est la moralité qui est la santé de l'esprit. »

« L'instruction n'a que la valeur qui lui est conférée par l'éducation, » dit M. Fouillée ; rien de plus vrai. Nous avons vu qu'en éclairant sa voie elle n'en a pas moins une action particulière sur la bonté et la moralité de l'homme. Les gens mauvais pour les autres, c'est-à-dire les insociables, les durs, les égoïstes, sont tels non seulement parce qu'ils manquent de cœur, mais aussi parce qu'ils manquent d'intelligence ou de lumières. Il ne suffit pas, en effet, pour être bon, d'avoir un cœur capable de compatir, il faut encore savoir comprendre les autres, se mettre à leur place, et ne pas être tout à fait ignorant des choses de la vie ou du monde. Un esprit bouché ou mal éclairé accuse à tort, suppose de mauvaises intentions, croit à l'impossible, et tout cela parce qu'il ne sait pas et qu'il voit mal. Les femmes, en général plus sensibles et plus compatissantes que les hommes, ne sont néanmoins plus injustes parfois, plus dures, plus déraisonnables, en un mot, que parce qu'elles comprennent moins bien. L'homme sensé et clairvoyant, qui voit juste, se montrera en général bon pour les autres, à moins que, par inclination ou par vice d'éducation, il ne soit un être tout à fait malfaisant ; il sera bon parce qu'il comprendra. C'est ainsi qu'entre les gens durs et méchants en fait il importe de distinguer ceux qui sont tels parce qu'ils le veulent ainsi, des autres capables de compatir, mais non de comprendre, parce qu'ils voient mal. La bonté de cœur doit encore être éclairée par les lumières de l'intelligence pour produire la justice; les hommes les meilleurs sont les plus justes.

Il y a des gens qui ont par conscience et par raison un grand sentiment du bien et une ferme volonté du devoir ; ils le doivent à des dons naturels, ou bien aux lumières de l'éducation et de l'instruction qu'il sont reçues. Ceux-là répugnent aux injustices du cœur et aux grossièretés des sens, et pour eux le bien est, sinon facile, tout au moins rendu plus aisé par le dégoût qu'ils ont du mal. Il en est d'autres, comme on ne le sait que trop, qui, moins avancés en civilisation, ont encore besoin, pour faire le bien et remplir leur devoir, d'une contrainte extérieure, celle qu'impose la loi civile ou la loi religieuse. Ils ne voient, ceux-ci, aucune raison, ils n'éprouvent aucune tendance à être bons et vertueux, à sacrifier quoi que ce soit de leurs convenances, à moins qu'il n'y ait pour eux nécessité; l'honneur même, dans les milieux où l'opinion est restée saine, n'en est pas toujours un motif suffisant; que sera-ce dans les milieux corrompus! Il faut alors sévir ; mais la loi atteindra-t-elle également le vice qui est au fond des cœurs? Ici la religion possède un pouvoir que n'a pas la loi civile; car il y a des gens qui ne sont à peu près bons que par la foi.

C'est que le sentiment du devoir est d'ordre si élevé qu'il ne peut appartenir qu'à la plus haute civilisation, et qu'il ne se trouve qu'à la portée du petit nombre. Les religions l'ont si bien compris qu'elles imposent le bien et proscrivent le mal à l'aide des peines et des récompenses de l'au-delà, c'est-à-dire que, pour la fin qu'elles ont en vue, elles font appel à l'égoïsme humain, sachant que c'est le plus sûr moyen d'agir sur la grande majorité des gens. Quant à l'homme éclairé, bon et honnête, le vrai civilisé, celui-là, il accomplit le devoir par goût ou préférence. Or, c'est bien là à quoi la civilisation doit finalement chercher à aboutir, savoir : faire entrer les idées de bien et de justice dans les goûts de l'humanité, de telle sorte que le devoir s'accomplisse sans peine et comme naturellement.

Pour faire le bien et fuir le mal, il faut que l'homme sente en lui battre un cœur et vivre une conscience; alors il se dit : « Je ne ferai pas aux autres ce que je ne voudrais pas que les autres me fissent; » ou bien, il importe pour cela qu'il ait une intelligence assez développée, ou assez éclairée sur ses vrais intérêts, pour qu'il conclue ainsi : « Je serai juste et bon pour les autres afin que les autres soient justes et bons pour moi. » Les plus mauvais sont ceux qui, au manque de cœur et de conscience, joignent la sottise et l'ignorance. A ceux-là ont fait défaut tout ensemble les dons de naissance qui prédisposent au bien, l'éducation qui donne de bonnes habitudes et atténue les tendances vicieuses, et enfin l'instruction qui ouvre les yeux sur la meilleure voie à suivre.

APPENDICE

NOTES, PENSÉES ET EXTRAITS

« Les principes austères sont pour les âmes faibles ce que sont les corsets pour les corps faibles. »

(MACAULAY.)

Un exemple célèbre de l'influence de l'éducation première, c'est celui du duc de Bourgogne, petit-fils de Louis XIV et père de Louis XV, roi de France. Né violent, orgueilleux, sensuel, il devint, sous la direction du duc de Beauvilliers et surtout de Fénelon, doux, aimable et de mœurs pures et simples; cela résulte des témoignages les moins suspects de flatterie, entre autres de celui du duc de Saint-Simon. On en fit, il est vrai, un dévot timide et sans ressort dans le caractère : on avait dépassé le but. Mais cela n'en prouve pas moins l'influence de l'éducation sur la jeunesse, au contraire; c'est seulement la preuve que la méthode ici laissait à désirer pour former un prince destiné à un grand rôle.

« J'estime fort l'éducation des bons couvents, mais je compte encore plus sur celle d'une bonne mère. »

(FÉNELON.)

C'est en cultivant chez l'homme la part la plus noble de sa nature, du cœur et de l'âme par l'éducation, de l'intelligence et de l'esprit par l'instruction, que l'on parvient à réprimer chez lui la possibilité d'un retour en arrière vers l'état sauvage, qui est comme une tendance naturelle du civilisé abandonné à lui-même. Cette tendance du civilisé, deux circonstances la favorisent : ou une trop grande misère ou une trop grande prospérité. L'homme s'abrutit si sa misère est telle qu'il manque des choses les plus nécessaires à la vie ; il se démoralise encore, dans ces jours de prospérité matérielle qui engendrent le luxe et l'abus des plaisirs ; et tandis que la résignation du pauvre empêche à peine cet abrutissement, les tentations et les entraînements du riche amènent presque infailliblement cette démoralisation. Il n'y a contre ces maux qu'une plus grande part de justice, de raison, de bien-être, et de lumière à espérer des progrès futurs ; plus cette part sera grande, moins l'homme aura d'efforts à faire pour rester civilisé, plus, en d'autres termes, la civilisation sera entrée dans sa nature et dans son existence.

Tout devoir en général exige un sacrifice, et il n'implique de vrai mérite personnel que par le sacrifice qu'il exige. Or, chez les peuples ou chez les individus qui prospèrent en s'enrichissant, le sacrifice devient de jour en jour plus difficile, parce que, là, l'homme s'amollit et ne songe bientôt qu'à jouir de ses biens ; il finit par manquer de la force nécessaire pour réagir contre l'entraînement de son orgueil et de ses plaisirs, et l'accomplissement du devoir n'est plus qu'une peine qui pèse chaque jour davantage sur son existence : cela c'est la décadence ; et cette décadence atteint au plus beau moment de leur prospérité les individus, les familles, les classes et les nations, qui n'ont plus à peiner pour vivre. — C'est que par suite de la tendance naturelle des choses et de celle du cœur humain, peu d'hommes résistent à la tentation d'abuser des biens matériels, acquis même très légitimement; l'on ne sait se borner; après le nécessaire on veut l'agréable, après l'agréable le superflu, et l'on finit un jour par se lasser de tout : telle est l'évolution des désirs qu'aucune prudence ou aucune sagesse ne retiennent. C'est pourquoi, dans cette lutte pour la conquête des biens matériels, où tant de gens sont engagés de nos jours, tout ce qui tend, comme le devoir, la justice ou les goûts élevés de l'esprit, à lui sacrifier quelque chose, n'est plus écouté; l'on passe outre, emportés comme des chevaux qui prennent le mors aux dents.

Elle est vieille comme le monde cette vérité que la richesse — nous ne disons pas l'aisance, exclusive de la misère — corrompt et amollit, rend avide pour soi et insensible aux maux des autres; on a souvent remarqué qu'il n'y avait que les pauvres qui fussent compatissants.

Sans doute, il y a des gens qui font un noble emploi de leurs richesses et un habile usage de leurs loisirs; mais c'est le petit nombre, et bien peu savent bien en user; il faut pour cela comme une préparation, qui est souvent un héritage de famille ou le fruit de l'éducation. On connait la sottise et l'aveuglement des parvenus en général; s'ils étaient restés d'humbles travailleurs, ils seraient plus dignes d'estime, et peut-être plus contents d'eux-mêmes et des autres; la richesse les a pris comme à l'improviste et a moins contribué à leur bonheur qu'à leur abaissement. Beaucoup de gens ont plus à perdre dans la prospérité que dans la misère.

« Qui ne se donne loisir d'avoir soif ne saurait prendre plaisir à boire, » a dit Montaigne. Ceux qui ne peuvent que rarement satisfaire leur soif se demandent donc par quel mystère ceux qui le peuvent à satiété se montrent souvent plus ennuyés que les autres : c'est parce qu'ils n'ont pas assez tenu compte de cet avis de Montaigne; ils ont trop fréquemment, ceux-là, approché la coupe de leurs lèvres. Oh, l'art de vivre a ses secrets !

La Bruyère disait de son temps : « Si je compare ensemble les deux conditions les plus opposées, je veux dire les grands avec le peuple, ce dernier me paraît content du nécessaire et les autres sont inquiétés et pauvres avec le superflu. » De nos jours, il en est encore ainsi des grands et des riches, mais nous croyons que, chez les autres, le nombre de ceux qui se contentent du nécessaire diminue, et que le peuple vit plus inquiet qu'autrefois, parce qu'il éprouve deux sentiments qui lui étaient plus étrangers sous l'ancien régime : la vanité et l'ambition.

Les peuples enrichis par le progrès matériel sont portés à jouir du présent sans se préoccuper de l'avenir. C'est le cas des jeunes générations actuelles : absorbées par les affaires, entraînées par les plaisirs, le temps ou le goût leur manquent pour porter leur pensée au delà de l'heure présente. Il y a pourtant quelque chose qui survivra à chacun de nous, ne fussent que la patrie et la société, intéressées à tout ce qui assure les progrès futurs, la morale, l'art, la science. Mais cela ne préoccupe que quelques-uns ; chez les autres, on ne pense qu'à soi et au jour à vivre ; y a-t-il autre chose pour la plupart des gens que le jour à vivre ?... Et cela va ainsi jusqu'à ce que la vieillesse arrive ; alors on doit jeter un regard mélancolique en arrière, et se demander ce qu'on est venu faire sur la terre, et quels souvenirs on y aura laissés.

L'esprit démocratique de nos jours doit être envisagé non seulement comme caractéristique des intérêts d'une classe, mais encore comme une façon particulière de voir les choses et d'entendre la vie : c'est l'*esprit réaliste* en opposition avec l'*idéalisme* des classes dites cultivées. Entre les sociétés que distinguent ces deux tendances, la lutte est non tout entière de riches à pauvres ou des petits aux grands, comme on pourrait le croire ; elle procède encore de différences moins extérieures et plus profondes. — Avec des vulgarités dont, par une culture plus soignée, l'esprit aristocratique sait mieux se défendre, l'esprit démocratique, lui, se sent plus dégagé des liens de la tradition et plus libre dans ses allures : de là tout à la fois pour lui une force et une faiblesse. Appréciant mieux les choses à leur valeur réelle et non d'après des conventions qui peuvent n'avoir plus leur raison d'être ou dont on a pu reconnaître l'inanité, il les voit aussi, d'autre part, de moins haut ou plus superficiellement ; il a l'instinct du vrai, et, comme tel, il sera plus pratique en affaires ; mais il ne placera jamais la vérité à un rang qui échappe à sa vue.

Dans les sciences philosophiques et morales, cet esprit sera positif et ne sacrifiera rien à l'inspiration et au sentiment ; dans les lettres et dans les arts, il lui manquera la finesse et le goût, la grâce et l'élégance, mais il rendra mieux la réalité et la nature des choses; ses types seront vulgaires et vrais, l'idéal lui échappera ; en politique, en administration, il ira plus droit au mieux et d'un pas plus franc au progrès, mais, sans prudence ni expérience suffisantes, ses procédés seront malhabiles et ses allures violentes; en plaçant uniquement son idéal sur la terre, il se préservera de certaines illusions ou croyances trop naïves, mais il risquera aussi de confondre le fond immanent et divin des choses avec la forme extérieure qui passe ; enfin, en rétablissant à sa vraie place ce qu'il y avait de faux, de conventionnel, ou d'enfantin dans les sociétés du passé, il lui arrivera trop souvent de méconnaître ce que, d'autre part, elles nous ont transmis de grand et d'honnête. Ce qu'on a appelé l'esprit bourgeois n'a été qu'un acheminement vers l'esprit démocratique : avec les mêmes qualités en somme, et les mêmes défauts, le premier a montré plus de timidité et moins d'indépendance que le second; le bourgeois était fait pour subir encore en quelque mesure les influences du prestige exercé par les gens et les choses de l'ancien régime; il a été une transition ; le peuple, lui, est radical et se prétend être une fin; avec lui le bien-être s'étendra, et, à d'autres égards, la civilisation baissera; jusqu'à ce que le temps et l'expérience, avec l'aide de l'éducation et de l'instruction, aient fait subir à l'esprit des classes populaires les changements qui les rapprochent des classes supérieures et cultivées de nos jours, dans ce que celles-ci ont de bon et d'élevé, sans les priver de ce qu'elles-mêmes ont de sensé, de pratique et d'humain.

***

L'instruction et l'éducation aident l'une et l'autre, chacune suivant sa méthode, aux bons rapports entre les individus qui composent la société. Comte disait que la morale c'est la *sociabilité :* quelque réserve que commande cette opinion peut-être, elle répond, en somme, assez bien à la vérité des choses.

La bienveillance, la sympathie, la douceur de caractère, la patience, le désir de rendre service, le dévouement à la chose publique, l'abnégation de sa personne, la justice et la probité en affaires, tout cela constitue une bonne part de ce qui porte le nom de moralité personnelle, en favorisant les rapports des hommes entre eux; et qu'est-ce donc autre chose, cela, que la sociabilité même? — Peut-on en dire autant de la pureté des mœurs, que recommande aussi la morale? Oui ; car l'abus des plaisirs sensuels abrutit, endurcit et rend égoïste ; de telle sorte que, lorsqu'on accorde trop au corps, on fait en même temps baisser l'esprit, avec les hauts sentiments qui rendent généreux et sociable ; on se rapproche des animaux de proie. Mais si une vie simple et pure, conforme aux prescriptions de la morale, est en même temps favorable à la sociabilité, l'ascétisme ou l'abstention systématique des plaisirs, qui isole et rend triste, produit un effet tout opposé : les liens de la société se fortifient dans la joie commune. — Il est encore vrai que l'abrutissement qui naît des excès de la sensualité nuit au travail qui nourrit la société et à l'ordre qui la maintient viable : autre rapport entre la moralité et la sociabilité. — S'il fallait choisir entre toutes les passions que condamne la morale celles qui ont les plus mauvaises suites au point de vue de la sociabilité, on pourrait nommer l'orgueil et la vanité : l'orgueil qui est le ferment le plus énergique de la guerre entre les hommes, et la vanité qui produit le luxe, en jetant le désordre dans les affaires. Quoi qu'il en soit, la vanité et l'orgueil maintiennent, dans une certaine mesure, la dignité humaine, qui est plutôt favorable que nuisible à la sociabilité; tous les deux, par exemple, aident aux efforts que chacun fait pour s'élever dans l'ordre social; sous leur mobile, on n'a pas à craindre l'apathie si funeste aux gens mous et indifférents, et l'on évite ainsi le mépris public qui s'attache à leurs défaites ; il y a là émulation plutôt qu'envie, avec une sorte d'ambition utile à tous, que ne condamne pas la morale, y eût-il même en jeu ici quelque amour-propre moins désintéressé. — La sublime morale de l'Evangile commande le pardon des injures ; la sociabilité en général le veut aussi, et rien ne lui est plus contraire que la vengeance ; peut-on même aller, comme le chrétien, jusqu'à demander aux hommes de rendre le bien pour le mal ? Oui, évidemment; c'est là l'idéal d'une morale haute, mais un peu trop théorique ; en pratique, un tel principe, s'il était appliqué à l'ordre social tout entier, serait comme un encouragement aux plus mauvais, qui ne manqueraient pas d'en profiter pour se mettre à l'aise aux dépens des honnêtes gens et jeter le désordre dans la société. C'est d'ailleurs ce que les lois de tous les pays ont toujours compris. Si donc le pardon des offenses est une belle et bonne chose en morale, et même en sociabilité, il n'en reste pas moins vrai que la responsabilité, avec la répression pour sanction, ne soit une nécessité pour l'ordre public et les rapports entre les gens. — L'on peut dire que la sociabilité est la morale à un point de vue plus pratique que mystique, un peu moins sublime qu'une morale plus absolue, mais qui ne tend pas moins à la civilisation et aux progrès des sociétés. Comte avait donc raison en somme : la morale et la sociabilité se confondent dans leurs conséquences; la morale, en élevant les cœurs et les esprits, assure la sociabilité, et la sociabilité aide aux développements de la morale, en en élevant le prix.

⁂

L'instruction complète l'éducation, qu'elle ne remplace pas, et elle contribue pour sa part à la sociabilité. De là l'importance des écoles, si bien comprise de nos jours. Dans les Etats protestants, deux circonstances favorisent l'instruction populaire : l'obligation de lire la Bible, et l'âge tardif — seize ans — de la première communion, qui fait que les enfants restent plus longtemps à l'école. « En Europe, dit M. de Laveleye, nous considérons surtout l'enseignement comme un intérêt privé auquel le père de famille doit pourvoir : aux Etats-Unis d'Amérique on y voit un intérêt public de premier ordre, dont l'Etat doit prendre soin. »

⁂

L'instruction, l'école, l'enseignement, oui ! Mais ne faut-il pas encore veiller à ce que le peuple, plus tard, profite de l'enseignement scolaire ? « Qu'importe, dit un penseur de nos jours, M. E. Guyau, qu'importe que le travailleur sache lire, s'il ne lit que ce qui le confirme dans ses illusions? Le paysan ignorant, a-t-on dit, est moins absurde que l'ouvrier éclairé. » Cela arrive, en effet; il y a des lumières perfides qui égarent, conduisent sur les récifs, et valent moins que les ténèbres.

A propos de l'éducation du peuple, on lit dans le livre sur *le Christianisme et la Révolution*, d'Edgard Quinet, cette page éloquente, et quelque peu lyrique à la manière de l'auteur : « Gardez-vous d'abaisser le niveau moral, croyant par là rendre plus aisé l'avènement de la démocratie ; vous feriez précisément l'opposé de ce que vous voulez faire. J'ai bien peur, je l'avoue, de ces facilités de mœurs que l'on érige en théories sublimes. Vous voulez surmonter la bourgeoisie ; ne commencez pas par lui emprunter ses vices. Tout serait perdu si, par je ne sais quelle fascination, la misère morale des riches devenait l'objet de la convoitise des pauvres. Car ne pensez pas qu'à aucun prix l'homme, le genre humain, consente à déchoir du beau moral qu'il a une fois entrevu. Il ne suffirait pas que du fond de l'abîme un grand peuple criât : « J'ai faim, j'ai soif ». Dieu lui jetterait la pâture du corps, mais il lui retirerait la magistrature du monde. L'avènement de la démocratie ne peut être qu'un nouveau progrès de l'esprit, de la civilisation, de l'ordre universel. Ou elle sera tout cela, ou elle ne sera jamais rien ; ce qu'il est impie de supposer.

« Vous voulez émanciper le peuple de la glèbe; relevez donc sans relâche son esprit à la hauteur du nouveau ciel moral. Que sont ces théories par lesquelles chacun sera dispensé tôt ou tard de toutes les vertus ? L'homme fera tout ce qui lui fait plaisir, dites-vous, et jamais rien qui lui coûte. Eh ! ne voyez-vous pas que vous détruisez jusqu'au dernier ressort de l'âme? Pour moi j'aimerais mieux cent fois cette devise : *Fais toujours ce que tu as peur de faire*. Car je sais que dans cet assaut intérieur, dans ce travail héroïque, l'âme s'accroît, elle prend sa force, son point d'appui, elle crée, elle soulève un monde, l'homme enfante le surhumain. Si la souveraineté du peuple n'est pas le plus trompeur des mots, c'est une âme royale qu'il faut élever dans ce berceau, non pas seulement un artisan dans l'atelier, un laboureur dans le sillon. Je ne veux pas seulement que la démocratie ait son pain quotidien ; avec l'esprit de mon siècle je veux encore qu'elle règne ; voilà pourquoi je demande d'elle des vertus souveraines. »

***

L'instruction de l'esprit n'est complète que lorsqu'elle a pénétré la conscience et s'est transformée en une éducation supérieure.

VI

DES DIVERS DEGRÉS DE CULPABILITÉ ET DE LA RÉPRESSION EN JUSTICE

Qu'est-ce qu'un coupable?

Au point de vue juridique, le coupable est l'individu qui s'est mis en opposition avec les lois de son pays; au point de vue philosophique et moral, c'est celui qui n'a pas respecté la loi de justice ou les principes de tout ordre moral et de toute vraie civilisation.

Dans le premier sens, il peut arriver que la culpabilité ne soit que relative et n'emprunte son caractère qu'à des lois qui seraient elles-mêmes mauvaises et contraires à toute équité; est-il besoin, pour chercher des preuves à l'appui, de remonter jusqu'aux nations et aux âges barbares? Cela dépend des mœurs ou des idées d'un peuple et et d'une époque; telles sont les gens, telles sont les lois; est-on coupable pour refus d'obéissance à des lois absurdes ou tyranniques? En conscience, non; Thraséas fut un coupable pour Néron et un vertueux pour les gens de bien; les lois de l'inquisition en Espagne et ailleurs, comme celles de la Terreur en France, n'ont la plupart du temps fait que des victimes sans pouvoir créer des coupables.

Mais, sans nous arrêter davantage aux circonstances particulières d'une époque ou d'un régime d'oppression, nous savons que le mal dans le droit commun des peuples civilisés a toujours été, en somme, l'objet d'appréciations plus ou moins identiques; toujours on a réprimé ce qu'on considérait comme dommageable aux autres; seulement les points de vue ont pu varier à certains égards selon les temps et les lieux. Ainsi, aux yeux des anciens, aucune action en général ayant pour principe le courage et la force n'était répréhensible; le christianisme est venu et a apporté aux nations d'autres principes dont s'inspirent nos lois modernes; si bien, par exemple, que les Quakers, qui refusent de prendre les armes par horreur du sang, ont tiré de ces principes des conséquences abusives, sans doute, mais sans être autrement coupables qu'envers l'ordre public et les conventions sociales.

Il importe que la loi, qui ne peut réprimer tout ce qui est répréhensible, atteigne au moins tout ce qui est dommageable aux autres; s'il ne lui est pas donné de moraliser, elle a du moins titre pour empêcher que l'immoralité ne compromette l'ordre social. Les codes pénals des peuples modernes classent en général les faits à réprimer en crimes, délits et contraventions, échelonnant les peines selon la gravité des cas. Garde-t-on partout ici les distances, et les pénalités répondent-elles toujours aux degrés de culpabilité? Voilà sans doute ce qui importerait encore à la loi ; mais ceci n'est peut-être pas dans ses moyens, ni dans les moyens des juges qui l'appliquent : c'est à ce second point de vue que nous voulons ici envisager la question; car c'est là surtout ce dont se préoccupent les esprits de nos jours.

La culpabilité intime, si nous pouvons employer cette expression, dépend de beaucoup de distinctions à faire et de considérations à retenir. Il y a ici autre chose que le fait matériel, quelque grave qu'il soit, il y a la liberté et la responsabilité de l'agent, il y a son intention criminelle ou méchante, il y a encore ses antécédents bons ou mauvais et qui le classent en quelque sorte d'avance. La perversité du coupable et le danger dans lequel sa présence place la société peuvent aussi bien résulter des petits faits que des fautes ayant de graves conséquences ; tel crime, comme un meurtre, peut être plus excusable, en tenant compte des circonstances et des antécédents de l'inculpé, que tel délit passible seulement, selon nos lois, de peines correctionnelles. Et dans les diverses catégories de malfaiteurs, que de distinctions à faire pour les mettre chacun à leur vraie place !

Le grand coupable est celui qui sait apprécier toute la grandeur du mal, et que néanmoins aucune considération n'arrête, parcequ'il met ses passions ou son intérêt au-dessus de tout. Voici une brute, née avec les instincts des brutes; c'est tout au moins un violent, que l'éducation n'a pu dompter, ou qui a été privé de toute éducation; il abandonne le travail pour se livrer à la débauche; il maltraitera les siens; il voit rouge s'il est contrarié; il tient plus de la bête que de l'homme; c'est le cas de beaucoup d'alcoolisés dans la classe populaire. Celui-ci est un voleur : ce n'est pas la misère qui l'a poussé au vol, c'est le vice; c'est peut-être aussi une sorte d'instinct inconscient; il est né dans une famille ou dans un milieu où l'on a toujours imparfaitement distingué le tien du mien, et où l'honneur et l'estime publique n'ont jamais été pris qu'en fort mince considération. Cet autre est un faible, que de malheureuses circonstances ont conduit au mal, qui n'a pu résister à telles incitations des sens ou de la vanité habilement amenées, dont le cœur n'est pas mauvais, mais dont la volonté, ou le sens moral, ou l'intelligence sont débiles. Voici un désespéré ou un homme que ses malheurs, ou des injustices, réelles ou imaginaires, ont aigri contre la société, à laquelle il a déclaré la guerre; ç'a été le cas de quelques bandits d'autrefois, c'est peut-être encore celui de certains déclassés ou énergumènes de nos jours que leur humeur farouche entraîne jusqu'au crime[1]. Cet autre encore est possédé d'une passion maîtresse

1. L'anarchisme du temps présent, qui ne présente pas un parti politique ou social, n'est qu'une nouvelle forme du banditisme d'autrefois.

qui le domine et l'aveugle, la jalousie, par exemple; il se venge et il tue comme poussé par un ressort irrésistible qui se détend. Voici enfin un être libre d'esprit, celui-là, mais sans scrupule aucun, qui calcule froidement tout le mal qu'il va faire, non seulement pour s'en tirer impunément, mais encore pour ne pas le manquer, et qui s'en promet toutes les jouissances possibles, sans se laisser arrêter par aucune pitié, ni par aucune crainte. Eh bien ! nous le demandons, dans chacun de ces cas, malgré qu'il y ait au bout un crime également punissable par la loi, la liberté, la responsabilité, la perversité, et, en un mot, les culpabilités, sont-elles identiquement les mêmes ? On ne peut le dire ; on a affaire à des êtres diversement conscients du mal commis, armés inégalement pour la résistance, entraînés plus ou moins par les circonstances, plus faibles ou plus méchants, plus ignorants ou plus corrompus.

On a symbolisé la justice par une balance ; or, dans la main des juges et avec le concours des lois, se peut-il que cette balance se rende toujours compte avec précision de chaque degré de culpabilité, et de façon à adapter rigoureusement la peine à la faute? Ce n'est guère possible, les lois et les juges fussent-ils parfaits ; et s'il en a toujours été ainsi, le problème pourtant se complique encore de nos jours et les doutes augmentent en raison de questions que l'on a récemment soulevées : c'est ce que nous allons dire.

Beaucoup de criminels, prétend-on d'abord — on est pas éloigné de dire tous — sont des malades, produits malfaisants de l'hérédité, victimes des influences ataviques, et qui n'ont pu agir autrement qu'ils ont agi, non libres et non responsables. — Voilà la thèse; on l'a produite avec tous les caractères systématiques d'une théorie absolue, et, dans cette mesure, on ne peut s'y associer qu'avec beaucoup de réserves. On a été jusqu'à préciser dans ses détails la conformation du criminel de naissance, aux instincts de fauve et de brute; il plaît à une certaine science de dire que ces êtres ne peuvent réagir contre les vices de leur nature physique; mais les faits ne sont pas concordants; il paraît que l'on pourrait trouver beaucoup de braves gens qui sont bâtis très approximativement de même sorte, et que, néanmoins, l'éducation et l'instruction ont redressés, si tant est toutefois qu'ils fussent nés sous d'aussi mauvaises influences ou dans des conditions aussi désavantageuses; et cela suffit pour sauver en général la liberté humaine menacée.

Mais si la théorie qui fait des criminels des malades incurables ne peut être généralisée, il n'en est pas moins vrai qu'elle est admissible à titre exceptionnel; et dans ces limites est-elle nouvelle? Non; on a de tout temps admis des irresponsables et des inconscients; seulement de nos jours des savants ont voulu étendre cette irresponsabilité ou cette inconscience à une catégorie d'êtres que jusque-là on avait toujours regardés comme conscients et responsables au même degré que les autres. Quoi qu'il en soit, on ne peut nier qu'il existe, même en dehors de la classe des aliénés, des hommes aux instincts exceptionnellement pervers, nés vicieux ou violents, qui se sont signalés tels dès leur jeune âge, et que tous les efforts de l'éducation n'ont pu changer ou n'ont modifiés qu'imparfaitement, fauves à face humaine ou brutes immondes, fous furieux ou idiots malfaisants.

Les chroniques judiciaires nous font assez souvent l'histoire et nous livrent la vie de ces êtres; sortis en général des bas-fonds de la société, il n'est pas cependant impossible d'en rencontrer qui partent du niveau des classes supérieures, pour tomber de chute en chute jusqu'aux hontes et aux abîmes du crime; de la honte ils n'en éprouvent même pas, non plus que des remords; car ils paraissent n'avoir aucun sentiment du bien ou du mal; l'âme est absente en eux.

Eh bien, voilà peut-être les inconscients ou les malades de l'école nouvelle, obéissant à une perversité originelle et comme à une loi de leur nature; qu'ils soient les fils d'alcoolisés ou des aliénés d'une espèce particulière, ils doivent peut-être dans tous les cas bénéficier d'une certaine irresponsabilité vis-à-vis de la science, mais sans que cela puisse les libérer devant la justice. Ce sont là au surplus, nous le répétons, des cas qui restent exceptionnels; étendre au delà, comme on le voudrait quelquefois, les bénéfices de cette irresponsabilité, y faire participer tous les vicieux tombés dans le crime, c'est là l'abus; ce serait rejeter l'ordre humain tout entier; c'en serait du moins la conséquence finale; qu'il y ait d'autres irresponsables que ceux déclarés tels par les médecins aliénistes, des irresponsables par absence de tout sens moral, c'est peut-être vrai; il peut exister des monstruosités morales comme il existe des monstruosités physiques; mais il paraît incontestable qu'en dehors de ceux-là la plupart des criminels ont cédé non à une impulsion irrésistible, mais aux conseils librement acceptés et délibérés de leurs passions et de leur égoïsme; ils n'ont pas tué, ils n'ont pas volé, comme les animaux condamnés par leur destinée à répandre le sang ou à vivre de rapines; ils avaient conscience du mal à faire, et ils l'ont fait.

Mais s'il en est même ainsi, la mesure rigoureuse du degré de culpabilité suivant l'acquiescement, ou la liberté, ou la pleine conscience, n'échappera-t-elle pas néanmoins toujours et plus ou moins à l'appréciation du juge? Cela est probable; il y a là, nous l'avons dit, à tenir compte de trop de considérations diverses, même à évaluer des nuances qui fuiront devant sa vue ou sa perspicacité; et c'est bien le cas de dire ici qu'il n'appartient qu'à Dieu de scruter les cœurs.

En présence de cette situation, l'on a cru que la justice avait une autre voie à prendre pour accomplir sa tâche, voie plus sûre et plus nettement tracée. Qu'il y ait des coupables ou non, ce qui est incontestable, c'est qu'il y a des faits, criminels ou non, reconnus par la loi comme dommageables aux autres, et c'est qu'il existe des êtres malfaisants pour commettre ces faits, quelle que soit leur responsabilité. Et ce qui est non moins incontestable, c'est que la société a le droit de se défendre, droit naturel de tout ce qui a vie, et qui s'appuie en outre ici sur les plus vrais intérêts de la civilisation. Voilà sans doute ce qui est bien suffisant pour permettre à la justice de sévir contre les malfaiteurs; pourquoi lui en demander davantage?

On a beaucoup raisonné autrefois sur ce droit de punir ou de réprimer, sur sa nature, son étendue, ou les devoirs qu'il impose à la société; et les idées à cet égard ont différé selon les époques. Tandis que chez beaucoup de races primitives on regardait le crime comme une affaire personnelle, n'intéressant que l'offensé et non la société, les nations civilisées, elles, l'ont toujours réprimé, tantôt au nom d'un principe, tantôt au nom d'un autre, et avec des nuances dans l'application des peines. Dans tout crime, a-t-on dit aussi, il y a non seulement un offensé à satisfaire, mais encore une société outragée à *venger*: l'idée de vengeance a été abandonnée de nos jours. Pour le moyen-âge mystique, mû par un autre idéal, le droit de punir puise sa source dans l'harmonie jugée nécessaire entre le mal moral et la souffrance: c'est le principe *d'expiation*. Les régicides anglais, au dix-septième siècle, invoquaient ce texte de l'Ecriture que « la terre ne peut être purifiée du sang qui a été répandu que par le sang de celui qui l'a répandu ». Dans les temps modernes, on s'est contenté de réprimer au nom de l'ordre social, et ce n'est que de nos jours qu'on a semblé douter de ce droit jusqu'à laisser parfois l'ordre social sans défense, ou du moins insuffisamment défendu. Comment cela s'est fait et de quelle façon les choses se passent, c'est ce que nous nous réservons de dire plus loin. Pour le moment, sans entrer davantage dans des considérations juridiques, philosophiques et autres qui ont eu leur importance en leur temps, ou sans discuter les théories nouvelles qu'on voudrait voir triompher de nos jours, qu'il nous suffise d'exprimer cette conviction que dans la répression du mal les seules considérations d'ordre et de défense sociale peuvent servir de guide à la justice et la diriger dans la voie la plus pratique à suivre pour l'intérêt de tous.

Dans l'impossibilité que nous avons reconnue de pouvoir toujours mesurer les degrés de culpabilité et de proportionner rigoureusement la peine à la faute ou à la perversité du coupable, demandons-nous plutôt quels sont les crimes et méfaits, petits et grands ou, pour nous servir d'un mot familier aux économistes, quelles sont les *nuisances* dont la société a le plus intérêt à se garantir en vue de sa conservation et des progrès de la civilisation. C'est là, semble-t-il, le vrai terrain sur lequel il faut se placer, parce que, ici, la voie est plus sûre, tant pour le législateur que pour le juge. L'on discute aujourd'hui à perte de vue sur les maladies morales ou mentales qui diminuent les responsabilités; là, le doute est permis et la voie est scabreuse; du doute sur la responsabilité à l'impunité il n'y a qu'un pas; il en est autrement si l'on ne consulte que l'intérêt social d'accord avec la justice. Un accusé, par son crime et ses antécédents, a prouvé suffisamment qu'il était un être dangereux que la société avait intérêt à rejeter de son sein : c'est tout ce qu'il faut savoir.

L'on n'ignore pas que la pénalité en justice a un double but à atteindre pour préserver l'ordre social menacé : d'abord intimider par la sévérité de la peine, ensuite mettre le coupable dans l'impossibilité de nuire désormais. Mais on a été plus loin de notre temps : dans le désir fort louable et l'espérance souvent trompée de moraliser et de réhabiliter le condamné, on a été jusqu'à énerver sérieusement l'effet de la répression. L'expérience a assez prouvé cependant qu'il y a toujours duperie à vouloir améliorer certains êtres ignobles ou dégradés; avec toute la bonne volonté du monde, on ne parviendra jamais à purger leur moral de ses vices, pas plus qu'avec toute la science imaginable on n'arrivera à redresser les bossus et les boiteux; qu'on le tente si l'on veut, mais qu'on ne les lâche pas; la liberté les rend à toutes les influences de leur mauvaise nature ; c'est ce qui s'est vu bien des fois, pour ne pas dire toujours. Quand, envers de tels êtres — mettez que ce sont là les vrais malades incurables, — on veut faire preuve de pitié, de charité ou de philanthropie, jusqu'à se relâcher dans la répression et leur rendre la liberté de nuire, qu'on pense qu'on commet ainsi ni plus ni moins qu'un acte de cruauté, d'abandon et d'injustice envers les honnêtes gens destinés à devenir un jour leurs victimes; on sacrifie la grande majorité à une infime minorité d'être malfaisants et sur lesquels on ne peut fonder nulle espérance.

D'ailleurs, juger d'après les nuisances, ou d'après le péril que fait courir à la société l'impunité des gens qui ont failli, n'est-ce pas se mettre dans la nécessité d'apprécier en même temps et autant que faire se peut leur degré de culpabilité ou de criminalité? En effet, il y a ici beaucoup de considérations qui rentrent les unes dans les autres, et la crainte de sacrifier les saintes notions du droit et de l'équité au salut ou à l'intérêt du grand nombre ne peut faire repousser les conclusions sévères à tirer du principe de l'utilité sociale.

Il y a deux catégories de gens que le corps social a intérêt à exclure de son sein comme compromettant la sûreté publique : ce sont d'abord les malfaiteurs inconscients ou irresponsables du mal qu'ils font ; l'opinion ne peut varier sur le droit qui découle pour la société de se mettre à l'abri de leurs coups; est-ce qu'on a jamais considéré la séquestration des aliénés dangereux comme un acte illégitime et inhumain? Non; c'est acte de pure défense; or, il existe des criminels à assimiler aux aliénés. Il y a ensuite les êtres conscients dont tous les antécédents révèlent la profonde perversité et qui se mettent au-dessus des lois pour arriver à leurs fins coupables; on voudra bien convenir qu'il ne peut exister sur ces derniers une autre façon de penser, car, plus coupables, ils sont d'autant moins à ménager. Mais la sûreté sociale exigera-t-elle que l'on comprenne dans cette dernière catégorie, et sans distinguer, tout auteur, même responsable, d'un acte isolé et condamné par la loi? Non; lorsque Jean Valjean vole sur la voie publique un pain parce qu'il a faim ou pour sauver les siens, il n'y a sans doute là qu'un malheureux, qu'on ne peut absoudre, mais envers lequel il faut renoncer à invoquer avant tout les intérêts de la défense sociale; et, en tenant compte des bons antécédents de l'inculpé et des circonstances atténuantes du crime,. on accordera tout à la fois ce qu'on doit à la répression et à l'humanité, sans nuire ici à la sûreté publique, qui n'est pas compromise. Il en est tout autrement de l'individu riche et influent qui, longuement, médite la ruine des autres pour augmenter son avoir et son influence; c'est le cas de ces spéculateurs fripons, comme il n'en manque pas de nos jours, et la peine qui les frappe atteint en eux à la fois les plus coupables et le plus compromettants ennemis de la paix sociale.

Voici un homme qui, dans une heure malheureuse et à la suite d'outrages ou de torts subis, a répandu le sang; ses antécédents prouvent néanmoins que les actes de violence n'entrent pas dans ses habitudes; mais la passion d'un moment l'a égaré; il doit être puni, le bon ordre le veut; toutefois la sûreté publique et la défense sociale demandent-elles qu'on le traite comme un meurtrier vulgaire ou un malfaiteur dangereux? Non, pas plus que la justice; car on a affaire ici à quelqu'un qui sent lui-même toute la grandeur de sa faute, et ce sera là son plus cruel châtiment.

Dans tous ces cas et leurs analogues, la justice de nos jours accorde à bon droit les circonstances atténuantes, si même en d'autres occasions on peut lui reprocher d'user trop légèrement de cette faculté. Mais les lois et les tribunaux sont-ils égalemen t justifiables de considérer en quelque sorte comme des inculpés sans conséquence ces gredins récidivistes, tourment de leur entourage, tyrans dans leur famille, qui, s'ils ne sont pas encore criminels, n'attendent que la première occasion favorable pour le devenir, et en tout cas aussi pervers que ceux qui le sont le plus? Non; ceux-là sont une menace incessante pour la société, qui a intérêt à s'en débarrasser dès l'instant qu'elles les a reconnus pour tels, et sans attendre qu'ils aient mérité la corde à laquelle ils semblent fatalement destinés.

Voilà quelques exemples qui prouvent que la répression ne risque pas de se mettre en désaccord avec la justice et l'humanité en prenant uniquement pour but la défense de l'ordre public ; on peut dire en général que le péril social se mesure au degré de culpabilité ; seulement l'un est plus facile à distinguer que l'autre ; on ne verra jamais clairement au fond des cœurs. Baser le droit de punir ou de réprimer sur la sécurité sociale, prendre là sa mesure, c'est en finir avec ces discussions et ces obscurités résultant de liberté ou de non-liberté, de responsabilité ou de non-responsabilité de l'accusé ; conscients, ou non conscients, libres ou non libres, responsables ou non responsables, ceux qui sont un danger social doivent être traités en conséquence et dans ce sens qu'il faut sauvegarder la société de leur atteinte ; malades ou non malades, ils obéissent aux impulsions de leur nature mauvaise, corrompue, ou malsaine ; cela semble bien suffisant pour armer la justice ; pas de cruauté dans la répression, c'est entendu ; une gradation de peines aussi bénignes qu'on le voudra, mais qui mettent suffisamment à l'abri du danger.

Est-ce ainsi qu'on l'entend de nos jours ? Consultons les tendances de notre époque et voyons ce qui se passe.

Aux doctrines du jour qui tendent à innocenter les malfaiteurs comme des malades victimes de la fatalité de leur origine, il faudrait peut-être y joindre celles qu'ont suggérées les faits étrangers et multiples d'hypnotisme ou d'obsession, qui attirent en ce moment l'attention des esprits. Mais il règne encore une telle incertitude à ce sujet, les questions qu'il soulève, si graves en matière de justice, sont encore si peu précisées dans leurs limites, que nous laissons à d'autres plus compétents le soin d'en parler; qu'il nous suffise de répéter ici qu'elles ont augmenté pour leur part les doutes et les polémiques de notre époque.

Mais il n'y a pas seulement que des doctrines qui tendent à *innocenter*, il y a surtout aujourd'hui des tendances à *excuser*, qui caractérisent le relâchement indéniable de notre temps en matière de répression, surtout dans certains pays. Cela s'explique par diverses raisons que nous allons brièvement passer en revue.

Le dix-neuvième a été, en matière de justice, comme à d'autres égards, en réaction avec l'ancien régime: on sait ce qu'étaient les lois et les mesures répressives autrefois, dans plus d'un pays, avant que l'esprit philosophique du dix-huitième siècle et les doctrines de Beccaria et autres n'en eussent modéré la rigueur et découvert l'atrocité. Mais une réaction ne s'opère jamais sans aller jusqu'à l'extrémité opposée; il semble qu'on n'espère atteindre un but qu'en le dépassant. Ainsi, dans l'opinion de nos jours, on est arrivé à favoriser un certain laisser-aller ou laisser-faire qui touche à l'impunité. Non seulement on n'a plus vu les choses du même œil, et l'on a condamné, à bon droit, toute barbarie dans la répression, mais même, nous l'avons dit, on a paru douter du droit qu'a la société de punir et de réprimer. L'esprit public s'est tellement imprégné de ces libertés nouvelles qu'elles ont fait invasion jusque dans le domaine du Code pénal, où elles sont loin d'être toujours à leur place; la liberté a beau n'être que l'absence de *mesures préventives* dans l'ordre social et politique; on s'est laissé entraîner jusqu'à reculer devant les *mesures répressives* même les plus nécessaires, et comme si c'était là une conséquence naturelle des nouveaux principes; l'on n'a même pas été éloigné de penser que le principe d'égalité se trouvait ici en jeu : on a vu comme une égalité entre l'offenseur et l'offensé, le malfaiteur et sa victime. Ce sont là, dira-t-on, des opinions extrêmes généralement répudiées; oui, sans doute; mais dans notre siècle si agité de révolutions, il n'a pas manqué de gens pour tirer de ces conclusions des principes sur lesquels est assise la société moderne; effet d'un premier entraînement contre tout pouvoir, toute autorité, tout frein ou toute contrainte devenus désormais intolérables; tel a été mainte fois le thème des avocats devant les tribunaux, ou des publicistes dans la presse; et l'opinion publique, impressionnable, irréfléchie ou frondeuse, n'a pas tardé à en subir l'influence. Voilà comment, à notre époque de laisser-faire, on a eu comme un faible pour le coupable, et comment on l'a souvent excusé contre toute raison, ou protégé même au péril de la chose publique : c'était un thème d'opposition.

La lutte de notre temps peut se résumer en

quelque façon dans une opposition entre les droits individuels et les droits de la société prise dans son ensemble. Sous l'ancien régime, les droits individuels n'étaient guère que le privilège de quelques classes; aujourd'hui, ils sont l'apanage de tous et de chacun; éminemment respectables lorsqu'ils ne portent pas préjudice aux intérêts généraux, ils le sont beaucoup moins lorsqu'on voudrait mettre l'individu au-dessus de la société; que dire surtout quand devant la justice on tenterait d'abriter derrière ces droits ceux qui les ont si peu respectés chez les autres!

Cette indulgence malsaine, doublée d'intentions frondeuses, on l'appuie sur un genre d'arguments qui ont leur côté sérieux; on dit : « Ceux contre lesquels vous réclamez les sévérités de la loi sont des malheureux victimes des circonstances et des influences funestes du milieu délétère où ils ont été condamnés à vivre; ce sont des ignorants élevés dans les ténèbres du vice, et qui ont à demander compte à la société de l'abandon où elle les a laissés. »

Oui, sans doute, le milieu social, les mœurs et les idées d'une époque, d'un pays, d'une classe, voilà ce qui prête à sérieuse considération et peut atténuer la culpabilité individuelle; c'est une grande question de savoir à quel point il est possible de s'y soustraire; on vit de la vie de tous, les fautes sont pour ainsi dire impersonnelles, et, influencé par l'exemple des autres, il est difficile que l'individu soit bon quand tout est mauvais autour de lui. Toutefois cela n'est guère applicable qu'aux époques de corruption générale, de décadence ou d'anarchie des peuples ; là, tout le monde est coupable, et chacun, pris à part, est plus ou moins excusable ; on l'a dit depuis longtemps, les lois à ces époques-là n'opèrent plus : « *Quid leges sine moribus vanæ proficiunt?* » C'est un cas auquel les arguments à propos des peuples encore barbares restent applicables. Il en est de l'empire des mœurs comme de l'empire des idées ; celles-ci ont gouverné l'histoire ; on n'est pas éloigné de nos jours de considérer comme malfaiteurs publics les grands conquérants qui ont tout sacrifié à leur ambition égoïste, la vie, les biens, et la paix des autres, tandis qu'autrefois on les couvrait de gloire, et qu'on n'avait pas assez de lauriers pour leur tresser des couronnes.

Ailleurs, en temps de troubles et de bouleversements politiques ou sociaux, l'affolement des esprits est général, tous les rapports sont changés, les passions déchaînées et les intérêts alarmés peuvent enlever une part de liberté et de conscience sans laquelle il n'y a plus de coupables à proprement parler. Ne sont-ce pas là les arguments au moyen desquels on a voulu expliquer les horreurs des mauvais jours qu'a traversés la révolution française à la fin du siècle dernier ?

Mais il s'agit là de circonstances tout exceptionnelles ; en dehors des époques de décadence sociale ou de bouleversements politiques, il y a des situations normales plus ou moins bonnes, et c'est à ce point de vue seul que nous devons nous placer. Que voyons-nous de nos jours ? Oui, il existe des milieux délétères, ceux de certaines classes ou de certaines familles qui vivent dans le désordre et l'inspirent autour d'elles; mais si cela explique la faute, cela ne l'efface point; le mal fait à la société et le péril auquel il l'expose sont les mêmes; le mal existe, il faut le réprimer, et la loi ne peut se laisser arrêter ici par certaines situations particulières. La société fût-elle en faute pour n'avoir pas assez tôt étouffé certains foyers de démoralisation ou de misère, elle ne peut pourtant, pour expier ses torts, aller jusqu'à renoncer à se défendre; agir de la sorte ce serait comme si on s'exposait aux morsures d'un chien ou aux cornes d'un taureau pour se punir de l'avoir laissé en liberté et sans autre raison que celle-là. L'instruction, l'éducation, oui, voilà la vraie voie; mais en attendant qu'on puisse la faire prendre à tous, faudrait-il donc s'abandonner aux mains des barbares ? On ne peut le prétendre.

C'est pourtant ce qui arriverait si l'on écoutait beaucoup de gens de nos jours qui, pour toutes ces raisons et d'autres, ont été amenés à une tolérance qui équivaudrait à l'impunité même. Il y a au fond, dans l'opinion du moment, chez plus d'une nation du milieu européen, quelque chose de cette indifférence qui caractérise les sociétés sceptiques; on n'a pas ressenti assez d'indignation contre les êtres malfaisants qui troublent et font obstacle au progrès social; on dirait qu'on n'a plus même la force de haïr le mal et ceux qui le font.

Certes, la loi du Lynch, aux États-Unis d'Amérique, est une brutalité sauvage qui présente d'autres dangers peut-être plus redoutables encore; mais nous sera-t-il permis de dire qu'elle est tout au moins l'indice d'une vigoureuse résistance aux malfaiteurs, et qu'elle témoigne de cette indignation qui semble parfois nous manquer ici; il y a là comme un sang plus jeune qui se révolte, et on peut y voir une atténuation à la barbarie qu'on reproche avec raison à de tels justiciers.

En Allemagne autrefois, à une époque où la justice régulière n'offrait plus une suffisante garantie pour la répression des crimes, il s'établit un tribunal secret, la *Cour Vehmique* (Freigerichte), qui opérait dans le mystère, et dont les membres, appelés *Franc-juges*, tout à la fois, prononçaient et exécutaient eux-mêmes les sentences. Son intervention redoutable, après avoir servi à rétablir l'ordre, dégénéra dans la suite, et ses excès forcèrent Maximilien Ier à l'abolir au seizième siècle. C'est où doit aboutir inévitablement toute justice qui ne s'appuie point sur la loi.

Dans l'Europe moderne, nous n'en sommes, certes, pas arrivés à devoir recourir à des mesures aussi extrêmes et en dehors de toute légalité; mais en voyant ce qui se passe, on peut redouter pour l'avenir les conséquences d'une certaine indifférence au mal et dont ne manquent pas de profiter ceux qui le commettent. Souvent les jurys en manière criminelle ont paru ne pas comprendre leurs devoirs; on les a vus acquitter ou accorder le bénéfice des circonstances atténuantes dans des cas qui s'y prêtaient si peu, et cela au point d'inspirer la verve des satiriques à l'affût des travers d'une époque; que de fois même n'ont-ils pas nié des faits patents avoués, en haine de la loi qu'on élude [1]. La loi pourtant est devenue elle-même bien indulgente et participe à l'esprit de tolérance de notre temps; presque partout on a abaissé les peines et humanisé la répression.

En est-il moins vrai qu'il se passe tous les jours des faits enlevés aux cours d'assises, et qui révèlent chez ceux qui les commettent les intentions les plus méchantes ou les instincts les plus sauvages? Un pur hasard souvent, une circonstance fortuite, a voulu que tel de ces faits ne fût pas qualifié crime par la loi et puni en conséquence, mais sans que cela ne puisse rien changer au fond à la criminalité de son auteur. Ainsi, un accusé avec les antécédents les plus compromettants, et qui, tout le fait présumer, a prémédité un meurtre, n'est parvenu qu'à blesser légèrement sa victime; après quelques mois de prison, il aura payé sa dette à la société; si le coup

1. Récemment, en France, dans le premier procès de Ravachol, un cas nouveau s'est présenté, qui peut encore se reproduire : la peur faisant reculer devant le devoir.

eût porté quelques centimètres plus haut ou plus bas, il en aurait eu pour la vie.

Le juge, mou ou timide, n'applique même pas toujours le maximum de la peine aux cas les plus condamnables : c'est un père ivrogne, paresseux, joueur, débauché, qui fait de sa malheureuse famille un souffre-douleur tout le long de l'année [1]; ce sont des parents dénaturés qui torturent un pauvre enfant qui les gêne et dont ils voudraient se défaire; on ne va pas jusqu'à l'acte matériel qualifié crime par la loi, mais on y tend par le résultat. De sorte que, après avoir été privés pour un temps de leur liberté, on voit d'affreux gredins, fléau de la société, y rentrer un jour pour reprendre, à peine libérés, leur vie de malfaisance et de désordres.

Est-il étonnant après cela qu'il y ait tant de récidivistes? Ces répressions ne répriment rien; on ne s'en soucie pas, même on les brave; c'est ce qui résulte des aveux des condamnés eux-mêmes. Et cela se comprend d'autant mieux que le régime pénitentiaire s'est fort humanisé de nos jours. Certes, c'est quelque chose que la perte de la liberté, surtout si elle a quelque durée, mais il y a des compensations à cela; est-on donc si mal en prison de notre temps et dans plus d'un pays? Le régime en est souvent très supportable; et l'on a vu plus

1. Dans quelques gouvernements des États-Unis, on assimile les ivrognes aux fous, et on les enferme; c'est peut-être là une pratique qui doit attirer l'attention. En Suisse, on les déclare déchus de la puissance paternelle.

d'une fois des individus s'y faire renfermer pour être nourris, logés et vêtus aux frais de l'Etat; ils y prennent leurs quartiers d'hiver; c'est pour eux comme une diversion, un répit; car sous le rapport matériel ils y trouvent souvent une amélioration à leur sort.

Eh bien! cela constitue-t-il une défense sociale suffisante? Nous ne le croyons pas. L'on a eu de nos jours trop de confiance dans les progrès de la civilisation; on s'est trompé; la civilisation ne progresse pas toute seule et dans une indifférence qui dispense des efforts à faire pour l'avancer; on s'est tout au moins trompé de date. Aujourd'hui, entre ce qui invite au mal et ce qui en détourne, la lutte est rarement égale, et le mal l'emporte; plus sont faibles les choses qui agissent sur l'âme et l'esprit, c'est-à-dire sur tout ce qu'il y a de noble en nous, plus la loi qui réprime le mal doit être forte. Et quand, d'autre part, toutes les convoitises sont surexcitées comme elles ne l'ont jamais été peut-être avant nous, qu'est-ce qui servira de contrepoids pour sauvegarder l'ordre social menacé, si ce n'est la protection de la loi?

La presse retentit tous les jours de nombreux actes de vol et de violence, de crimes contre les personnes et les propriétés. Ce n'est pas, selon nous, que notre temps soit plus mauvais qu'un autre, ou que le présent doive faire regretter le passé; non; si parfois on est porté à le croire c'est qu'aujourd'hui tout se sait et se dit, sans que rien puisse plus se passer comme autrefois avant le journal et l'extension de la presse. Ce qui est vrai, néanmoins, c'est que les mœurs n'ont pas progressé dans la mesure de l'instruction autant qu'on l'avait espéré et, ce qui est vrai encore, c'est que la justice réprime moins. Voyez les jeunes générations qui portent, elles, généralement la marque la plus fidèle d'une époque : on a remarqué qu'un grand nombre des criminels de nos jours sont des jeunes gens, même des enfants de quinze à seize ans; il y a là particulièrement à signaler un type qui distingue notre temps, et qui n'est pas près de disparaître dans les grandes villes qui donnent le ton aux autres : c'est le polisson des rues, plus tard souteneur de filles, qui, à peine sorti de l'enfance, a déjà dans le mal toute l'expérience et tout le sang-froid des vieux scélérats. La répression doit faire ici ce que le manque de culture n'a pu faire, en préservant la société du mal dont un tel état de choses menace son avenir [1].

Mais en parlant de rigueur dans la répression, il est bien entendu que nous ne voulons pas dire

1. Le cas du jeune Sipido qui, dernièrement, à Bruxelles, a tiré sur le prince de Galles, soulève un problème assez embarrassant : le coupable était presque un enfant, qui n'avait d'ailleurs pas de mauvais antécédents, et sorti d'une famille d'honnêtes gens ; entraîné par de fausses idées, il avait voulu faire le *brave*, en tuant un grand personnage, sans se rendre compte de son crime, ni des suites qu'il pourrait avoir : il a été acquitté comme ayant agi sans discernement et il devait l'être, car c'était un inconscient. Mais on ne s'en demande pas moins s'il suffira désormais de mettre un revolver entre les mains d'un enfant pour lui faire commettre impunément un crime qui peut avoir les plus grandes conséquences pour son pays et pour le monde ?

qu'on puisse en revenir au régime barbare du passé; ce sera déjà beaucoup si l'on sait se garder de cette indifférence qui aboutit au laisser-faire, ou de cette fausse philanthropie dont on est dupe. Quand on a affaire à des êtres malfaisants, l'essentiel n'est pas de leur faire expier par des tortures le tort qu'ils ont fait aux autres ; mais l'essentiel est de préserver les autres de leur présence et de leur perversité.

La législation criminelle de notre temps a introduit quelques idées heureuses dans la justice répressive : ainsi la suspension des peines et les peines conditionnelles qu'ont admises quelques pays au profit de certains condamnés dignes d'indulgence ; ce sont là tout à la fois des mesures d'humanité et des épreuves bien entendues. En France, outre la loi Béranger, on a fait, dans un but de préservation tout aussi justifié, une loi contre les récidivistes; nous ne pouvons en parler d'après les résultats obtenus et que nous ne connaissons point ; mais nous croyons que le principe en est excellent. Après avoir fait tout ce qu'il faut, en effet, pour éviter d'en venir à des extrémités rigoureuses, le mieux est de mettre en quelque sorte *hors de la loi* les malfaiteurs incorrigibles et d'en délivrer ainsi la société.

De notre temps, on s'est apitoyé, à propos du régime cellulaire, sur les souffrances morales qu'il impose ; l'isolement complet, dit-on, est une torture qui a souvent pour conséquence la folie du condamné ; et les grands criminels, qui n'ont eu, eux, aucune pitié des autres, son parvenus à éveiller celle des philanthropes ennemis de ce régime. N'est-ce point là pourtant la peine qui convient le mieux à une société civilisée qui n'a rien de farouche, et à la fois la plus favorable à l'amélioration et au repentir des coupables qui font encore concevoir quelque espoir? Pour d'autres, d'après leurs propres aveux, elle est plus redoutée que la mort même ; or, ceci a bien son importance en matière de dépression. Peut-être, au surplus, existe-t-il toujours des malfaiteurs que la peine de mort seule peut effrayer ; s'il en est ainsi, il faut regretter les circonstances qui rendent la mesure nécessaire, mais supprimer l'odieux spectacle des exécutions publiques.

Certaines tendances des sociétés honorent, jusqu'à ce qu'on s'aperçoive qu'on est dupe de ses bons sentiments. Le caractère d'une société forte et morale, ni anémique, ni décadente, et qui a quelque souci de son avenir et de l'avenir de la civilisation, c'est à la fois d'être grandement secourable aux gens de bien de toutes les classes, d'être indulgente pour les malheureux qui ont commis des fautes excusables, et enfin d'être impitoyable pour ceux dont le mal est l'habitude comme la nature ; il faut défendre les bons contre les mauvais, sinon la société qui s'abandonne ne mérite plus le nom de civilisée. Ne serait-ce pas toutefois ce qui arriverait si on ne voyait partout que des irresponsables ou des excusables, victimes des choses, victimes de la fatalité, et à propos desquels on se refuserait de sévir, en se demandant où sont les coupables. Non ; un régime propre à civiliser n'est complet que lorsque, parallèlement à une propagande vers le bien et la justice, existe une répression rigoureuse du mal et des coupables.

VII

LE LIVRE ET LE JOURNAL DANS LEUR INFLUENCE A NOTRE ÉPOQUE

« Depuis *l'Evangile* jusqu'au *Contrat social*, ce sont les livres qui ont fait les révolutions. » Voilà bientôt un siècle que de Bonald a écrit ces lignes. On peut aujourd'hui se demander si ce qui a pu être vrai au temps passé le restera pour l'avenir, ou même l'est encore pour le présent, nous voulons dire si, de nos jours, les livres peuvent encore faire des révolutions.

Une chose qu'on ne peut se dissimuler en tout cas, c'est qu'à la fin du dix-neuvième siècle la puissance du livre est sensiblement déchue, surtout du livre propre à révolutionner les esprits ou les idées, et ailleurs que dans le domaine de la science pure. Plus d'une raison existe pour expliquer ce changement dans l'état des choses. D'abord, avec le temps et les résultats recherchés ou obtenus, avec le progrès qu'a stimulé la liberté, le champ des idées nouvelles, qui faisaient autrefois le succès d'un livre, s'est de plus en plus réduit, sinon épuisé; quels monceaux n'en a-t-on pas remués depuis un siècle? Ensuite, les esprits de notre temps sont plutôt entraînés vers l'action et les affaires que portés à la méditation et à l'étude; ils se trouvent ainsi détournés des livres, pour faire des journaux seuls leur lecture habituelle; le journal c'est encore de l'action, et avec l'extension qu'il a prise, les sujets de plus en plus divers qu'il traite quotidiennement, il a fait beaucoup pour tuer le livre. Les journalistes sérieux, et les collaborateurs des publications périodiques ou spéciales s'inspirent encore du livre nouveau; mais le livre lui-même ne va que jusqu'à quelques-uns, il reste à peu près inconnu du grand nombre, on ne le lit pas, on n'a pas le temps, il n'intéresse, dit-on, que les savants; le journal vulgarise tout.

Autrefois, l'apparition d'un livre était presque un événement; pour peu qu'il fût bien écrit ou offrît quelque aliment nouveau à l'esprit, il trouvait un grand nombre de lecteurs; le monde, c'est-à-dire la foule cultivée et curieuse, s'en préoccupait. Aujourd'hui, les livres sérieux voient plutôt le monde s'éloigner d'eux. On publie encore, on publie peut-être plus que jamais; et c'est une raison de plus pour qu'un livre supérieur ne puisse que difficilement sortir des rangs [1]. Mais à l'exception de quelques livres recommandés par des sujets d'actualité,

1. En 1880, il s'est publié en France 12.414 ouvrages, dont 715 romans. En Angleterre les romans gardent également la supériorité en librairie : il s'en est publié 695 en 1885. — En Allemagne, en 1899, 23.715 volumes, parmi lesquels 2931 œuvres d'imagination.

ou par des noms d'auteurs célèbres et populaires, à l'exception aussi de livres d'une certaine catégorie, tels que les romans, les volumes restent dans les magasins des libraires bien plus longtemps qu'autrefois, ou même n'en sortent guère. Loin d'être un événement, aujourd'hui l'apparition d'un livre est un fait presque inaperçu, et dont la conséquence n'est pas surtout de révolutionner le monde [1].

Et il n'est pas à penser qu'il en sera guère autrement à l'avenir; le temps des livres à révolutions semble passé, et si de nos jours la presse n'en reste pas moins toute-puissante, les choses se pratiquent différemment. Les livres anciens garderont encore longtemps leur réputation, soit qu'ils la méritent, soit uniquement par la force de l'habitude et de la tradition; mais il est à présumer que plus jamais le livre nouveau ne partagera leur glorieuse destinée. L'*Évangile* et le *Contrat social*, pour nous servir des exemples de de Bonald, ont, à des époques diverses, révolutionné les esprits; sans parler des Grecs et des Romains, on peut en dire autant, à un point de vue un peu différent, de livres tels que le *Novum Organum* de Bacon, ou le *Discours sur la méthode* de Descartes, car ils ont également imprimé un autre cours aux idées. Au dix-huitième siècle, particulièrement en France, l'*Encyclopédie*

1. De Tocqueville écrivait déjà il y a près d'un demi-siècle : « Les classes influentes ne sont plus celles qui lisent; un livre n'ébranle donc point l'esprit public et ne saurait même attirer l'attention sur son auteur. »

a eu sur le mouvement des choses et des esprits la même action que les écrits de Rousseau et de Voltaire. Vers le commencement du nôtre, et sous une forme plus à la portée de tous, le *Génie du christianisme*, de Chateaubriand — « un maître livre, dit M. de Vogüé, mais par le sentiment, qui est fort, non par les raisons, qui sont faibles » — le *Génie du christianisme* marqua une réaction très vive contre le rationalisme du siècle précédent. Plus tard, Saint-Simon, Fourier, Comte surtout ont par leurs écrits tenté de réformer l'ordre social; sans parvenir à aucun résultat positif et sérieux, ils ont suggéré des idées qu'en Allemagne, dans des livres plus populaires ou plus répandus, Lasalle et Carl Marx ont mises en œuvre. Voilà, croyons-nous, les derniers livres qui ont eu une influence un peu générale sur les générations contemporaines; ils restent l'évangile du socialisme à notre époque, et comme tels ils ont plus ou moins porté la révolution dans les esprits.

Dans la sphère plus spéciale des sciences naturelles, Darwin encore, avec son livre de l'*Origine des espèces*, a aussi contribué à transformer les idées, et cela sur des questions auxquelles la philosophie ne devait pas rester indifférente. De tels livres resteront, sans doute, des facteurs puissants dans le domaine des idées; mais on peut douter qu'aucun d'entre eux possède jamais l'empire qu'ont exercé autrefois les livres des Aristote, des Platon, des Descartes ou des Bacon; et cela, non tant que les ouvrages nouveaux soient inférieurs aux anciens ou moins considérables, mais parce qu'ils sont venus plus tard, après la tâche achevée ou dégrossie, et au milieu d'un monde plus indifférent ou plus sceptique, ou enfin d'esprits nouveaux qui subissent d'autres influences et sont occupés ailleurs.

Lamennais, aussi, en France, a agité les esprits de son temps; eh bien, qu'en reste-t-il, et quel est celui de ses ouvrages auquel on puisse attribuer une influence comparable à celle des grands livres antérieurs? De nos jours encore, MM. Taine et Renan ont exercé une sorte de royauté sur les intelligences; pourtant, à l'exception peut-être de l'*Histoire des origines du christianisme* de l'un, et de *celle de la littérature anglaise* de l'autre, est-il un seul de leurs livres, quelque remarquables qu'ils soient, qui restera et que les générations futures citeront et consulteront, à l'égal de ceux qui ont tant remué les générations éteintes? Et l'on en peut dire autant, sans doute, des grands auteurs allemands et anglais des temps modernes; en Allemagne, depuis les livres de Kant, la vogue de Schopenhauer a été courte et Hegel est déjà oublié [1]. Quant à Gœthe, avec *Faust*, et Byron, avec *Childe Harold* et *Don Juan*, ils n'ont tous les deux eu d'écho retentissant que dans les régions littéraires, de même que Hugo en France, et, sans

1. La science matérialiste et les livres des Buchner, des Hæckel et autres, n'y ont guère jusqu'ici intéressé que les savants.

doute, ils laisseront des traces moins profondes que Dante ou Shakespeare aux siècles passés.

Nous ne savons qui a dit d'ailleurs que si tels esprits du passé ont paru si grands, c'est que tout était petit autour d'eux; ils avaient été comme des météores lumineux dans un ciel sombre. Il en a été ainsi des livres; ceux qui ont été le principe d'un grand mouvement dans les choses, dans les idées, ou dans les sentiments, ont pris une place inoubliable dans la tradition, et ceux-là seuls. Les livres de nos jours, même à mérite égal à d'autres égards, ne jouiront vraisemblablement pas du même privilège, parce qu'ils auront paru à une époque où il ne leur a pas été donné d'exercer la même puissance sur l'opinion; que d'ouvrages de valeur parus dans ce siècle et dont on ne parle déjà plus! Ce n'est pas à dire qu'aujourd'hui un livre supérieur par le fond et par la forme ne puisse encore avoir sur les esprits une réelle influence; mais que son action sur le train général des choses puisse être aussi directe, aussi universelle, aussi durable qu'autrefois, mais qu'une révolution, en un mot, puisse encore de notre temps être le fait d'un livre, voilà ce qui ne semble plus possible.

Cela n'empêchera pas qu'on n'écrive encore des livres dans nos siècles de démocratie, et même qu'on ne les achète; Tocqueville n'a-t-il pas dit : « Les littératures démocratiques fourmillent toujours d'auteurs qui n'aperçoivent dans les lettres qu'une industrie, et, pour quelques grands écrivains qu'on y voit, on y compte par milliers des vendeurs d'idées? » Mais ces livres, marchandise courante, n'auront plus l'autorité et la vogue des grands livres d'autrefois, littéraires ou autres; ce sont ces derniers, qui constituent le fond de nos bibliothèques, que les lecteurs de livres, s'il en reste, voudront relire, par l'habitude, ou parce que, seuls, ils leur inspirent confiance ; les autres iront se confondre avec les journaux et les revues de l'année et seront moins lus qu'eux. Ce n'est peut-être point là ce qu'il y a de meilleur; mais c'est ainsi, et ce sera ainsi, sans doute, pour longtemps encore. Le livre est resté l'ancien véhicule des idées, le journal en est devenu le nouveau.

Le journal, de nos jours, est l'unique lecture de beaucoup de gens ; il en fait lire qui, sans lui, ne liraient jamais et finiraient par oublier ce qu'ils ont appris à l'école. Rien qu'à cet égard, le journal est un mobile utile à l'instruction ; mais il l'est à d'autres égards encore; quoi qu'on puisse reprocher au journal, ou à certains journaux, il est une des pièces maîtresses du mécanisme moderne.

Les nouvelles du jour, comme on sait, voilà en général ce qu'on lui demande : simple curiosité pour les uns, intérêt sérieux pour les autres, gens d'affaires ou hommes publics. Inutile d'insister sur l'importance de cette lecture pour ces derniers ; la connaissance des événements, petits ou grands, importe souvent beaucoup à la ligne de conduite qu'ils adopteront par la suite ; nouvelles politiques, industrielles, financières, commerciales, rien ne leur est indifférent ; que les événements soient rapprochés ou lointains, ils ont pour eux leur importance, de même que l'impression qu'ils font sur l'opinion publique. Voilà ce qui, de nos jours, fait rechercher les journaux par beaucoup de lecteurs de toutes les classes ; on n'a jamais le temps de lire un livre, on l'a toujours pour parcourir plusieurs journaux. De là l'intérêt capital, pour ces feuilles volantes quotidiennes, d'avoir des correspondances sûres, nombreuses et rapides, qui les recommandent à leurs clients. C'est une de leurs grandes préoccupations du moment.

Mais même pour les simples curieux, les journaux sont un enseignement qui a son utilité. Nous n'en parlons pour le moment que comme de nouvellistes et échos des faits du jour. Eh bien ! niera-t-on que l'homme qui lit, ne fût-ce qu'un journal, et sait par lui, jour par jour, ce qui se passe dans le monde, ne pourra mieux juger des gens et des choses de son temps, et les apprécier à leur valeur, que le pauvre illettré qui n'entend que ce qui se dit, ou ne voit que ce qui se passe, à quelques milliers de mètres de son village, et de façon à lui faire supposer qu'il en est ainsi partout ? Cela est si vrai que l'observation pourra en paraître banale. C'est ainsi que la lecture d'un journal convenablement fait est un enseignement qui a sa valeur, profitable même aux simples curieux, auxquels il finit par ouvrir les yeux et l'esprit sur le monde et la réalité des choses. On dira qu'on apprend davantage au contact des gens et des affaires; oui, peut-être; mais seulement dans les limites de sa spécialité ou de son cercle particulier; et puis, tout le monde n'a pas des affaires, ou ne quitte son home pour voyager; le journaliste, lui, le nouvelliste, voyage pour vous, vient vous trouver, et, aimable et serviable — c'est son métier, — ne vous laisse pas ignorer ce qui se passe ailleurs, au dehors, et un peu partout sous la calotte des cieux.

Mais cette lecture n'a-t-elle pas aussi ses tromperies et ses inconvénients? Oui, sans doute, on ne peut le nier.

Aujourd'hui, plus qu'à nulle autre époque antérieure, le journal, comme office de publicité, est une entreprise commerciale, le plus souvent aux mains d'une société, dont les actionnaires escomptent les dividendes, comme tous les bailleurs de fonds en affaires quelconques. Les directeurs, les rédacteurs, les gérants des journaux ont donc en général pour objectif, ici comme ailleurs, d'accroître les bénéfices, et, pour cela, ils visent deux buts à atteindre : d'abord, pousser à la vente du numéro et à l'abonnement, en éveillant l'intérêt ou la curiosité; en second lieu, tirer profit de toute insertion pour laquelle ils reçoivent salaire.

Pousser à la vente par la curiosité et la badauderie publiques : voilà ce qui a introduit dans le journalisme des traditions qui ne sont pas toujours des plus louables. Ainsi, l'on a des correspondants et des reporters qui, pour se rendre intéressants, inventent lorsqu'ils n'ont rien à dire; ou bien, on donne aux petites choses une importance qu'elles n'ont pas; ou encore, l'on exploite les scandales publics; les camelots vont ainsi par les rues en clamant les faussetés de leurs feuilles cancanières, et le bon public, qui achète le numéro, prend tout pour vérité. Cela peut avoir d'autres inconvénients que de se jouer de la curiosité des naïfs, car ces mensonges sont peut-être intéressés et induisent le lecteur en erreur à son détriment.

Un autre but des entreprises de la presse quotidienne, c'est l'insertion de tout communiqué pour lequel elle reçoit salaire. Il va sans dire que si cela conduit à de nouveaux abus plus ou moins préjudiciables au public qui lit, il ne peut être question ici des annonces ou réclames payées que tout journal insère à sa quatrième page, et qui ne sont que de la publicité ordinaire, personne ne s'y trompe. Mais on sait que les journaux ne s'en tiennent pas toujours là : sont-ils intéressés dans des causes suspectes, ou tout au moins dans des entreprises aventureuses, il arrive qu'ils ne se refusent pas à les soutenir; tout au moins acceptent-ils sans contrôle; ils se disent ci payés comme les avocats pour prêter leur ministère; cela semble entrer dans leurs attributions, et ils sont sûrs au moins que l'argent entrera dans leur caisse; tout fera farine au moulin. S'il n'en est pas toujours ainsi, s'il s'agit d'articles de complaisance entre *camarades*, gens de métier ou gens d'affaires, artistes ou écrivains, la conséquence est la même, c'est-à-dire qu'on peut être dupe de tels procédés, et que cela arrive à plus d'un. Ne parlons pas même ici de ces grands scandales de presse dont nul pays n'est tout à fait indemne à notre époque; le journalisme n'expose pas moins à de petites duperies de tous les jours.

Cela, dans une certaine mesure, est peut-être inévitable, et il ne faut pas trop en faire un crime au journal; il prétend remplir ici strictement son office de publicité; c'est à vous à y regarder de près. Seulement, il y a des lecteurs qui ont la foi. Il y aurait pour ceux-ci un petit guide ou manuel à faire sur la façon de lire les journaux, lequel s'inspirerait de quelques principes résultant d'une expérience déjà longue à notre époque, et qui aurait pour épigraphe ces mots : « Regardez de vos deux yeux, n'écoutez que d'une oreille. »

Enfin, une conséquence assez naturelle de ces mêmes mobiles intéressés, c'est que le journal est, au fond, ami de l'agitation; le calme plat lui est antipathique, parce qu'il nuit à son commerce ; il profite au contraire quand l'air est agité ; ce qui, sans doute, n'en fait pas toujours un pacificateur des esprits et des choses : cela nous amène à parler du journal politique.

Jusqu'ici nous n'avons guère parlé du journal que comme organe de publicité et écho des bruits du monde. Chacun sait pourtant qu'on lui accorde généralement d'autres titres à l'attention du public. Le journalisme est un apostolat, tout au moins en revendique-t-il l'honneur. En matière sociale et politique, même en matière religieuse et philosophique, un grand journal a son mot à dire, et il combat pour l'opinion qui lui est chère. A ce titre, dans les mains d'écrivains supérieurs et de penseurs éclairés et consciencieux, il peut être hautement instructif et avoir sur l'opinion publique une influence considérable et salutaire. C'est assez dire que sa propagande, pour être dans l'intérêt général, conforme au droit, à la raison et à la justice, ne doit pas se faire dans un esprit de parti et en vue d'intérêts étroits.

Malheureusement, les choses sont telles de nos jours — et il en a toujours été plus ou moins ainsi depuis qu'il y a des journaux — que tout journal constitue une plaidoyer permanent en faveur de l'un ou l'autre des différents partis qui se divisent l'opinion publique d'un pays. Dès lors, n'attendez en général aucune impartialité ni aucune largeur de vues d'un tel document; il plaide pour son camp et pour ses hommes, voilà la vérité; il ne s'agit que médiocrement ici de principes; il s'agit de vues intéressées et personnelles, que l'on recouvre habilement d'apparences généreuses et patriotiques. Voilà ce que, en dehors de sa tâche quotidienne de publicité, est encore un journal de nos jours. Il l'est aujourd'hui plus qu'à nulle autre époque antérieure. Aux Etats-Unis d'Amérique, en temps de période électorale particulièrement, la réclame politique atteint les plus hauts sommets du puffisme, et l'on y use de tous les moyens pour arriver à ses fins et tromper le lecteur. S'il n'en est pas encore ainsi en Europe, il est vrai pourtant qu'on n'est pas loin d'y adopter ce principe qu'un journal est entre les mains de ses patrons un instrument nécessaire et à leur service dans la lutte pour la vie, et qu'ils peuvent en user sans scrupule pour leurs intérêts ou les intérêts de leurs amis [1].

Dans ces conditions, en matière politique, notamment, bien naïf est le lecteur qui accepte sans contrôle toutes les raisons de son journal. Est-ce un journal d'opposition? Toutes les mesures prises, toutes les lois proposées par le gouvernement, seront trouvées mauvaises, ineptes, dangereuses, et cela sans distinction aucune. Est-ce un journal ministériel ? Tout ce que décideront les hommes au pouvoir sera parfait, indispensable, et conforme à l'intérêt général. C'est là, de part et d'autre, une tactique bien connue et un parti-pris qui tendent évidemment à égarer trop souvent l'esprit du lecteur. C'est donc ici le cas d'ajouter un nouvel article au manuel pour les lecteurs de journaux

1. Un écrivain anglais, Hamilton Aidé, dit qu'en règle générale aux Etats-Unis « la presse est absolument indifférente à la vérité et au mensonge ; c'est de la copie, voilà tout ».

dont il est parlé plus haut : « Lorsqu'un journal politique a soutenu une opinion qui lui est chère, représentez-vous en général qu'il mérite tout juste autant de confiance que les réclames du marchand d'encre ou de plumes avec lesquelles l'écrivain a rempli sa page. » Après tout, il y a de la bonne encre et de bonnes plumes ; c'est à vous de vérifier.

En somme, il faut prendre le journal avec son caractère d'enseignement au jour le jour, dont il ne peut se dépouiller, ou bien de moniteur de circonstance, impressionnable comme l'opinion des masses qu'il suit au moins autant qu'il dirige, et qui ne reflète en général qu'une vérité relative. Malgré quelques embûches où l'on est exposé à tomber par cette lecture, si votre journal est un journal bien fait, bien informé, honnêtement inspiré, il compense ces petits inconvénients — que l'on peut, d'ailleurs, éviter avec quelque expérience — par les réels services de sa publicité, par des conseils pratiques salutaires, et enfin par une représentation des hommes et des choses, du passé ou du présent, qui ne doit être indifférente ni stérile pour personne. Le journal est ainsi devenu le vrai véhicule des idées à notre époque ; et voilà pourquoi on écrit aujourd'hui dans les journaux et on ne lit que peu de livres. Et puisqu'il est l'unique lecture de la plupart des gens de nos jours, l'on ne peut assez veiller à ce que l'esprit de vérité et de justice l'emporte dans un journal sur l'esprit de mensonge et de boutique, afin que l'opinion publique ne finisse pas un jour par y reconnaître un guide trompeur et dont il faut se défier.

Voici, comme appendice, quelques citations à faire à propos de journaux :

Il y a quelques années, dans la *Revue des Deux Mondes*, et sous la signature de M. J. Bourdeau, on lisait ces lignes sur la presse en France et ailleurs : « Le journal, la revue, semblent faire tort au livre. La presse passe en chaque pays pour le miroir de l'esprit national, du goût et de l'opinion. En France les meilleurs journaux recrutent leurs écrivains parmi les élèves les plus distingués de l'université, jeunes gens qui ont brillé dans les concours, à l'école normale, munis d'une science très complète, mais surtout théorique, et d'une culture très littéraire. Sauf les exceptions de quelques grands journaux, cette presse, selon MM. Brownell et Hamerton, se montre moins soucieuse de surveiller la puissance de l'État, comme en Angleterre, ou d'instruire le public des choses étrangères, comme la presse allemande, que de sacrifier à l'esprit et à la mode, ces deux idoles de la grande ville. La littérature, le théâtre y tiennent une place considérable. Il s'agit de ne jamais ennuyer, d'être piquant et varié, de fixer l'attention d'un public distrait et blasé. Le reportage y est moins puéril qu'en Amérique, mais la presse française souffre d'une hypertrophie d'esprit. Elle est pour le goût parisien une absinthe qui excite et corrompt. Puissante et libre comme elle est, fait-elle toujours le meilleur usage de sa puissance et de sa liberté ? La presse participe en France au gouvernement de l'opinion, qui n'est nulle part synonyme de liberté, de justice et de droit, opinion excitable, impressionnable, sur laquelle pèse la responsabilité des révolutions et des désastres. Peut-on dire qu'elle représente l'esprit public ? Pas plus que les dix mille politiciens, députés, journalistes, professeurs, avocats, dilettantes de la science de l'État, qui forment les majorités oppressives et les minorités violentes, et ébranlent l'air de leur éloquence et de leurs querelles, ne représentent la nation. »

De l'*Indépendance Belge* sur le journal anglais. — « Le journal industriel — en Angleterre — vise à faire la fortune de ses créateurs bien plutôt qu'à répandre des idées, à défendre telle ou telle foi politique, à régaler les intelligences de littérature ; journal à nouvelles, journal télégraphique, téléphonique, électrique, épileptique, voué à l'enregistrement instantané de tous les faits de la journée, de l'heure même où le lecteur feuillette sa gazette. »

***

« La presse est cette puissance extraordinaire, si étrangement mélangée de biens et de maux, que sans elle la liberté ne saurait vivre, et qu'avec elle l'ordre peut à peine se maintenir. »

(DE TOCQUEVILLE.)

VIII

DE QUELQUES OPINIONS SUR L'ESTHÉTIQUE LITTÉRAIRE DU JOUR

« Le style, c'est l'homme, » a-t-on dit. Ne peut-on aussi trouver dans la forme littéraire du jour un reflet du caractère de l'époque ? Nous voulons ici nous occuper particulièrement de la France, qui, depuis trois siècles, a tenu une si grande place dans la littérature des peuples.

La France est surtout une nation littéraire. Bien écrire, pour l'homme de lettres, en France, voilà l'important. « La première question qu'un Français est tenté de se poser à propos d'un ouvrage, écrivait un jour un publiciste allemand, M. Hillebrand, est la suivante : Comment est écrit ? Ces autres questions : Comment est-il pensé ? Comment est-il senti ? ne viennent qu'en second lieu [1]. »

L'écrivain français — le plus français de race — improvise plus qu'il ne compose ; car son esprit

1. V. Hugo n'a-t-il pas dit : « L'avenir n'appartient qu'aux hommes de style ? »

est tout en verve, et nulle part ailleurs le talent n'est plus naturel, plus instinctif ; la légèreté est un don charmant de sa nature ; il est ingénieux plus qu'original ; à lui la finesse des aperçus, la délicatesse des sentiments, l'art de bien dire, le goût, la grâce, l'abondance, le mouvement. Mais quelque vide sous cette forme légère, et plus de mots que d'idées. Ce qui chez d'autres est composé et médité paraît lourd et pesant au goût français. Sainte-Beuve, après avoir énuméré tous les savants et auteurs distingués qu'a produits Genève, fait remarquer qu' « une certaine légèreté d'agrément, qui est, à proprement parler, l'honneur poétique et littéraire, manque à la culture Genevoise » ; et il ajoute que la raison en est l'effort qui se sent et gêne l'écrivain dans ses allures. Sénebier, un Genevois, y voit une autre raison, et attribue le manque de légèreté d'agrément aperçu par Sainte-Beuve à la gravité et à la réflexion qu'inspirent les sentiments et les institutions démocratiques, et qui, chez l'écrivain, peuvent contribuer à alourdir le style, parce qu'il creuse davantage sa pensée.

Cette légèreté d'agrément, ce style aimable et coulant de source, naturel à l'écrivain français, n'a pas toujours suffi à ceux de notre temps. « L'ambition de créer égale dans l'écrivain le besoin de variété qui tourmente et séduit le vulgaire des hommes, » a dit Villemain. Ce besoin d'innover a surtout agi de nos jours en France sur la forme littéraire, c'est-à-dire sur le style. Lorsque le fond a manqué, il n'y a plus eu que la forme, et l'on s'y est attaché parfois avec bonheur, parfois aux dépens du goût et du naturel : que d'art, que d'artifice, que d'imagination ! c'est le style à la mode ; n'y a-t-il donc pas une mode du jour en littérature comme pour les vêtements ?

Qu'est-ce que bien écrire aux yeux des stylistes à la mode du jour ? Écoutons les critiques sur cette question. C'est la forme imagée et métaphorique mise en vogue par les poètes de l'école de Victor Hugo, il y a quelque cinquante ou soixante ans. Depuis Hugo, selon Sainte-Beuve, on n'apprécie plus guère en France que ce qu'on appelle *l'imagination dans le style*. « Cette expression « avoir du style », dit M. Paul Bourget, se trouve aujourd'hui synonyme de cette autre *écrire avec pittoresque*. » Mais cela est beaucoup : vous prenez un sujet quelconque ; le fond en est banal ou faux ; mais vous travaillez votre style, et vous avez quelque chance de faire des trouvailles de forme ; dès ce moment, vous êtes apprécié comme écrivain, ne fussiez-vous même qu'un artiste [1]. »

Sainte-Beuve écrivait il y a déjà plus de quarante ans : « L'atticisme, c'est-à-dire le pur langage français, reposé, coulant de source, et jaillissant des lèvres, avant toute coloration factice, est-il donc fini à jamais et doit-il être rejeté en arrière parmi les antiquités abolies qu'on ne reverra plus ? Il est

1. Zola dit de Théophile Gautier : « Son continuel effort a été de réduire la pensée écrite à la matérialisation de la forme peinte. »

certainement très compromis, et c'est un mot et une chose qui n'a plus guère de sens aujourd'hui, ni d'application. » Le même, préoccupé de la même idée, écrivait encore : « On nous a gâtés en fait de descriptions; la littérature a fait concurrence à la peinture et s'est piquée de l'égaler ou de l'éclipser. » Que dirait-il aujourd'hui? Rien d'insupportable comme ces longues pages descriptives, dans le style si travaillé ou si artificiel du jour, qui cherchent à lutter par la plume avec la palette du peintre, qui s'allongent, se répètent, se plaisent à photographier les objets, ou s'efforcent d'éblouir le lecteur par leur coloris, sans rien soupçonner de la lassitude qu'elles lui imposent. Ces conteurs ne content pas, ils peignent; ces poètes-là n'intéressent ni l'esprit, ni le sentiment, ils n'écrivent que pour les yeux.

C'est là l'abus. Gœthe appelle cela « faire la chasse aux mots ». Sans doute, les recherches de style, si non la chasse aux mots, sont, en certaine mesure, du ressort du littérateur. M. Paul Bourget, en parlant de Flaubert, fait observer que toute sa doctrine sur le style est renfermée dans cette formule de Buffon, qui faisait son admiration : « Toutes les beautés intellectuelles qui se trouvent dans un beau style, tous les rapports dont il est composé, sont autant de vérités aussi utiles, et peut-être plus précieuses pour l'esprit public que celles qui peuvent faire le fond du sujet. » Et M. Bourget ajoute : « Cela revient à dire que la distinction usuelle entre le fond et la forme est une erreur d'analyse. » Voilà le système; entre un tel principe et l'idée que le style est tout et emporte le fond, il n'y a qu'un pas; la littérature, expression purement superficielle, rentrerait ainsi dans la classe des beaux-arts; mais on a toujours cru pourtant, que, comme la poésie et la philosophie, elle touchait de plus près au sentiment et à la pensée.

Taine, dans ses *Essais de critique*, a vivement qualifié la littérature formelle de notre temps : « Aujourd'hui, dit-il, tout écrivain est pédant et tout style est obscur. Chacun a lu trois ou quatre siècles de trois ou quatre littératures. La philosophie, la science, l'art, la critique nous ont surchargés de leurs découvertes ou de leur jargon. L'esprit, en attendant, s'est encombré et troublé. Nous sommes devenus économistes, mathématiciens, dilettanti, Anglais, Allemands, et nous avons cessé d'être écrivains français. Bien plus et bien pis, par besoin de nouveauté et par affinement d'intelligence, nous avons recherché les nuances imperceptibles, les images extraordinaires, les paradoxes de style, les accouplements d'expressions, les tours inattendus; nous avons voulu être piquants et nouveaux, nous avons écrit pour réveiller la curiosité lassée, nous avons sacrifié le naturel et la justesse, pour surmonter l'inattention et l'ennui [1]. »

1. M. Taine, qui a assez souvent lui-même sacrifié à ce goût du jour, écrit ceci quelque part : « Toute métaphore est une secousse; quiconque, involontairement, et naturellement, transforme une idée sèche en une image, a le feu au cerveau ; les vraies métaphores

Sainte-Beuve, auquel il faut toujours recourir quand il s'agit de la littérature française au dix-neuvième siècle, lui qui s'était aussi complu dans les choses de ce goût nouveau, et qui en était revenu, écrivait plus tard : « J'avais une manière; je m'étais fait à écrire dans un certain tour, à caresser et à raffiner ma pensée; je m'y complaisais. La nécessité, cette grande muse, m'a forcé brusquement d'en changer; cette nécessité qui, dans les grands moments, fait que le muet parle et que le bègue articule, m'a forcé d'en venir à une expression nette, claire, rapide, de parler à tout le monde et la langue de tout le monde. Je l'en remercie. »

Cette recherche de la forme est plus naturelle et mieux à sa place chez les auteurs qui écrivent en vers que chez ceux qui écrivent en prose. Le vers se prête admirablement à ce goût tout conventionnel du jour, car il est lui-même une langue toute conventionnelle. Partout en général où l'on a à discourir, à parler raison, à faire agir des personnages, la prose, semble-t-il, est le seul langage qui convienne à notre âge. A considérer froidement les choses, et sans se laisser influencer par la tradition classique, qui nous a laissé des chefs-d'œuvre, on pourrait dire qu'écrire en vers c'est comme si, au lieu de marcher, l'on se mettait à danser.

Mais si exprimer en vers ce que la prose sait le-

sont des apparitions enflammées qui rassemblent tout un tableau sous un éclair. » C'est très bien, seulement il y a aujourd'hui trop de Tartarins de lettres qui s'imaginent avoir le feu au cerveau ; le fait est qu'ils ne brûlent pas du tout.

mieux faire et le plus naturellement, doit paraître comme un jeu trop artificiel qui n'est plus guère de notre âge et que les chefs-d'œuvre du théâtre classique peuvent seuls justifier de nos jours, il en est tout autrement dans quelques genres réservés, et particulièrement dans le genre lyrique, où le vers est là bien à sa place. Versifier c'est chanter. Ici le poète, sous l'impression des circonstances diverses qui le ravissent ou l'accablent, cède au sentiment tout intime qui agite son cœur et remplit son âme ; c'est de son cœur, c'est de son âme que sortent les accents inspirés auxquels la musique de ses vers convient si bien, et qui est un charme pour l'oreille et l'imagination ; tout s'harmonise ici avec la rime, le rythme, et la mesure, et de cet ensemble harmonieux et cadencé, qui répond à l'idéal du chanteur, résulte le ravissement de ceux qui écoutent ; l'on dit toujours ici tout ce que l'on veut dire et de la façon où l'on peut le mieux le dire.

Pour produire cet effet si flatteur à la fois pour les sens et l'esprit, il suffit de *sentir*, c'est-à-dire, *d'être poète, et non simplement rimeur;* il suffit d'être naturel et vrai dans son inspiration, sans rien ajouter inutilement à la difficulté du procédé, et, comme par un pur caprice, se proposer des problèmes insolubles et puérils. Voilà pourtant jusqu'où l'on est allé de nos jours ; toujours les mots ; ayez *la rime riche*, et ne soyez pas même poète, et il vous sera beaucoup pardonné [1]. Telles

1. Théophile Gautier, dans une notice sur le poète Baudelaire, a

rimes que les classiques d'autrefois, ou, après eux, les Lamartine et les Musset, ont trouvées suffisantes sont rejetées avec dédain par l'école moderne. « A se régler sur une pratique ayant cours aujourd'hui, écrivait naguère un auteur contemporain, M. Blaze de Bury, bien rimer serait l'art suprême ; que dis-je? Bien rimer ne suffit plus ; il faut mieux, le tour de force, l'impossible... C'est un pur casse-cou chinois ; on jongle avec les assonances. »

« Les vers doivent être faits tellement, disait Voltaire, que le lecteur ne s'aperçoive pas qu'on a été occupé par la rime. » Et l'on connaît l'opinion de Boileau :

> Que toujours le bon sens s'accorde avec la rime ;
> L'un l'autre vainement ils semblent se haïr ;
> La rime est une esclave et ne doit qu'obéir.

Mais, de nos jours, on a trouvé cela trop vieux ; et l'on s'y est si peu conformé chez certains poètes qu'on voit la rime elle-même dicter la pensée. « C'est l'assonance qui le mène à l'idée, » disait encore M. Blaze de Bury, en parlant de V. Hugo lui-même. Et, à ce propos, l'on peut faire cette remarque assez étrange qu'il existe des écrivains médio-

fixé dans le temps les règles du nouvel art poétique : on peut les résumer ainsi : « Rime riche, mobilité facultative de la césure, rejet et enjambement. — Ainsi, moyennant la rime riche, on peut désorganiser le vers en supprimant la mesure qui empêche de le confondre avec la prose ; et, sous prétexte de plus de souplesse, on abolit tout simplement ainsi la forme versifiée avec la cadence qui lui est propre.

cres qui s'en tirent mieux en vers qu'en prose, parce que la chasse à la rime leur donne des idées ou leur fait une originalité qui leur manqueraient sans cela. Mais, sans doute, personne ne prétendra que cet expédient puisse suppléer à l'inspiration.

Ce qu'il semble résulter de tout cela — et voilà où nous voulions en venir — c'est que, de notre temps, en littérature comme ailleurs, on se préoccupe moins du vrai et du beau selon la nature des choses que de ce qui brille ou flatte les sens et l'imagination, moins d'idées que de mots, moins de fond que de forme ; et cette forme on la veut riche et ornée, on la veut nouvelle surtout, comme si l'originalité pouvait remplacer la vérité [1]. « Pour être elle-même, d'ailleurs, comme disait dernièrement un critique à propos de peinture, pour être elle-même, l'originalité doit être non voulue, mais subie. » Et il en est de même en littérature : l'originalité doit être un don de nature et d'esprit ; mais l'une des maladies de notre temps a été d'en faire un objet de recherche, et l'on est arrivé un jour aux bizarreries des décadents, c'est-à-dire à quelque chose qui n'est rien moins que de l'art ou de la littérature.

La rhétorique classique de nos pères était autrefois l'unique ressource de têtes vides d'idées. Aujourd'hui, l'on peut dire que la littérature qui n'a pour idéal que la forme n'est guère qu'un anachro-

1. Cette école a fait des prosélytes ailleurs qu'en France ; en Belgique, nos jeunes littérateurs en sont presque tous.

nisme ; la forme, loin d'être toute la littérature, comme on l'a cru autrefois, et même comme quelques-uns le croient encore, ne puise toute sa valeur que dans l'idée ou la pensée qu'elle revêt et qu'elle est appelée à faire valoir ; sinon, l'art qui n'a en vue que l'éclat ou la nouveauté de la forme, et rien que cela, rien souvent qu'un pur exercice de style et de mots, cet art-là est moins littéraire que plastique ou décoratif, et convient peut-être à une époque de matérialisme ou de snobisme. On doit rappeler ici une dernière opinion d'un auteur contemporain, soit qu'on la partage ou non : « Toute littérature qui n'a pas en vue la perfectibilité, la moralité, l'idéal, l'utile, en un mot, dit A. Dumas fils, est une littérature rachitique et malsaine. » Si l'on peut appeler de ce jugement absolu, c'est au littérateur vraiment digne de son époque à lui rendre son vrai sens, en relevant, par une part de fantaisie et de pittoresque, l'idée morale et utile qui, avant tout, doit rester le fond et l'intérêt de ses créations.

Flaubert, par Guy de Maupassant... « Il se mettait à écrire, lentement, s'arrêtant sans cesse, recommençant, raturant, surchargeant, emplissant les marches, traçant des mots en travers, noircissant vingt pages pour en achever une, et sous l'effort pénible de sa pensée, geignant comme un scieur de long.

« Quelquefois, jetant dans un grand plat d'étain oriental rempli de plumes d'oie la plume qu'il tenait à la main, il prenait sa feuille de papier, l'élevant à la hauteur du regard, et, s'appuyant sur un coude, déclamait d'une voix mordante et haute. Il écoutait le rythme de sa prose, s'arrêtait comme pour saisir une sonorité fuyante, combinait les tons, éloignant les assonances, disposait les virgules avec science, comme les haltes le long d'un chemin...

« De ce formidable labeur naissait pour lui un extrême respect pour la littérature et pour la phrase : du moment qu'il avait construit une phrase avec tant de peine et de torture, il n'admettait pas qu'on en pût changer un mot. Lorsqu'il lut à ses amis le conte intitulé *Un cœur simple*, on lui fit quelques remarques et quelques critiques sur un passage de dix lignes dans lequel la vieille fille finit par confondre son perroquet et le Saint-Esprit. L'idée paraissait subtile pour un esprit de paysanne. Flaubert écouta, réfléchit, reconnut que l'observation était juste. Mais une angoisse le saisit : « Vous avez raison, dit-il, seulement il faudrait changer une phrase. » Le soir il se mit à la besogne ; il passa la nuit pour modifier dix mots, noircit et ratura vingt feuilles de papier et, pour finir, ne changea rien, n'ayant pu construire une autre phrase dont l'harmonie lui parut satisfaisante

« Au commencement du même conte, le dernier mot d'un alinéa servant de sujet au suivant pouvait donner lieu à une amphibologie, il le reconnut, s'efforça d'en modifier le sens, ne parvint pas à retrouver la sonorité qu'il voulait, et, découragé, s'écria : « Tant pis pour le sens, le rythme avant tout. » (Extrait de la *Revue politique et littéraire* de janvier 1884.) — Pur matérialisme de lettres, des mots, des mots! Il ne suffit pas d'être des créateurs, comme Balzac, ou des poètes tout inspirés, comme Lamartine et Musset ; il faut encore être des artistes... Et Flaubert déclare quelque part que Musset n'est pas un artiste !

L'on peut diviser les hommes de lettres en deux classes : ceux qui ont des idées et ceux qui n'ont à leur service que des mots et des formes. Sous l'œuvre des premiers il y a des êtres vivants, mais parfois assez pauvrement vêtus. Quant aux seconds, ce sont des artistes qui revêtent de couleurs brillantes de purs mannequins; et pourtant, c'est devant ceux-ci que le goût nouveau arrête aujourd'hui tant de gens que les autres intéressent si peu !

IX

TRADITIONS SCOLAIRES ET LANGUES MORTES

Voici les opinions de quelques penseurs du dix-huitième siècle sur l'enseignement arriéré des écoles en France et ailleurs. Il y a plus de cent ans que tout cela a été écrit. Eh bien ! si l'enseignement moderne s'est modifié en tenant compte d'une partie des reproches qu'on lui faisait déjà à cette époque, n'y a-t-il pas encore là néanmoins des observations applicables à notre temps, et a-t-on fait tout ce qu'il importait de faire, notamment quant à l'enseignement des langues mortes? On va en juger.

De Diderot, à propos de l'enseignement dans les collèges :

« C'est là qu'on enseigne encore aujourd'hui, sous le nom de belles-lettres, deux langues mortes qui ne sont utiles qu'à un très petit nombre de citoyens : c'est là qu'on les étudie pendant six ou sept ans sans les comprendre ; que, sous le nom de rhétorique, on enseigne l'art de parler avant que d'avoir des idées ; que, sous le nom de logique, on se remplit la tête des subtilités d'Aristote et de sa sublime et très inutile théorie du syllogisme, et qu'on délaie en cent pages obscures ce qu'on pourrait exposer clairement en quatre. »

Et du même, à propos de l'école de droit : « Notre faculté de droit est misérable ; on n'y dit pas un mot de droit français ; pas plus du droit des gens que s'il n'y en avait point ; rien de notre Code civil et criminel ; rien de notre procédure, rien de nos lois, rien des constitutions de l'Etat, rien du droit des souverains, rien de celui des sujets ; rien de la liberté, rien de la propriété... De quoi s'occupe-t-on donc? On s'occupe du droit romain dans toutes ses branches ; la faculté de droit n'habite plus un vieux bâtiment gothique, mais elle parle Goth sous les superbes arcades de l'édifice qu'on lui a élevé. »

Et de d'Alembert, dans l'*Encylopédie*, à propos des humanités : « C'est ainsi qu'on appelle le temps que l'on emploie dans les collèges à s'instruire de la langue latine. On y joint vers la fin quelque connaissance du grec. On y apprend à expliquer tant bien que mal les auteurs anciens les plus faciles, puis à composer tant bien que mal en latin. Et c'est tout. »

Et du même, sur la rhétorique : « Etendre une pensée, allonger des périodes, faire des amplifications, presque toujours en latin, et s'habituer ainsi à noyer dans deux feuilles de verbiage ce qu'on pourrait dire en dix lignes, voilà tout le fruit qui peut être retiré de cette classe. »

D'après La Chalotais encore, l'enseignement se ressent partout de la barbarie des siècles passés, où l'on ne faisait étudier que ceux qui se destinaient à la cléricature. Il se réduit encore à l'étude de la langue latine..... La jeunesse est intéressée à oublier, en entrant dans le monde, presque tout ce que ses prétendus instituteurs lui ont appris. »

« Il semblerait, dit Guyton de Morveau, qu'à la manière dont on élève les enfants l'éducation des collèges n'ait d'autre méthode que celle qui conduit à faire des prêtres et des théologiens. Le grec et le latin, une réthorique qui n'est propre qu'à dépraver le goût et à rendre l'esprit faux, un cours de philosophie où, dans l'espace de deux années, on n'apprend que des choses sèches et rebutantes, voilà à quoi se réduit cette méthode. »

« Je ne crains pas d'avancer, dit à son tour le président Rolland, que, dans les collèges, le plus grand nombre des jeunes gens perdent le temps qu'ils y passent, les uns pour avoir appris ce qu'il leur était inutile et quelquefois nuisible de savoir, les autres pour n'avoir pas été instruits de ce qu'il leur aurait été essentiel d'apprendre. »

Ce sont là les opinions de ces philosophes qui préparaient pour leur pays, et un peu pour tous les pays, la grande révolution du siècle, révolution qui sans doute n'a pas été ici aussi grande qu'ailleurs. Ils voyaient surtout, ceux-là, dans l'enseignement du latin, dominer la convenance exclusive de l'Eglise, cela résulte assez de ces extraits. Voici d'autre part, sous la forme humouristique d'un apologue, l'opinion d'un étranger, le célèbre Franklin : « Il y a dans l'humanité un inexplicable préjugé en faveur des anciennes coutumes et habitudes, qui dispose à les continuer même après que les circonstances qui les avaient rendues utiles ont cessé d'exister. J'en pourrais citer mille exemples, mais un seul me suffira. Il y eut un temps où l'on pensait que les chapeaux étaient une partie utile du costume ; ils tenaient chaud la tête et protégeaient contre les rayons du soleil, contre la pluie, la neige, la grêle. Quoique, pour le dire en passant, ce ne soit pas le plus ancien usage ; car, parmi les restes sans nombre de l'antiquité, bustes, statues, bas-reliefs, médailles, on ne voit jamais que la figure humaine soit représentée avec un chapeau ni rien qui y ressemble, à moins que ce ne soit une tête de soldat, laquelle alors porte un casque; et ce n'est point évidemment comme faisant partie du costume ordinaire, mais comme protection contre les chocs du combat. Quoi qu'il en soit, nous ne savons pas à quelle époque les chapeaux furent pour la première fois introduits ; mais dans le dernier siècle ils étaient généralement en usage dans toute l'Europe. Peu à peu, cependant, à mesure que la mode des perruques et celle des coiffures élégantes prévalut, les gens comme il faut perdirent l'habitude de mettre leur chapeau, pour ne point déranger l'édifice artificiel ou la poudre de leur chevelure [1] ; les parapluies commencèrent à faire l'office du chapeau. Cependant, on a continué à considérer celui-ci comme une part si essentielle de la toilette qu'un homme du monde n'est point sensé habillé sans en avoir un ou quelque chose d'approchant, qu'il porte sous le bras ; si bien qu'il y a quantité de gens polis, dans toutes les cours et capitales d'Europe, qui n'ont jamais, eux ni leurs pères, porté un chapeau autrement que *sous le bras* quoique l'utilité d'une telle mode ne soit nullement évidente, et que ce soit même gênant.

« Or, la coutume qui prévaut d'avoir des écoles, où, de nos jours, on enseigne indistinctement à tous les enfants les langues grecque et latine, je ne le considère pas sous un autre point de vue que comme le *chapeau sous le bras* de la moderne littérature. »

Telle était donc l'opinion assez générale déjà au dix-huitième siècle. Depuis, elle est restée celle de plusieurs bons esprits, peu révolutionnaires, en dehors des écoles où l'on enseigne toujours le grec et le latin.

Cet amour classique, héritage de nos pères, a peut-être encore ses fanatiques. Et pourtant il y a eu de tout temps des sceptiques. Montaigne disait déjà il y a plus de trois cents ans : « C'est un bel et grand adjencement, sans doubte, que le grec et

1. Il en était ainsi en France au XVIIIe siècle, lorsque ceci fut écrit.

le latin, mais on l'achète trop cher. » Et le prince de Ligne : « Il est plaisant de voir, en France, des querelles sur les anciens, qui, surtout en poésie, n'y sont point entendus. » « Nous admirons sur parole les Grecs et les Romains... Quand le mérite d'un auteur consiste spécialement dans la diction, un étranger ne comprendra jamais bien ce mérite ; » c'est de la plume de Chateaubriand que sont sorties ces dernières lignes. Et si le mérite, doit-on ajouter, se rencontre, au contraire, dans la pensée et le sentiment, et non dans la diction, pourquoi la simple traduction ne suffirait-elle pas ? Pour une notion, pour un principe, pour un raisonnement, pour une idée, qu'importe la langue ? Pourquoi le droit romain en latin et Hippocrate en grec ? Oh ! enfantillage des mots ! Frédéric II, roi de Prusse, ne savait pas le latin — ni Louis XIV, paraît-il — et, malgré cela, de l'avis de tous ceux qui l'ont le mieux connu, il s'était pénétré de l'esprit des anciens rien qu'à l'aide des traductions françaises.

George Sand fait remarquer que les femmes de vingt à trente ans, qui ont reçu un peu d'éducation, « écrivent le français mieux que les hommes, » ce qui, selon elle, tient à ce qu'elles n'ont pas perdu huit à dix ans à apprendre les langues mortes.

Et à propos des anciens, de leurs langues et de leurs œuvres, faisons encore observer que nos pères en étaient souvent bien moins idolâtres qu'on ne croit, et que nous-mêmes, enfants du dix-neuvième siècle. Croirait-on que Voltaire préférait à l'*Iliade* d'Homère *la Jérusalem délivrée* du Tasse ? « Que chaque lecteur se demande à lui-même, dit-il en parlant de l'*Iliade*, ce qu'il penserait s'il lisait pour la première fois ce poème et celui du Tasse, en ignorant les noms des auteurs et les temps où ces ouvrages ont été composés, en ne prenant enfin pour juge que son plaisir : pourrait-il ne pas donner en tout la préférence au Tasse ? Ne trouverait-il pas dans l'italien plus de conduite, d'intérêt, de variété, de justesse, de grâce, et de cette mollesse que relève le sublime ? Encore quelques siècles, et on n'en fera peut-être pas de comparaison. »

Certes, jusqu'à cette heure, la prédiction de Voltaire, bon juge en fait de goût pourtant, ne s'est pas réalisée ; on ne lit plus *la Jérusalem délivrée* — et pour de bonnes raisons — et on lit encore l'*Iliade* dont la poésie dégage ce parfum des âges antiques qui a son charme pour quelques-uns. Mais on peut prévoir le temps où Homère comme le Tasse laisseront le monde tout à fait indifférent, et où leurs œuvres ne seront considérées et vénérées que comme de simples documents historiques.

J.-J. Rousseau écrivait à d'Alembert à propos des anciens : « Le goût général ayant changé, si leurs chefs-d'œuvre étaient encore à paraître, ils tomberaient infailliblement. » On les respecte encore comme des ancêtres illustres et par habitude on les admire sans distinction ; mais les traditions ont beaucoup perdu de leur pouvoir de nos jours ; est-ce que Sainte-Beuve a pensé autrement que

Rousseau? « Tôt ou tard, je le crains, disait-il, les anciens, Homère en tête, perdront la bataille. »

Voilà donc des langues et des auteurs qui prennent encore aujourd'hui le meilleur temps de la jeunesse studieuse; dont néanmoins on ne se préoccupe plus ailleurs, et que l'on s'empresse d'oublier dès l'instant où l'on quitte les classes ; dont l'esprit et les inspirations ont, avec tout le fruit possible, passé dans les littératures modernes ; qui ont été l'objet d'un grand nombre de traductions que nous n'avons plus à refaire ; voilà des langues dont, au surplus, l'usage dans le train ordinaire des choses de notre âge nous est devenu complètement inutile ; et pourtant, nous continuons à voir d'autres études plus profitables à tous égards délaissées pour celles qui ne peuvent plus être considérées que comme *le chapeau sous le bras* de Franklin [1].

— « Mais doit-on donc tout mesurer au degré de l'utilité positive ? » demandera-t-on. Non, certes. On ne le fait déjà que trop de nos jours, nous en sommes d'accord. Mais encore faut-il qu'un enseignement porte des fruits appropriés à l'époque, dans l'ordre du vrai, du bien et du beau, comme de l'utile. Les vieilles traditions ou méthodes scolaires ne sont guère que formelles ; pure science de

1. Dans les conseils que donne Tolstoï comme règles du développement social, il dit, entre autres choses : « Trouvez-vous absurde d'enseigner à vos enfants, avant tout et par-dessus tout, les grammaires des langues mortes, ne le faites pas. »

mots, bien souvent. Ainsi encore de l'ancienne logique de nos pères, qui a fait dire autant de sottises que l'ignorance elle-même, même sans s'aider du grec et du latin. Le bon sens naturel n'est pas *syllogistique*, au gré de l'art ; il est instinctif ou intuitif ; aidé de l'étude et de l'expérience, il mène seul à la vérité ; hors de là, il n'y a qu'artifice et fausse science. Telle fut l'ancienne *scolastique*, fille bâtarde d'Aristote, et en honneur dans l'Église autrefois. Au moyen de cette vieille méthode, on croyait naïvement pouvoir faire des savants de tout le monde, et en quelque sorte mécaniquement. La vérité est que la science sérieuse ne sera jamais à la portée que des esprits d'élite habilement cultivés ; la science de mots de nos pères n'a jamais redressé les esprits faux, au contraire ; pas plus que toutes les poétiques du monde n'ont fait des poètes, pas plus que le grec et le latin ne doivent constituer le fond de l'enseignement français, allemand, ou anglais, dans les humanités de notre époque.

« Oui ! les anciens nous ont légué des chefs-d'œuvre dont les nôtres procèdent, écrivait naguère un savant français [1] ; mais prétendre qu'avec nos Grands écrivains modernes on ne saurait, même à la fin du XIXe siècle, sans l'aide du latin et du grec, exciter l'enthousiasme des jeunes gens et les initier à la beauté littéraire, c'est là un véritable blasphème. »

1. M. Ch. Bigot. *Revue politique et littéraire.*

X

L'AGE FUTUR

S'il faut considérer chaque époque ou chaque âge des peuples comme régi par un principe — religieux, militaire, monarchique, aristocratique, démocratique — on peut caractériser le principe directeur de l'âge moderne par ces deux mots : *liberté et mouvement*. Telle a été, en effet, la tendance des esprits durant le siècle qui finit. Les peuples se sont de plus en plus débarrassés des lisières qui les gênaient, ou les retenaient sous les régimes antérieurs, et, en maintenant le *statu quo*, ne protégeaient que les intérêts ou ne faisaient que les affaires d'une minorité privilégiée.

Mais — vérité non moins établie par l'histoire — chaque époque et chaque peuple tendent à aller jusqu'aux conséquences dernières du principe qui les guide; on va *jusqu'au bout*, si aucune circonstance extraordinaire n'intervient pour arrêter le cours des choses.

Une telle tendance doit nécessairement aboutir à des excès et à des abus, et le bout n'est souvent ici qu'une mauvaise fin. Dans l'entraînement des choses et des gens, on s'aveugle sur les conséquences, et les yeux ne s'ouvrent que lorsqu'on commence à trouver intolérables ou du moins peu satisfaisants les progrès accomplis.

La société du dix-neuvième siècle, chez les peuples les plus avancés du continent européen, n'a pas manqué de tirer toutes ses conséquences du principe qui la constituait. En réaction avec les régimes antérieurs aux points de vue politiques et religieux, on y a fait une large part à la liberté, laquelle était chose nouvelle pour plusieurs, qui ont joui de ses bienfaits sans en soupçonner les pièges. De la lutte presque ininterrompue entre la liberté et l'autorité, et des révolutions multiples qui ont signalé ce siècle, quels qu'aient été ici les moteurs responsables, le pouvoir dirigeant est sorti fort affaibli chez beaucoup de nations. Les gouvernements, même les mieux intentionnés, n'y peuvent plus aujourd'hui tout le bien qu'ils voudraient, car, jouets d'une opinion capricieuse, ils manquent de stabilité. On les croit incompabibles avec le mouvement, cet autre facteur de notre époque, c'est l'individualisme qui finit par dominer [1]. Mais l'individualisme est tout le contraire des vues générales nécessaires au sommet d'une société bien ordonnée; ce sont bien souvent les

1. On devrait savoir que la conséquence dernière de l'individualisme, c'est l'anarchisme, qui a aujourd'hui ses représentants dans les bas-fonds de la société.

plus forts et les plus habiles qui seuls en profitent. Et si l'idéal de ceux-ci est, avec le pouvoir, la recherche de la fortune, du bien-être matériel, et des plaisirs ou des satisfactions qui en sont la suite, on a une société uniquement utilitaire et matérialiste.

Or, c'est un peu le caractère de notre temps : la fin du siècle a été plutôt utilitaire et matérialiste qu'autre chose. Ce n'a pas toujours été un mal toutefois; car la société, par le travail, par la science et ses conquêtes, s'est enrichie, et elle en a fait profiter les classes inférieures, qui se sont ainsi rendues capables d'autres progrès. L'on ne peut nier que telle a été l'œuvre capitale et la plus méritoire du dix-neuvième siècle. De ce que le progrès moral et intellectuel est surtout dans les voies de la providence ou de la destinée humaine, ce n'est pas à dire que l'homme doit négliger le progrès matériel; non, quand ce ne serait que par cette seule considération que l'aisance aide l'homme à développer ses instincts supérieurs. La misère, en effet, abrutit les masses et les empêche de viser à autre chose qu'à la satisfaction des besoins physiques du moment; de telle sorte que le niveau du misérable reste inférieur et plus rapproché de celui de la bête, en d'autres termes, plus loin du but final à atteindre. Ce n'est pas la richesse, on l'a dit assez souvent, mais bien l'aisance, c'est-à-dire l'affranchissement des misères de l'existence résultant des besoins matériels non satisfaits, c'est l'aisance et non la richesse qui est l'état digne de nos efforts; c'est là pour l'homme une préparation aux autres progrès à laquelle il ne peut se dérober, et les doctrines qui visent à étouffer les besoins de notre nature physique sont des exagérations qui vont souvent à l'encontre du but qu'on se propose. Il faut seulement que ces besoins trouvent leur limite obligée dans les goûts prédominants de notre nature morale et intellectuelle.

Or, cette limite a passé trop inaperçue des générations actuelles; dans notre siècle d'argent, ainsi qu'on l'appelle, siècle tout au moins de progrès surtout matériels, l'idéal — comme s'il était dit que la marche du progrès devait toujours rester boiteuse — l'idéal a baissé dans les classes enrichies et un peu partout. Et qu'est-ce que l'idéal? C'est la conception du bien le plus haut capable de satisfaire à nos aspirations les plus élevées. Or, nulle grande et véritable civilisation sans un idéal qui élève les cœurs et féconde les esprits.

Ainsi finit notre siècle avec plus de bien-être, grâce aux progrès de la science et de l'industrie, une morale et un art médiocres, et on peut dire aussi un zèle pour tous les droits et pour toutes les justices tel que les temps antérieurs en offrent peu d'exemples. Et pourtant cet âge de progrès et de liberté n'en a pas moins compté ses victimes parmi ceux qui auraient dû le bénir; et cela, parce que, dans l'œuvre agitée, mouvementée, et libre à laquelle il a donné lieu, les faibles, livrés à eux-mêmes, ont trop souvent manqué de guide et de protection. De là, le socialisme de nos jours a conclu à l'épuisement du principe de liberté, et à la nécessité d'un régime nouveau qui aurait pour base la réglementation générale. Serait-ce là le principe du siècle où nous allons entrer ?

Il n'est pas impossible que durant le siècle futur le socialisme ne joue un rôle à peu près équivalent à celui de la liberté politique et économique pendant le siècle qui finit. Mais on peut être certain, croyons-nous, que ce socialisme-là ne sera pas le socialisme révolutionnaire ou collectiviste de Marx et autres, avec ses rêves de bouleversement général des choses. Il sera cet autre socialisme pratique et gouvernemental, visant à régler avec plus de justice les rapports entre les classes, et à protéger plus efficacement les faibles contre les forts, et ceux qui n'ont pas assez contre ceux qui ont trop. Il n'aura pas pour devise le « laisser-faire et laisser-passer » des Anglais, que se sont souvent approprié les radicaux et les économistes du continent. Il sera une réaction contre les abus et les insouciances du régime de liberté, comme celui-ci l'avait été contre les abus de l'absolutisme et du formalisme d'autrefois. Et s'il veut, comme tout principe dirigeant est tenté de le faire, aller jusqu'au bout de ses conséquences, s'il réclame la confiscation de la liberté individuelle ou politique au nom du peuple ou d'un chef populaire qui s'impose, on verra sans doute reprendre contre lui la lutte en faveur des libertés nécessaires, jusqu'à ce que s'affermisse un régime définitif où l'élément libéral et l'élément gouvernemental d'ordre et de progrès se balancent entre eux au profit de tous.

Si ce jour n'est pas proche, si l'intelligence et l'expérience des choses doivent encore longtemps manquer aux peuples, aux gouvernants comme aux gouvernés, plus d'une raison fait croire qu'après un siècle d'épreuves, de tâtonnements et d'agitations, s'imposera une ère de réédification, sur un plan nouveau, de l'ordre moral et social. On aura toujours à compter avec les passions aveugles, sans doute ; mais on saura mieux les prévenir, et à la place de ce qui était on saura mieux aussi ce qu'il faut y mettre. Reconnaissance des préjugés modernes comme des préjugés anciens, affirmation des vérités universellement reconnues dans l'ordre du vrai, du bien et du beau, sentiment religieux plus général, tout à la fois indépendant et protecteur des religions positives, préoccupation plus efficace des droits et du bien de chacun, voilà sans doute les principes dont s'inspireront l'opinion publique et l'autorité restaurée. Il n'y a progrès possible que là où, à côté de la liberté nécessaire à toute société civilisée, existe une justice répressive, ferme et rigoureuse, contre ceux qui tentent d'en abuser au préjudice des autres; c'est là une condition indispensable à la marche de toute civilisation, condition aussi indipensable que la liberté elle-même, et que le dix-neuvième siècle, faible et énervé par certains de ses principes, a trop souvent méconnue : la vraie liberté n'implique pas la tolérance du mal.

On peut sans doute prévoir le cas où la jouissance des biens accumulés par une grande prospérité matérielle aboutirait à un état de corruption, de sybaritisme ou d'énervement qui pèserait sur les volontés jusqu'à les rendre incapables de tout effort et les peuples mûrs pour la conquête comme autrefois; c'est la crainte que l'on a quelquefois formulée à propos de l'avenir qui nous attend. Mais, malgré quelques apparences contraires, il n'est pas à penser que la civilisation moderne, avec ses légions de travailleurs, suivra jamais à cet égard la trace des civilisations antiques; cette corruption de mœurs, ce sybaritisme énervant, ne peut tout au plus affecter que certaines classes, et le peuple qui n'en est pas a plutôt le goût des mœurs rudes et grossières. Il y a même une circonstance de notre époque qui fait que le danger de l'avenir est plutôt d'un tout autre côté : c'est l'esprit militaire, au moyen duquel les Etats se ruinent aujourd'hui par des armements incessants et tels qu'on n'en a jamais vus. S'il est un obstacle au danger de l'affaissement des caractères et des énergies, et par cela même un bien, un tel état de choses pourrait aussi faire reculer pour longtemps la civilisation; il suffirait de certaines éventualités; ici, on ne peut se le dissimuler, le siècle finit comme une menace pour celui qui va commencer.

Quoi qu'il en soit, l'un des grands espoirs de l'avenir est dans la restauration d'une autorité bienfaisante à côté des libertés nécessaires, de telle sorte que le monde soit un peu moins livré au caprice des foules, ou aux entreprises des fous et des malveillants. Ce ne sera pas l'œuvre d'un jour, ni sans doute celle d'un seul peuple; mais c'est le but final à atteindre et celui de toute vraie civilisation. L'homme et la société vont ainsi, par une suite de revers et de relèvements, à l'accomplissement de leur destinée; avec un peu plus de sagesse et de lumière à chaque étape, l'œuvre commune s'achève par les générations et les peuples qui se succèdent et se relayent dans leur marche, les uns achevant ce que les autres ont commencé.

L'attachement des peuples aux vieilles idées empêche les jeunes erreurs de faire de trop grandes folies; elles s'opposent à leur envahissement, fussent-elles des erreurs elles-mêmes. Entre ces deux camps, qui se tiennent en échec, les gouvernements sages et habiles, qui opèrent en dehors de leurs atteintes, ont quelque chance, en s'interposant, de faire mieux, dans le sens et la poursuite du progrès humain. Voilà pourquoi, de nos jours, ce qu'on appelle le péril socialiste est moins à craindre qu'on ne croit. On ne change pas ainsi, en un tour de main, le régime et l'esprit d'une société séculaire ;

et parmi les socialistes eux-mêmes, il y en a qui le savent bien. Quand l'un d'entre eux vous objectera : « Nous demandons le plus pour avoir le moins, » dites-vous que celui-là est un socialiste intelligent.

***

Dans les circonstances connues les plus menaçantes pour l'avenir et les progrès de la civilisation, il convient, les yeux fixés ici sur le présent, d'insister sur celles-ci : 1° la matérialisation des goûts, des mœurs et des esprits, qui ne laisse dans l'homme d'autre idéal plus élevé que le bien-être physique et l'éclat mondain. L'argent qui procure ce bien-être et satisfait à ces appétits, on l'a appelé avec raison le roi du jour ; ne viser qu'à faire une grosse fortune, ou la prodiguer en plaisirs qui dévorent les jours, comme on dévore l'espace en bicyclette ou en automobile, voilà ce que c'est que vivre au goût de beaucoup de gens de notre époque ; 2° les prodigalités qui, dans cette poussée à jouir, usent la richesse générale en dépenses improductives, et de telle sorte que les charges publiques grossissent partout de plus en plus ; 3° l'excès de population qui, dans certains centres, ajoute tous les jours aux difficultés de la vie par la concurrence qu'elle fait naître dans la lutte générale. « Il ne s'agit pas de naître, écrivait naguère un économiniste français, MM. Block, mais de vivre, et la place est limitée. » L'opinion de quelques savants, de M. H. Spencer entre autres, est qu'à mesure que l'homme approche du plus haut degré de civilisation la faculté de reproduction baisse et s'arrête ; et, s'il en est ainsi, on peut penser que plus le progrès humain se fera, plus diminuera la lutte pour l'existence qui résulte d'un excès de population ; 4o la guerre et les armements ruineux : on ne semble regretter aujourd'hui un ralentissement dans la population qu'en vue des armées et de la domination par la force : plus on a de soldats à exposer sur un champ de bataille, mieux, paraît-il, cela vaut ; funèbre prévision ! L'Europe tient aujourd'hui sous les armes quatre à cinq millions de soldats, et dépense chaque année des milliards pour ses armements et ses armées de terre et de mer. En attendant qu'on s'en serve pour une guerre rapprochée, on les utilise en s'appropriant des territoires chez les nations lointaines, lorsqu'on y voit quelque intérêt commercial ou des trésors à recueillir ; il est de ces cas que l'histoire ne se gênera pas pour les appeler de purs brigandages. Une guerre maritime de l'Europe continentale contre ce qu'on appelle aujourd'hui l'impérialisme des races anglo-saxonnes coalisées serait une ruine pour les affaires générales ; et c'est peut-être l'éventualité la plus menaçante pour l'avenir de la civilisation ; 5o l'accumulation des richesses en quelques mains, voilà un autre péril de l'époque. De nos jours, si les milliardaires américains s'entendaient pour former un trust colossal, ils pourraient ruiner le reste du monde ; 6° autant d'atouts dans le jeu du socialisme révolutionnaire et collectiviste, qui ne manquera pas de tirer parti de tous ces faits, si la sagesse et l'expérience des peuples ou des gouvernements ne s'appliquent à en arrêter les conséquences. S'il y a un bon socialisme, protecteur sincère et intelligent de la classe ouvrière et en général des déshérités de ce monde, et si ce socialisme se croit destiné à reprendre à l'avenir le rôle qui appartint à la bourgeoisie il y a un siècle contre les privilégiés de l'ancien régime, et à achever sa tâche conformément aux idées et aux lumières de notre époque, il échouera lui-même dans ses tentatives s'il ne parvient pas, par une instruction et une éducation appropriées, à réprimer chez ses protégés des tendances aveugles en opposition avec la force et la marche naturelle des choses, ou à chasser des mœurs abrutissantes et sauvages : au Nord, l'alcoolisme et ses excès, au Midi, le brigandage et l'anarchisme.

PAGES DÉTACHÉES

PAGES DÉTACHÉES

I

IMPRESSIONS ET NOTES SUR NOTRE TEMPS

Le travail et la vie active de nos jours. — La bonne fée qui préside à la naissance des humains et visite leur berceau ne saurait mieux contribuer à leur bonheur futur que par un don auquel on ne pense pas toujours, auquel même on ne pense guère, c'est celui de l'amour et du goût du travail. Le travail, en effet, est une condition nécessaire de toute société civilisée, un travail quelconque ou du corps ou de l'esprit, imposé ou volontaire ; c'est souvent une nécessité de situation, et c'est aussi une ressource contre le poids du temps ou les dépérissements de l'ennui. Etes-vous né tel que mouvoir vos membres ou appliquer sérieusement votre esprit à quelque chose soit une peine pour vous, la nature de votre tempérament va-t-elle à la paresse et à l'apathie, même pour les plaisirs légitimes où il faut payer de sa personne? Dans quelle infériorité ne vous trouverez-vous pas à l'égard d'autres mieux doués que vous ! Une bonne éducation pourra sans doute réparer le mal en partie, mais jamais entièrement ; l'être auquel la bonne fée aura refusé l'amour du travail verra toujours un sacrifice pénible et imposé dans une occupation régulière qui sera, pour d'autres, une jouissance en même temps qu'une ressource ; il fera plus mal comme il fera plus péniblement. N'est-il dès lors pas vrai de dire que le goût du travail est l'un des dons qui importe le plus au bonheur de l'homme ? Tandis qu'aux uns l'oisiveté est à charge, on ne peut pas dire qu'elle soit pour les autres une jouissance, mais plutôt une façon de se sentir moins vivre.

La vie de nos jours est essentiellement active ; à cet égard et à bien d'autres encore, elle est tout autre qu'autrefois ; les changements dans les rapports sociaux, les progrès et les nécessités d'un siècle industriel, le rapprochement des distances et la facilité des communications, voilà surtout ce qui a produit cette transformation. La vie tend à s'uniformiser d'un bout à l'autre du monde, et l'on devient un peu citoyen de partout, en fait ou en idées. En général, l'existence de nos pères se passait en famille ou dans la localité où ils étaient nés ; ils en aimaient les usages et les traditions ; ainsi confinée, la vie avait un caractère d'intimité, non dépourvue de charme, que la nôtre a perdu. Avec cela, l'originalité des mœurs a disparu : la province aujourd'hui ressemble de plus en plus à la capitale, la campagne à la ville. Partout, de nos jours, la vie a plus d'ampleur, de mouvement, et tout ensemble d'importance et de dissipation. A certains égards, nos devanciers n'étaient peut-être pas les moins heureux ; ils trouvaient dans leur petit cercle, et au milieu de mœurs plus simples, un contentement intérieur qui, croyons-nous, nous manque davantage aujourd'hui. Mais, sous d'autres rapports, la vie moderne offre bien des compensations : elle a singulièrement agrandi la sphère des idées et ajouté au bien-être matériel ; elle est mieux ordonnée, mieux entendue. Un moderne, en général, ne vit pas plus satisfait de son sort qu'un ancien, mais sa vie est plus complète et d'un ordre plus élevé. Or, notre destinée, c'est surtout le progrès et le développement de toutes nos facultés. Peut-être un jour, plus expérimentés, ressaisirons-nous quelque chose de ce qui nous échappe aujourd'hui dans le grand courant qui nous entraîne, quelque chose de la vie du cœur, de l'âme et de la nature.

***

Non, cette fièvre d'activité physique qui emporte le monde moderne ne doit pas sans doute être considérée comme constituant un état définitif de la société ; ce serait trop en dehors des conditions de la nature humaine; matériellement parlant, peu de choses sont nécessaires à l'homme pour vivre; et pourtant, esclave du travail et des affaires, poussé par mille besoins qu'il se crée, il s'agite du matin au soir dans des inquiétudes continuelles; et lorsqu'il a ainsi travaillé toute la vie, avide de biens comme s'il ne devait jamais mourir, accumulant des richesses dont il ne jouira pas, il s'éteint un jour au milieu de projets nouveaux, il n'emporte rien, il n'achève rien, il est bientôt oublié. Lorsqu'on songe à cet étrange état de choses qui est un des aspects de la civilisation moderne, un doute s'empare de notre esprit, et nous nous demandons si l'homme n'est pas ici dupe de lui-même; ô folie du travail! est-on tenté de s'écrier.

Quoi qu'il en soit, partout où le levain du progrès agit sur la société, une force irrésistible entraîne les hommes dans ce mouvement où ils se complaisent et où ils se sentent vivre. Ils accomplissent donc, à leur insu, quelque dessein secret de la providence : où l'individu croit travailler pour lui-même, il travaille plutôt pour l'espèce; il applique toutes les forces de son corps et de son esprit à augmenter le patrimoine commun et le bien-être de l'ensemble. Voilà, sans doute, la vraie signification du mouvement de notre époque. L'intérêt personnel ou celui de nos proches, certains plaisirs de l'activité, des désirs inassouvis et sans cesse renaissants, tels sont les ressorts secrets qui agissent en nous pour produire ce mouvement. Sans ces mobiles qui poussent l'homme moderne, sans cette avidité ambitieuse qui le travaille et le tient en action, il vivrait moins agité et, semble-t-il, plus content et plus heureux; mais une puissance à laquelle il obéit à son insu l'empêche de s'arrêter dans un repos funeste à son développement, pour l'élever à un sort meilleur et plus digne de lui.

Il y a encore des gens qui se demandent ce qu'a valu à l'homme moderne cette recherche du mieux qui l'obsède; il y en a même qui regrettent le passé et son état social plus accidenté, et ses mœurs plus caractérisées ou moins uniformes. Oui, la vie civilisée est dépourvue de ces contrastes et de ces émotions qui se produisent dans une société plus jeune, et qui satisfont un certain côté romanesque ou aventureux de notre esprit. Le vrai, c'est qu'avec l'âge mûr commence la vie sérieuse et utile; il y a d'ailleurs dans une existence réglée et laborieuse, pour compenser ce qu'elle a parfois d'aride, des jouissances dont n'ont aucune idée les sociétés oisives et frivoles.

Chez tous les peuples, les religions et les livres saints ont considéré le travail comme une peine : « Tu cultiveras la terre à la sueur de ton front. » Parfois même, comme chez les Hindous, le travail est déclaré avilissant et la paresse érigée en principe religieux. Quelle révolution s'est opérée dans les esprits! Oui, le travail est un esclavage, oui, le travail qui tue le corps, l'âme et l'esprit, reste un horrible fardeau; mais on reconnaît aujourd'hui, parce que l'expérience a mis cette vérité hors de doute, qu'un but à atteindre qui maintient le goût à une activité constante est une des principales sources de bonheur. Pour l'homme qui a l'habitude du travail, c'est au contraire l'oisiveté qui est une peine; voulez-vous voir des gens offrant l'air du plus parfait contentement? Regardez les personnes constamment occupées, qui font honnêtement leurs affaires.

Il y a deux sortes de malheureux : ceux qui passent leur vie à trouver le temps long, et ceux qui, pour la gagner, sont condamnés à un travail d'esclave. Rien ne pousse les premiers à sortir d'une inaction qu'accompagne l'ennui, ni la nécessité, ni les devoirs de leur charge, ni un désir quelconque en dehors des plaisirs vulgaires. Quant aux seconds, forcés à un travail sans paix ni trêve, uniquement pour gagner leur pain de chaque jour, lequel leur manquera quand ils seront vieux, ils voient se convertir en pénible fardeau ce qui, sous d'autres conditions et dans une meilleure mesure, entretient la santé du corps et de l'âme.

* * *

Voulez-vous devenir habile dans les choses et y faire des merveilles? Soyez contraint par état ou par les circonstances à une action continue, d'esprit comme de corps, nulle perte de temps. Ici, l'habitude et l'expérience portent des fruits merveilleux; les exemples en cela ne sont pas rares, ils sont même vulgaires, comme le savent très bien ceux qui ont eu l'occasion d'observer le monde dans ses centres les plus actifs; et cette activité, si elle a pour objet un travail mesuré qui plaît et intéresse, c'est la vie, et elle contribue au bonheur. Rien de plus maladroit, au contraire, que les gens inoccupés et inexercés, que n'aiguillonnent ni la contrainte, ni le goût, ni l'intérêt : gaucherie, mollesse, ennui, voilà ce qui prend la place de l'esprit alerte et de la main habile.

* * *

« L'ordre social actuel crée d'une part des oisifs, de l'autre des surmenés et donne pour idéal aux surmenés l'état des oisifs. »

(M. Guyau.)

La vie du grand monde n'est vraiment qu'une lutte désespérée contre l'ennui; celle du peuple une lutte contre la misère... Heureuse classe moyenne ! »

(Schopenhauer.)

***

Quand on voit tout le monde travailler on se résigne facilement à la gêne, et c'est même avec un certain plaisir que l'on accepte de travailler avec les autres. Ce qui déplaît et dégoûte les plus occupés, c'est de devoir rester à la tâche, quand les autres sont au plaisir ; il faut dans ce cas, et pour ne pas y voir un grief, certains goûts et certaine raison qu'en général l'éducation que reçoit l'ouvrier de nos jours ne lui donnent pas.

PENSÉES DIVERSES

La vie active et régulière, si elle fait le bonheur des civilisés, est antipathique à l'homme primitif ; ce n'est pas seulement l'amour de la paresse qui y fait obstacle, comme chez le nègre, mais c'est aussi l'amour de la liberté ; ainsi la vie régulière déplaît à l'homme des tribus errantes ; il faut à celui-ci le plein air et l'espace sans limites, c'est dans ses instincts, comme chez les animaux non domestiqués. Pour l'homme primitif, l'ordre civilisé est en quelque sorte un état contre nature, et l'on pourrait ajouter que l'amour de la liberté nous vient de l'être sauvage dont nous sommes les rejetons. Est-à dire que plus l'homme aime la liberté, moins il paraît civilisé ? Non ; mais cela veut dire que la civilisation est le fruit non de son amour pour la liberté, mais du développement de sa raison.

Plus l'humanité se civilise, mieux elle apprécie les bienfaits de la liberté : est-ce vrai ? — Voici un autre aphorisme tout aussi absolu : il n'y a de civilisation possible que par l'autorité des meilleurs et des plus capables : est-ce moins vrai ? — Dès lors, la liberté serait un but et une fin, plutôt qu'un moyen ou un chemin qui conduit à l'idéal du civilisé.

Il n'y a pas à dire, l'Allemagne doit sa grandeur et sa prospérité actuelles à l'esprit discipliné de la Prusse, tout autant qu'à ses écoles et au génie de quelques-uns de ses chefs.

Dans l'agitation des démocraties de notre temps, l'on ne pourrait dire si le peu d'ordre qui finit par l'emporter n'est pas encore moins dû à l'intervention des sages et des expérimentés qu'aux réactions provoquées dans l'opinion publique par les folies et les excitations des idiots et des exaltés, qui entraînent les foules aveugles et exposent la société aux catastrophes.

L'on pourrait dire que la raison de toutes les agitations de notre époque, c'est de faire vivre ceux qui ont faim par l'intervention de ceux qui cherchent des places.

« L'homme est ainsi fait, dit Lamartine : nul n'est plus porté à abuser de son droit que celui qui vient à peine de le conquérir ; il n'y a pas de pires tyrans que les esclaves, ni d'hommes plus superbes que les parvenus. » Et Thiers dit à peu près dans le même sens : « Les hommes peu cultivés sont peu généreux, et chez eux la grandeur n'est pas pardonnée aussitôt qu'elle est abattue. » C'est qu'il existe des gens qui ne sont à peu près bons qu'autant que le sort reste pour eux rigoureux et que durent les mauvais jours ; dès que l'horizon s'éclaircit et que la prospérité succède à la misère, ils sont comme ivres et deviennent durs et mauvais ; ceux-là sont nés pour être domptés par la souffrance. Il en est d'autres, au contraire, que la souffrance irrite, et qui ne deviennent meilleurs qu'en touchant au bien-être ; ce ne sont ni les moins bien doués, ni les moins intelligents ; mais ce sont aussi les moins résignés aux maux inévitables, parce que l'injustice les révolte.

Le pessimisme de nos jours ne vient-il pas précisément des progrès du bien-être et des satisfactions du temps présent ? En voyant ce qui se passe, en consultant l'histoire, on est tenté de le croire ; plus nous avons, plus il nous manque, dirait-on. « Il semble que, dans l'extrême misère, dit Augustin Thierry, le besoin d'être mieux agisse moins violemment sur nous que dans une condition déjà supportable. » Oui, dans l'extrême misère, la résignation est là ; dès que le mieux se prononce et que la misère fait place à l'aisance, on commence à vouloir davantage ; mais il existe des limites, et la satiété vient vite ; on est alors tenté de se croire plus misérable qu'avant, avec la résignation en moins. C'est ainsi bien souvent que peut s'expliquer le pessimisme de notre temps. « On n'a peut-être pas tenu assez de compte de la douilletterie engendrée par les rapides progrès de la civilisation matérielle : le spectacle de tant d'inventions commodes et bienfaisantes a rendu les hommes exigeants, et ils trouvent dur et injuste d'éprouver encore des gênes et des souffrances [1]. » Voilà ce qu'écrivait naguère un collaborateur de la *Revue Bleue*, et nous croyons cette considération très juste.

« La vie véritablement digne de nos hautes destinées est celle du citoyen d'Athènes contemporain de Socrate, s'occupant de philosophie, d'art et de

1. Arvède Barine.

la chose publique, à condition toutefois que la moitié de la journée soit consacrée à un travail productif. »

(E. de Laveleye)

« Aujourd'hui, toute l'attention et toutes les faveurs sont pour l'industrie manufacturière; c'est à tort; s'il importe plus de faire des hommes heureux et bien portants que produire sans cesse davantage, c'est l'agriculture qui mérite toutes les préférences. »

(Le même.)

Les nouveaux hommes de notre temps sont comme les nouvelles machines : plus ingénieux, moins simples, et plus sujets à dérangements.

Les femmes du monde et des salons ne peuvent être que des *femmes de luxe*, et non des mères de famille; elles sont bien *trop distinguées* pour cela. Pour concevoir des enfants, les porter, les nourrir, et les élever, il faut un peu moins de délicatesse et d'idéal, et la vie de famille a sa part de réalisme. On finirait — on finira peut-être un jour — par ne plus vouloir avoir des enfants; il faudra les faire faire par les gens du commun. Il y a des choses qui sont dans la nature, et que les personnes de bon ton sont portées à regarder comme viles et grossières; la nature! elles sont au-dessus d'elle.

« La société, la providence peut-être, n'a permis qu'un seul bonheur aux femmes, l'amour dans le mariage » : voilà ce qu'à dit Mme de Staël. S'il en est ainsi, on peut ajouter que jamais la femme n'a été moins heureuse que de nos jours, car jamais il n'a été fait plus d'efforts pour l'émanciper, et jamais l'amour ne s'est affranchi davantage des liens du mariage; et pourtant on veut encore lui enlever la religion, qui souvent reste son seul refuge. Mais peut-être parviendra-t-on un jour à changer le sort de la femme en l'associant à tous les droits et charges des hommes : seulement alors, qu'on y songe, la femme n'existera plus.

La religion est nécessaire aux femmes pour les rendre respectables; mais gardons-nous d'entendre par là les mollesses du mysticisme. La Réforme a bien compris qu'il y avait encore une autre prépation au mariage que le couvent : « Chez presque toutes les nations protestantes, a dit Tocqueville, les jeunes filles sont infiniment plus maîtresses de leurs actions que chez les peuples catholiques ; » et il ajoute qu'aux Etats-Unis, de son temps, elles étaient d'autant meilleures épouses, uniquement attachées aux devoirs de la famille.

« La justice est plutôt une vertu virile, la pitié une vertu de la femme. La pensée de voir les femmes remplir le rôle de magistrats fait éclater de rire ; mais les sœurs de charité valent mieux que les frères. »

(SCHOPENHAUER.)

L'impunité des crimes, de même que l'insuffisance de la loi, peuvent être le résultat non seulement d'une incurie barbare ou d'un excès d'indulgence systématique, mais encore de la privation d'une faculté qui s'éteint dans le cœur humain et dans la société aux époques d'égoïsme, la faculté de s'indigner. On a beau dire, le cœur des bons souffre seul du mal dont ils ne sont pas eux-mêmes les victimes ; eux seuls s'indignent ; les autres restent indifférents. C'est mauvais signe pour les peuples, comme pour les individus, que de perdre la faculté de s'indigner ; les crimes des Césars laissaient froids les Romains de la décadence. Faire tout à la fois la part à l'humanité et à l'indignation dans une justice qui protège, voilà la vraie civilisation.

Deux doctrines, de nos jours, se disputent la civilisation des peuples : sur le drapeau de l'une sont incrits les mots : *Pitié pour les faibles et les malheureux;* sur celui de l'autre on lit ceux-ci : *Appui à ceux-là seuls qui sont bien doués*. Cette dernière proposition est, paraît-il, plus conforme aux lumières de la science moderne; elle conduit aux bienfaits de la *sélection naturelle*, grâce à laquelle les forts seuls doivent survivre; elle est impitoyable parce que les lois de la nature le sont. Herbert Spencer, en critiquant les abus de la charité, dit ceci : « On ne peut faire un plus triste cadeau à la postérité que de l'encombrer d'un nombre toujours croissant d'imbéciles, de paresseux et de criminels. » Il a raison en partie; mais les malheureux, qui n'ont rien à se reprocher ? Qu'une telle doctrine soit plus favorable à certain progrès social, ce n'est peut-être pas contestable; mais elle laisse d'autre part chez ceux qui l'appliquent un mauvais levain qui corrompt jusqu'à la civilisation elle-même dans ses rapports moraux, et que l'école de la pitié n'engendre point. Celle-ci est la pure doctrine évangélique : elle obéit aux bonnes aspirations du cœur et aux hautes tendances de l'âme humaine; elle atteint le même but par un chemin plus long peut-être, mais elle n'est pas en danger de sombrer en route, et l'arbre ne risque pas de porter de mauvais fruits.

⁂

La guerre, dont notre temps n'a pu encore s'affranchir, c'est l'application de la loi du plus fort, contraire à la loi de justice et d'humanité ; elle est parfois nécessaire et légitime ; elle est barbare lorsqu'elle dit que la force prime le droit. Le goût de la guerre est l'un des signes les moins contestables de la barbarie des peuples aux temps primitifs ; il se confond avec le goût du sang et des ruines, du désordre et de la paresse, tout ce qui maintient l'homme à l'état d'infériorité sociale. L'histoire du passé le plus lointain n'est guère que l'histoire des luttes sanglantes entre les hommes ; toute la gloire est alors tournée vers le succès des champs de bataille ; le plus noble but de la vie semble être de se l'arracher les uns aux autres ; tel était même l'esprit de certaines religions, comme le culte d'Odin et des peuples du Nord européen : là, la pitié et l'humanité étaient des crimes punis par les lois divines. La guerre était alors comme l'état habituel et régulier des peuples ; même à l'époque romaine, jusqu'à Auguste, soit sur un espace de plus de sept cents ans, le temple de Janus n'avait été fermé que deux fois, c'est-à-dire que les Romains de la république n'avaient cessé d'être en guerre que pendant deux courts espaces de temps. Cela a duré jusqu'aux abords des temps modernes, presque jusqu'à nous, quoique avec des caractères de moins en moins barbares. La guerre reste encore une plaie de notre époque, mais quoique le goût n'en soit plus au cœur des peuples civilisés, elle est une conséquence de l'anarchie internationale.

« Le plus auguste des titres que Dieu se donne à lui-même, n'est-ce pas celui de *Dieu des armées?* » se demande Mascaron dans l'oraison funèbre de Turenne. Non ; grâce aux progrès des lumières et au développement d'un sentiment plus chrétien, on croit de nos jours que le titre de *Dieu de paix* est celui qui convient le mieux à l'Etre suprême, et c'est sous ce nom que les hommes aiment à le prier.

« Combien y a-t-il de scélérats qu'on punirait pendant la paix, et dont on a besoin de récompenser l'audace dans les désordres de la guerre ! »

(FÉNELON.)

« Je ne veux pas médire de la guerre, dit de Tocqueville ; la guerre grandit toujours la pensée d'un peuple et lui élève le cœur. » Peut-être. « Une grande armée au sein d'un peuple démocratique, dit-il ailleurs, sera toujours un grand péril. » Ceci est plus certain.

***

L'on sait que les guerres les plus cruelles et les plus *impies* ont été les guerres de religion, et dont le fanatisme fut le mobile. Le fanatisme, cette passion des croyants, qui vaut encore un peu moins que les autres passions, baisse à mesure que s'élève l'idéal d'une époque. Il faut heureusement descendre aujourd'hui jusqu'au peuple le plus étranger à la civilisation chrétienne, pour la retrouver dans toute son horreur : chez les Musulmans, l'on massacre encore au nom d'Allah !

Statique et dynamique sociales. — Une société en repos n'en sort que si elle y est contrainte ; une société en mouvement ne s'arrête que devant la force : statique et dynamique ; la statique, vieillesse qui mène à la mort ; la dynamique, folie où se perd la jeunesse ; c'est là l'image de l'inertie de la matière : il faut des moteurs externes.

Le progrès jusqu'à nous n'a guère pu s'opérer que par la violence ; c'est que jusqu'à nous le progrès, qui est le mouvement, et le mouvement intelligent, a eu affaire, d'une part, au préjugé, qui est l'immobilité même, et, d'autre part, aux passions sauvages et aveugles. A mesure que les obstacles disparaissent, grâce à l'action d'une éducation et d'une instruction complétées par l'expérience, le progrès doit nécessairement perdre sa violence, comme un fleuve qui coule plus paisible sur une arène plus unie.

***

Quand, du doigt, vous attirez à gauche le pendule d'une horloge, en le faisant dévier de son parcours normal, vous le voyez ensuite retomber à droite et s'écarter en sens contraire d'un même nombre de degrés, jusqu'à ce que les oscillations aient enfin repris leur équilibre; malgré ses écarts, le cadran n'en a pas moins continué à marquer l'heure : voilà l'image de la marche générale du progrès politique et social ; le temps poursuit sa course en dépit des perturbations possibles, et chaque chose arrive quand son heure a sonné.

LES ÉCOLES ET LES PROFESSEURS

Si ce n'étaient notre paresse et notre dissipation naturelles, on pourrait dire aujourd'hui que les livres remplaceraient avantageusement les professeurs dans plus d'une branche. « Aujourd'hui, dit Buchner, on peut presque tout apprendre dans les livres et même mieux que par les leçons orales des professeurs. » Cela n'est guère admissible pour les sciences exactes et expérimentales, les sciences physiques et naturelles, pour lesquelles le concours du professeur et de ses explications est souvent indispensable ou utile. Mais cela est très vrai, pourvu qu'on ait affaire à des esprits de bonne volonté, s'il s'agit de sciences morales, philosophiques, historiques, ou littéraires; là, le savant est tout au plus utile pour donner, le cas échéant, des éclaircissements sur certains points qui peuvent encore embarrasser le lecteur ou laisser des doutes dans son esprit. Mais, bien entendu, il faut avoir en mains des livres bien faits. Moyennant cela, le professeur ne sert vraiment le plus souvent que pour forcer des élèves dissipés ou paresseux à étudier. Il y a surtout des branches où l'intervention d'un professeur est bien inutile : l'histoire, par exemple, où le livre remplace si avantageusement la leçon orale.

Si l'on croit encore que c'est par la chaire indistinctement que la science peut le mieux se donner, c'est là une conséquence de la tradition. Cela s'explique par la raison très naturelle qu'autrefois, avant l'imprimerie notamment, les livres étaient très rares ou mêmes n'existaient pas; ce qui rendait l'enseignement oral indispensable. Plus tard, il a fallu encore un certain temps pour qu'il se produisît des études écrites pouvant remplacer les professeurs, et ceux-ci ont continué à enseigner. Ce n'est que de nos jours, dans plus d'un cas, qu'ils pourraient être remplacés par de bons livres ; mais l'habitude est prise et ils en bénéficient.

Qui n'a assisté à ces cours publics qui se donnent à Paris, à la Sorbonne, au Collège de France et ailleurs ! Entrez; vous aviez cru y rencontrer des étudiants qui prennent des notes ; mais où sont-ils? Vous ne voyez que de vieux messieurs, des dames, même des déguenillés qui viennent là pour trouver un refuge contre le froid en hiver et qui s'y endorment; car notez que ces cours sont entièrement publics. Si ce n'est plus tout à fait ainsi que les choses se passent aujourd'hui et depuis des réformes récentes, c'est du moins ce qui s'est fait pendant longtemps et ce qui existait naguère encore. « Qui n'a vu à la Sorbonne, dit M. Liard, ces auditeurs permanents, ces *constantes*, comme on les appelait, qui passaient avec une suprême indifférence d'un cours de littérature à un cours de théologie, d'un cours de théologie à une leçon de physique, cherchant d'une faculté à l'autre un lieu couvert et chaud. » « Dans nos facultés, dit aussi M. Alb. Duruy, le public est complètement disparate et varie suivant les saisons et la température; pour un élève on compterait bien dix passants aux cours les plus suivis de la Sorbonne ou du Collège de France; les dames mêmes y sont admises, et ne laissent pas que d'ajouter à la difficulté de la tâche imposée par l'usage à nos professeurs. Un pareil auditoire serait nécessairement rebuté par l'aridité d'exercices purement scientifiques. Pour le retenir et l'intéresser, nos maîtres sont obligés de sacrifier beaucoup à la forme ; c'est presque une nécessité pour eux de donner à leurs leçons un tour élégant et spirituel; quelques-uns cultivent la grande éloquence et s'y montrent les dignes successeurs des Saint-Marc Girardin et des Cousin. » Ce sont là des conférences intéressantes, sans doute, mais sont-ce donc des cours d'enseignement scolaire ?

***

Tout autre est l'enseignement dans les universités allemandes, pour ne parler que de celles-là. « Dans les universités allemandes, dit encore M. Duruy, il est rare qu'un professeur obtienne et cherche le succès avec de grandes leçons d'apparat qui sont dans nos mœurs universitaires ; sauf de très rares exceptions, l'enseignement y consiste en dissertations d'un caractère tout didactique, où le souci de la forme et de l'art ne se fait jamais sentir; les maîtres ne s'adressent pas comme chez nous, à des auditeurs de passage; ils n'ont en face d'eux que des élèves venus pour s'instruire et non pour chercher un passe-temps. » En Allemagne, les professeurs en général lisent leur cours et les étudiants prennent des notes. « Des professeurs qui ont leurs cahiers tout faits, et des étudiants qui font les leurs, voilà un cours d'université allemande, » dit un autre écrivain français, M. Fustel de Coulanges. Méthode sèche et sans vie peut-être, quelque bon que puisse être l'enseignement, mais qui prouve, encore mieux qu'en France, que si les professeurs distribuaient leurs cours sous forme de bons livres on pourrait se passer de les entendre.

LE PROGRÈS PAR L'ASSOCIATION

Le progrès par l'association privée est peut-être la méthode de l'avenir. Dans les vieilles sociétés, où les préjugés sont invétérés, où les traditions sont toutes-puissantes, où les abus résultant des intérêts acquis sont presque invincibles, l'association privée semble le meilleur moyen pratique d'arriver, sans lutte, à une réforme dans les mœurs, dans les croyances, dans les institutions, dans les méthodes, enfin dans tous les actes et toutes les pratiques de la vie. Prétendre réussir en prenant un peuple tout entier pour objet d'expérience, à coups de lois et de décrets, en dépit des mœurs et des idées reçues, ça été l'utopie de novateurs systématiques ou de réformateurs trop confiants ; il faut, au début, agir sur une sphère moins vaste. On comprend de nos jours l'utilité d'associer ses efforts en vue d'un but particulier et défini : témoins les associations financières, les associations scientifiques, les associations philanthropiques et charitables, les associations industrielles et commerciales, les associations mutuelles, les associations ouvrières et les syndicats. Mais les associations privées peuvent encore avoir un objet plus étendu et plus général et être des essais, sur une petite échelle, de sociétés nouvelles dans la grande société commune et sans entrer en hostilité avec elle ; on pourrait même ici invoquer quelques exemples dans le passé, si ces tentatives n'avaient été si mal conçues. Au sein d'une société aussi divisée que la nôtre, il y aurait là peut-être un moyen d'appeler à la liberté et de faire adopter définitivement et pacifiquement des idées qui restent aujourd'hui impuissantes et se combattent les unes les autres ; pour en arriver là, l'association privée semble le vrai point de départ. Entreprendre ou imposer un changement radical de l'ordre social en prenant pour champ d'expérience une nation tout entière, c'est comme si l'on voulait transformer jusque dans ses fondements un vieil édifice sans le démolir.

II

EXTRAITS ET FAITS D'HISTOIRE COMPARÉE

Sur l'histoire. — Lire l'histoire c'est voyager dans le temps, tout comme d'autres voyagent dans l'espace.

Qu'on se représente un pauvre villageois qui n'a jamais quitté son clocher, sinon pour aller de temps en temps au chef-lieu de sa province ou de son département ; qui, à vrai dire, n'a aucune idée de ce qui existe ou de ce qui se passe ailleurs, parce qu'il vit uniquement préoccupé de ses champs ou du petit monde qui l'entoure et qui lui fournit déjà bien assez de choses à observer : dans quel étonnement ne jetterait-on pas cet honnête villageois si on lui disait : « Mon ami, ce que vous connaissez de votre pays n'en est qu'une bien petite partie ; il comprend encore d'autres provinces tout aussi étendues, avec des milliers d'autres villages et plusieurs grandes villes. Et pourtant ce pays, si grand qu'il vous paraisse, ne forme qu'un coin de l'Europe, qui comprend beaucoup d'autres Etats, tout aussi peuplés que le vôtre, où les hommes vivent sous d'autres lois, parlent une autre langue, professent une autre religion, admettent d'autres usages, et où l'aspect des champs n'est plus le même, où les produits de la terre sont différents. » — « L'Europe, dirait-il, c'est donc le monde ? » — « Non, l'Europe n'est qu'une petite partie du monde ; la terre comprend d'autres contrées plus vastes encore, également habitées par des millions d'êtres humains, dont beaucoup diffèrent de vous et de moi non seulement par les mœurs et la façon de vivre, mais en outre par l'aspect extérieur, tout autrement vêtus ou même pas vêtus du tout, avec des traits différents et une peau d'une autre couleur, quelques-uns ressemblant plus à des singes qu'à des hommes, vivant plutôt comme des bêtes que comme des créatures de Dieu ; et tout ce monde-là s'étend à des milliers de lieues autour de nous, ou sous nos pieds, séparé de nous par l'épaisseur de la boule que forme la terre, ici sous un ciel brûlant qui n'a pas d'hiver, là au milieu de glaces et d'une nuit presque ininterrompue. » — Voilà donc ce village, avec ses alentours, à deux ou trois lieues à la ronde, qui était pour notre honnête villageois tout le monde, et qui ne se trouve en réalité qu'un point imperceptible de son pays ! Et ce pays qu'il s'imaginait immense, et qui n'occupe lui-même qu'une toute petite place sur la surface de la terre ! Tout cela change le cours et l'horizon de ses idées.

Eh bien, ainsi en est-il pour celui qui ne connaissait rien du passé de l'humanité et que l'histoire vient tout à coup tirer de son ignorance.

***

On ne peut assez dire que la plus grande place dans l'éducation des esprits doit être faite à l'étude de l'histoire et de la marche progressive de l'humanité. Un cours d'histoire bien donné et bien compris, un livre d'histoire bien fait, c'est une vraie leçon de philosophie pratique et de sagesse. Suivez la filiation des choses et des idées dans l'histoire de l'humanité, et vous aurez l'explication de presque tout ce qu'il importe de savoir. S'il existe encore tant d'ignorance et tant d'erreurs dans les esprits, c'est la plupart du temps parce que l'on ne connaît pas ou qu'on connaît mal le passé, les événements et l'état des sociétés qui nous ont précédés, leur marche et leurs transformations, leur point de départ et leur point d'arrivée; c'est aussi parce que l'histoire, dans l'enseignement et les livres, n'a été longtemps qu'une exposition incomplète et partiale des faits, sinon une ennuyeuse revue de noms et de dates. Mais voulez-vous, par exemple, vous guérir des injustices que l'on commet trop souvent envers son temps? Prenez un livre d'histoire qui dise sincèrement les choses comme elles se passaient chez les anciens ou à deux ou trois siècles de nous, sans ajouter ni retrancher, qui peigne une époque au vrai, sans forcer ni adoucir le ton; lisez, et vous ne tarderez pas à être guéri de vos idées sur les malheurs du temps et de la perversion du siècle.

⁂

Histoire, astronomie ! On pourrait réduire toute philosophie à ces deux branches de la connaissance humaine : l'une, l'histoire, qui nous fait connaître l'humanité, ses débuts, ses progrès, la suite de ses idées et le développement de ses institutions, tout comme les événements remarquables qui ont laissé souvenir chez les peuples ; l'autre, l'astronomie, qui nous découvre l'univers dans sa représentation la plus grandiose, et qui nous laisse des choses l'idée la plus haute et la plus saisissante. L'histoire nous fait mieux apprécier le présent par le passé, en nous servant de guide pour l'avenir ; l'astronomie nous donne la mesure des choses de la terre, qui souvent nous apparaissent si grandes et qui sont en réalité si petites. Par l'histoire nous recevons des indications pour la vie positive, c'est l'empire du fini ; par la connaissance des cieux et des mondes qui les peuplent, nous nous élevons vers l'infini qui agrandit notre âme [1].

Selon l'historien Carlyle, « l'histoire de ce que l'homme a fait dans le monde est, en somme, l'his-

1. « L'astronomie a posé les fondements de la philosophie de l'avenir. » (C. Flammarion). Si l'histoire rend sceptique sur les petites vérités, elle confirme les grandes.

toire des grands hommes... l'âme de l'histoire du monde c'est leur histoire. » C'est aux grands hommes en effet, c'est aux grands esprits, c'est aux grands cœurs, que le monde doit la plupart du temps rapporter ses progrès. L'humanité est une plante qui appelle la culture; les grands hommes sont les ouvriers de génie qui l'ont arrosée, qui l'ont émondée, et qui d'un sauvageon en ont fait un arbre vigoureux, destiné à s'élever et à s'étendre encore. Il n'en est pas moins vrai que, dans cette plante, existait déjà le germe de ses propres progrès; les mains qui l'ont soignée n'ont fait qu'aider à ses développements; seulement, il n'est pas sûr que sans elles ce germe n'eût tardé davantage à produire son effet; les foules s'avisent rarement du mieux; elles se résignent au mal sans savoir par où en sortir, et il faut là quelqu'un pour apprendre aux enfants à faire autrement que leurs pères; c'est l'œuvre des esprits supérieurs, des volontés fortes et souveraines, dont l'intervention a permis à l'humanité de sortir de sa chrysalide.

Mais à mesure que l'humanité prend conscience d'elle-même, les grands hommes deviennent peut-être de moins en moins nécessaires. « De notre temps, comme au seizième siècle, dit l'Allemand Gervinus, ce sont les peuples eux-mêmes qui s'ébranlent en masse; la catégorie prédominante des esprits supérieurement doués a décru, mais le nombre des esprits doués de capacités moyennes s'accroît d'autant plus. »

***

Quoi qu'il en soit, une chose qui frappe dans le spectale du passé, c'est de voir avec quelle facilité les êtres supérieurs, ou représentants une race et un ordre de choses supérieurs, s'imposent aux créatures inférieures pour les dominer. Un enfant conduit à son gré un troupeau de bœufs; une poignée de civilisés commandent à une armée de sauvages. Et quelle confiance en apparence téméraire donne le sentiment de cette supériorité! Cortès et quelques Espagnols, représentants d'une civilisation plus vigoureuse, vont conquérir un grand empire au Mexique, et le bon Montezuma, maître de plusieurs millions de sujets, se résigne à subir le joug de quatre ou cinq cents étrangers qu'il prend pour des êtres de race divine. Et de nos jours, Garibaldi et ses compagnons, quelques audacieux qui ont confiance dans le triomphe des idées modernes, partent pour renverser un royaume, et à Naples tout croule à leur approche. Quelques milliers d'Anglais suffisent encore en ce moment pour dominer deux cents millions d'Asiatiques. Ce sont là des signes bien frappants du prestige qu'exerce la prééminence des facultés supérieures sur des êtres inférieurs ou rebelles au progrès; il y a ici non seulement les ressources matérielles qui donnent la force au petit nombre, mais encore comme une puissance mystérieuse qui subordonne les petits aux grands, les moins bien doués aux êtres supérieurs à qui l'avenir appartient. Le malheur c'est que ce n'est pas toujours la force morale, ou la justice et l'humanité seules, qui assurent cet empire.

Beaucoup d'historiens de notre temps ont eu pour principe de repousser comme suspect tout ce qui leur venait de seconde main, et de ne croire qu'aux témoins ou aux acteurs des événements qu'ils racontent, et dont ils contrôlent les témoignages les uns par les autres. Voici ce que dit l'Américain Motley de cette méthode dont il désapprouve les excès : « Prodigue de mon temps et de ma pensée, je m'écartais de mon chemin pour réunir des matériaux et pour bâtir moi-même, quand j'aurais dû savoir que de plus vieux et de meilleurs architectes s'étaient déjà approprié tout ce qui valait la peine d'être conservé ; que l'édifice était bâti, la carrière épuisée, et que je me trouvais par conséquent fouillant au milieu de débris inutiles. »

En histoire comme en peinture, il ne faut pas toujours se fier aux grands talents et aux brillants artistes, pour avoir une vue fidèle et une juste idée des choses, des choses telles qu'elles existent et telles qu'elles se passent : ils y mettent trop de leur personne. Un bon peintre fera un portrait frappant de ressemblance ; un autre, doué d'un génie supérieur, négligera la ressemblance davantage pour en faire une œuvre empreinte d'un cachet plus personnel. Un historien consciencieux et intelligent, observateur attentif et éclairé, rapportera les faits dans toute leur vérité pour en donner une juste appréciation ; un autre, plus riche d'idées et d'imagination, en fera un tableau éclairé d'un jour plus particulier et plus éclatant, mais qui rendra moins fidèlement la suite des faits : la personne de l'historien, comme celle du peintre, aura passé par là.

Les mœurs des gens de guerre autrefois. — Voici ce que dit Sainte-Beuve à propos des mémoires de Sully, l'habile ministre de Henri IV, et l'un des meilleurs qu'ait eus la France : « A la guerre, plus habile et plus prudent que bien d'autres, il ne se montre pas au-dessus des mœurs de son temps. Le butin alors et le pillage étaient chose avouée et honorée comme légitime, même sur des compatriotes. A la prise de Cahors (1580), qui fut tant disputée et qui ne dura pas moins de trois jours et trois nuits à mener à fin, après qu'on eut pénétré dans la ville, le pillage fut en raison de la peine, on ne s'y épargna pas. » « Et en votre particulier, disent les secrétaires de Rosny (Sully), vous gagnâtes, par le plus grand bonheur du monde, une petite boîte de fer que nous croyons que vous avez encore, que vous baillâtes lors à l'un de nous quatre à porter, et, l'ayant ouverte, trouvâtes quatre mille écus en or dedans. »

A une première tentative de Henri IV sur Paris (1589) Rosny donne avec MM. d'Aumont et de Chatillon, du côté du faubourg Saint-Germain « où, ayant enclos entre deux troupes, dans une rue près la foire de Saint-Germain, plusieurs Parisiens, il en fut tué quatre cents en un monceau au moins de deux cents pas d'espace. Vous nous dîtes alors, écrivent les honnêtes secrétaires, dont quelqu'un sans doute lui servait d'écuyer et était près de lui en ce moment : « Je suis las de frapper et ne saurais plus tuer des gens qui ne se défendent point. » Lors l'on commença à piller; vous et huit ou dix des nôtres ne fîtes qu'entrer et sortir dans six ou sept maisons où chacun gagna quelque chose, et y eûtes par hasard quelque deux ou trois mille écus, qui vous furent baillés pour votre part. »

De même au sac de Louviers (1591), où toute la ville fut pillée, des gens du pays qui étaient parmi les vainqueurs, et qui savaient tous les âtres de l'endroit, indiquaient les magasins de toiles et de cuirs qui faisaient le fort du butin. Rosny en eut *quelque mille écus pour sa part.* « Cette morale en temps de guerre, ajoute l'auteur de ce curieux extrait, même chez des voisins et des compatriotes, ne faisait pas un pli. »

***

Maladie du pouvoir perdu. — Le malheur d'un favori disgracié sous le régime de la monarchie absolue se confondait avec ce que l'on a depuis appelé la maladie du pouvoir perdu. Ce malheur fut surtout sensible à la cour de France autrefois. Voici ce que nous dit Marmontel à propos d'une visite qu'il fit au comte d'Argenson, ancien ministre de Louis XV, tombé en disgrâce : « Il me reçut dans son exil avec une extrême sensibilité. O mes enfants ! quelle maladie incurable que celle de l'ambition ! Quelle tristesse que celle de la vie d'un ministre disgracié ! Déjà usé par le travail, le chagrin devait achever de ruiner sa santé. Son corps était rongé de goutte, son âme l'était bien plus cruellement de souvenirs et de regrets ; à travers l'aimable accueil qu'il voulait bien me faire, je ne laissai pas de voir en lui une victime de tous les genres de douleur..... En me promenant avec lui dans ses jardins, j'aperçus de loin une statue de marbre, et lui demandai ce que c'était ; et, en se détournant : « Ah Marmontel ! si vous saviez combien de fois il m'avait assuré que nous passerions notre vie ensemble, et que je n'avais pas au monde de meilleur ami que lui ! Voilà les promesses des rois ! Voilà leur amitié ! » Puis il entrait dans tous les détails des jours passés et si regrettés. Ces idées le poursuivaient, et pour peu qu'il fût livré à lui-même, il tombait comme abîmé dans la douleur. Alors sa belle-fille, Mme de Voyer, allait bien vite s'asseoir auprès de lui, le pressait dans ses bras, le caressait; et lui, comme un enfant, laissait tomber sa tête sur le sein ou sur les genoux de la consolatrice, les baignait de ses larmes, et ne s'en cachait point. »

Dans la douleur de ce pauvre d'Argenson, on serait tenté de voir quelque chose de touchant, si elle était supportée avec un peu plus de dignité. Aujourd'hui le prestige du pouvoir est encore bien grand, même dans les États démocratisés, et il faut quelque philosophie ou quelque bon sens pour en supporter allègrement la perte. Cela manque encore souvent dans notre vieille Europe. Aux États-Unis d'Amérique, on ne connaît guère cette maladie du pouvoir perdu; là le pouvoir tente moins, et, loin d'attirer les gens, on en fuit plutôt les charges pour se donner à ses propres affaires. Où est le plus grand mal, ici ou là ?... Quand de grands devoirs ne vous réclament pas dehors, il faut se tenir heureux de rester chez soi.

Bonhomie des mœurs du passé. — A propos des mœurs hospitalières d'autrefois en France, et des visites que les grands se faisaient entre eux dans leurs domaines, un comte de Sainte-Aulaire donne les détails que voici dans ses mémoires cités par Sainte-Beuve : « Nos pères, en ce temps-là, exerçaient une large hospitalité à peu de frais. Mes parents m'ont souvent raconté des détails curieux sur ces anciennes mœurs. Il n'était pas rare de voir arriver à l'heure du dîner douze ou quinze convives non attendus. Les hommes et les femmes venaient à cheval, chacun suivi de deux ou trois domestiques. Les gens âgés venaient en litière, les chemins ne comportant pas l'usage de la voiture. Les provisions de bouche étaient faites en vue de ces éventualités, et la cuisine de Mayac — domaine où avait lieu la réception — était renommée ; mais la place manquait pour loger et coucher convenablement tous ces hôtes. Les hommes s'entassaient dans les salons, dans les corridors ; les femmes couchaient plusieurs dans la même chambre et dans le même lit. Ma mère, qui avait été élevée en Bretagne, où les coutumes sont différentes, fut fort surprise lors de ces premières visites à Mayac. La comtesse d'Absac, qui faisait les honneurs, lui dit : « Ma chère cousine, je te retiens pour coucher avec moi. » Quelques instants après, Mlle de Bouillien dit aussi à ma mère : « Ma chère cousine, nous coucherons ensemble. » — « Je ne peux pas, répondit ma mère, je couche avec la comtesse d'Absac. » — « Mais et moi aussi, » reprit Mlle de Bouillien. Et ces trois dames couchèrent ensemble dans un lit médiocrement large, et pour faire honneur à ma mère, on la mit au milieu. »

Tout cette bonhomie paraîtrait bien étrange et bien insupportable aujourd'hui. Mais que ne faisaient point supporter les plaisirs de la société dans l'ancienne France !

⁂

Superstitions monarchiques. — On connaît les idées de nos pères sur le caractère sacré de la personne royale et des princes de sa maison. C'était anciennement une coutume en Angleterre, rapporte Walter Scott, quand un enfant royal avait mérité une punition de ses maîtres, de l'infliger à un autre enfant qu'on appelait *l'enfant du fouet;* c'est pour dire jusqu'où allait le respect pour le sang et la chair des rois. Mais lorsque le petit était devenu grand, sans avoir profité de la leçon donnée sur le dos d'un autre, on n'avait plus cette même ressource, et il fallait se résigner. On sait que la courtisanerie allait plus loin : que n'a pas fait faire aux courtisans d'autrefois la superstition monarchique ! Leur servilité allait jusqu'aux choses les plus ridicules et les plus extravagantes : quand on sut à Versailles que Louis XIV souffrait d'une fistule, tout le monde à la cour prétendit souffrir du même mal ; François Ier ayant été blessé à la tête, il fallut lui couper les cheveux pour panser sa blessure ; aussitôt les seigneurs de la cour se firent tondre comme le roi. L'usage des perruques, paraît-il, n'a pas d'autre cause : le roi devenu chauve porta perruque par nécessité, on en porta par courtisanerie. Cela rappelle, dans une mesure mitigée, qu'anciennement, chez certaines peuplades d'Afrique, lorsque le souverain avait quelque défaut de conformation, les grands prenaient le parti de s'estropier pour lui ressembler.

Mœurs anglaises au XVIIIe *siècle.* — Un collaborateur de la *Revue des Deux Mondes*, M. Augustin Filon, dans un article sur les historiens anglais, nous donnait naguère, puisés à ces sources, des renseignements curieux sur la cour de Londres au dix-huitième siècle. Les princes royaux, qui étaient les *leaders* naturels de la société anglaise, étaient des plus vulgaires et des plus bas. Autour d'eux, l'extrême étiquette allemande avec l'extrême grossièreté. « Une des filles d'honneur voyant approcher le roi, qui, en amour, ne connaît que l'éloquence des mains, et ne se trouvant pas en humeur ou en condition de céder, croise les bras sur sa poitrine et crie : « A bas les pattes ! » Une autre, impatientée de voir qu'il fait sonner des guinées dans sa main en la regardant, prend les pièces d'or et les lui jette au nez. Une troisième retire la chaise du roi au moment où il va s'asseoir : voilà Sa Majesté par terre, et toutes de rire ! Ces filles sont courtisées à peu près comme celles qui versent à boire aux lascars et aux maltaïs dans les cabarets de Wapping. « Aucune croyance religieuse, aucun sentiment de famille. George Ier est pendant trente-six ans le geôlier de sa femme, Sophie-Dorothée. Il hait mortellement son fils, qui le rendra au sien. Caroline souhaite malheur à son premier né, Frédéric, prince de Galles : « Est-ce que la mort ne nous délivrera pas de cette canaille? » Cette même Caroline a un chapelain, qui, le matin, marmotte une prière dans l'antichambre, devant la statue de Vénus; la reine, à qui on passe la chemise dans le cabinet de toilette voisin, est censée écouter à travers la porte entrebâillée, et les femmes de chambre répondent *amen*. Lorsqu'elle va mourir, Walpole insiste auprès du roi pour qu'elle reçoive les sacrements : « Faites-en la farce, répondit-il avec bonhomie... L'archevêque lui jouera cela très bien; ce sera très court et ne fera à la reine ni bien ni mal, mais cela fera plaisir à ces braves gens qui nous regarderaient comme athées si nous ne faisions pas semblant d'être aussi bêtes qu'eux. » Thackeray demande qu'on lui montre dans cette cour un seul honnête homme, une seule honnête femme. Il se répond à lui-même que cet honnête homme et cette honnête femme sont introuvables; et voici sur ce vilain monde son verdict final : « Ni dignité, ni savoir, ni moralité, ni esprit. »

« Les hommes d'Etat se présentent en pleine ivresse à la table du Conseil et aux délibérations du Parlement. Il faut humecter longtemps avec des compresses d'eau froide les tempes du Chef de l'opposition, qui doit prononcer un grand discours: et qui ne peut se tenir sur ses jambes. Le chef du cabinet dit à son collègue, assis à côté de lui sur le banc des ministres : « Où diable s'est fourré le speaker? Je ne puis pas le voir. » Et le collègue, qui est dans le même état, répond : « Moi, j'en vois deux ! » Interrogez les souvenirs de Gibbon. Il vous dira qu'on boit jour et nuit à l'université d'Oxford. Les professeurs s'enivrent avec leurs élèves, les seigneurs avec leurs fermiers, les médecins avec leurs malades, les pasteurs avec les ouailles, les pères avec leurs filles : à minuit toute l'Angleterre est sous la table. Dirai-je les jeux de molocks, ces jeunes gens des grandes familles qui arrêtaient les femmes le soir dans les lieux déserts, les dépouillaient, les suspendaient par les pieds, ou les enfermaient dans les tonneaux pour les faire rouler sur des pentes rapides? Raconterai-je les cérémonies impies et obscènes de cette confrérie que préside Francis Dashwood, un moment chancelier de l'Echiquier sous George III, et où lord Sandwich, plusieurs fois chef de l'Amirauté, administre la communion à un chien suivant tous les rites de l'église anglicane? Les femmes trichent au jeu, s'entassent aux combats de coqs avec la populace de Londres. Beaucoup descendent si bas dans la débauche que l'œil attristé du moraliste ne peut les suivre : il faudrait un pornographe de profession pour décrire les amours d'une lady Vane, d'une lady Macclesfield, d'une duchesse de Kingston.

L'on parle beaucoup aujourd'hui de l'atrocité des supplices auxquels des tyrans barbares, en Afrique et ailleurs, livrent encore leurs victimes. Rien, à cet égard, ne dépasse ce qui eut lieu en Angleterre sous Henri VIII. Ce souverain cruel, que ses amours multiples poussèrent à rompre avec Rome et à se faire le pape d'une religion nouvelle, ne parvint à établir son pouvoir spirituel que par les plus cruelles persécutions contre ceux qui ne se soumettaient pas à ses volontés ; on les torturait horriblement : leurs entrailles étaient arrachés de leurs corps vivants et jetées sous leurs yeux dans une chaudière d'eau bouillante ; on y précipitait ensuite le foie et le cœur, et enfin on leur tranchait la tête. C'est particulièrement ce qui arriva au prieur Haughton, prêtre du plus grand mérite, d'après l'historien Froude lui-même, si peu hostile à Henri VIII ; le tyran faisait tout cela de compagnie avec son compère Cranmer, archevêque de Cantorbéry.

Tout autre fut en France, et un siècle plus tard celui qui reste la personnification la plus brillante du régime du droit divin, le roi Louis XIV. Adulé longtemps pour ses mérites, et même jusque dans ses vices ou ses faiblesses, comment est-il jugé aujourd'hui, en France ou ailleurs? Voici ce qu'en dit M. Victor Duruy : « Par l'éclat incomparable de sa cour, ses fêtes magnifiques, ses constructions somptueuses, son goût pour les arts et les lettres, par le grand air de sa personne, la dignité qu'il mettait en tout, la sereine confiance qu'il avait dans son droit et dans ses lumières supérieures, Louis avait été la plus glorieuse manifestation de cette royauté d'ordre à la fois ancien et nouveau qui faisait dire à Bossuet : « O Rois, vous êtes des dieux ! » On lui prêtait cette parole « l'Etat c'est moi », et elle était vraie, grâce à la centralisation énergique qui mettait la France entière à Versailles et Versailles dans le cabinet du prince. Il croyait fermement, et l'on croyait avec lui, que les biens comme la vie de ses sujets lui appartenaient; qu'il était leur intelligence, leur volonté leur action ; c'est-à-dire que vingt millions d'hommes vivaient en lui et pour lui. Mais aussi ses défaillances, ses vices étaient sacrés, comme ceux des dieux de l'Olympe, dont les images remplissaient ses palais. Au besoin, la justice servait ses passions, l'armée ses caprices, le trésor public ses plaisirs, et l'adultère devenait une institution monarchique qui donnait aux maîtresses du roi rang à la cour. Un tel gouvernement peut convenir à l'Orient qui ne connaît que la force et s'y soumet avec résignation ; il ne saurait durer dans notre monde occidental, où l'humanité a pris conscience d'elle-même et de ses droits. »

Et à l'étranger, de Macaulay, sur Louis XIV : « Dans la tombe, le plus majestueux des princes n'a que cinq pieds trois pouces ; dans l'histoire, le héros et le politique se réduisent à n'être qu'un chef vaniteux et faible, esclave des prêtres et des femmes, petit à la guerre, petit dans le gouvernement, petit en toutes choses si ce n'est dans l'art de simuler la grandeur. » Il y a peut-être quelque exagération dans ce jugement sommaire; mais il répond à une exagération contraire. Ce qui a fait surtout la renommée de celui qu'on a appelé Louis le Grand, c'est la voix retentissante des grands écrivains dont il avait pris soin de s'entourer, et qui ont célébré et perpétué le nom du monarque magnifique, qui, au fond, n'était qu'un brillant chef d'emploi, à d'autres égards homme médiocre, mais habile, par son art souverain de régner, à s'imposer aux autres.

LEÇONS DE CHOSES

En France, à la mort de Louis XIV, la dette générale de l'État s'élevait à deux milliards 382 millions de livres; sur cela, douze cents millions étaient immédiatement exigibles; or, les forces contributives de la France n'étaient évaluées alors qu'à quatre-vingt-dix millions annuels; c'était donc la banqueroute; pauvre fin pour un grand siècle!

* * *

Henri IV, ce bon et galant homme, ancien calviniste, eut deux épouses avec lesquelles il fit mauvais ménage. L'une d'elles pourtant, Marguerite de Valois, était, paraît-il, une personne réellement séduisante; Brantôme est lyrique à son sujet; Henri IV néanmoins ne vécut que peu avec elle, et il finit par divorcer pour épouser Marie de Médicis. Celle-ci était acariâtre et hautaine, et elle fut même soupçonnée de n'avoir pas été étrangère à l'assassinat de son mari. Cette aïeule des Bourbons, mère de Louis XIII, descendante de banquiers de Florence, finit par mourir exilée à Cologne, dans l'isolement et une misère relative... Les familles royales, comme les autres, ont parfois d'humiliantes aventures, bien faites pour mettre à l'épreuve la foi des légitimistes naïfs de tous les pays [1].

Voici ce qu'on lit dans Brantôme sur le luxe des grandes dames d'autrefois : « Élisabeth de France, reine d'Espagne et la femme de Philippe II, ne porta jamais une robe deux fois; le second jour elle la

1. Dans la nuit du 20 au 21 février 1876, mourait à Milan, dans un hôpital, Léon Commène, prince de Lusignan, descendant des empereurs d'Orient; il s'éteignit dans la plus profonde misère, laissant une veuve et six enfants dépourvus du plus strict nécessaire... Astres tombés! Vanité des noms, et des grandeurs passées!

donnait à ses filles, et chaque fois son tailleur lui en apportait une neuve. Toutes ces robes étaient plus riches les unes que les autres, et la moindre, dit Brantôme, coûtait de trois à quatre cents écus. — Telles princesses, en certaines cérémonies, avaient des robes si lourdes, à cause de l'or et des pierreries dont elles étaient chargées, que ces faibles femmes ne pouvaient les porter : ainsi, Claude de France, lors de ses fiançailles avec François Ier, dut être portée dans les bras d'un de ses grands officiers. — Au mariage du duc de Bourgogne avec la duchesse de Savoie, la fiancée, une enfant de douze ans, portait une robe si lourde de drap d'argent qu'on fut obligé de la soutenir dans sa marche.

On se scandalise souvent aujourd'hui de la liberté des mœurs de notre temps ; en France et ailleurs autrefois, on avait pourtant bien d'autres tolérances ; voyez, par exemple, cette femme, romancier célèbre, dont on a trop parlé, Mlle de Tencin : sœur d'un cardinal, religieuse ayant trahi ses vœux, elle fut successivement la maîtresse du Régent, Philippe d'Orléans, puis du cardinal Dubois, et enfin de beaucoup d'autres dont elle eut des enfants, entre autres d'Alembert ; eh bien ! par la suite, en fut-elle moins considérée ? Non ; elle ouvrit un salon de femmes d'esprit, où les hommes les plus estimés tinrent à honneur de figurer...

Neuf ans après la mort de Louis XIII, en France, et pendant la minorité de son successeur, il y eut, suivant le maréchal de Grammont, 943 gentilshommes tués en duel; et ces duels étaient souvent des assassinats. « Nos pères n'y voyaient point de mal, dit un écrivain, ils ne méprisaient que les pacifiques. »

On connaît l'horrible misère des peuples après la guerre de *Trente ans*, guerre religieuse de la première moitié du XVIIe siècle. Au temps de *la Fronde*, en France, quelques années après, et comme une suite, il en fut de même. Michelet rapporte qu'un auteur contemporain écrit ceci: « Depuis cinq ans, ni moisson, ni vendange; nous rencontrons des hommes si faibles qu'ils rampent comme des lézards sur les fumiers; ils s'y enfouissent la nuit comme des bêtes, et s'exposent le jour au soleil déjà remplis et pénétrés de vers; on en trouve gisant pêle-mêle avec les morts; et, ce que nous n'oserions dire si nous ne l'avions pas vu, ils se mangent les bras et les mains, et meurent dans le désespoir. »

En Angleterre, sous Elisabeth, on proscrivit les

bestiaux et la culture en Irlande, pour faire mourir de faim les habitants, qu'on ne pouvait exterminer d'une autre façon.

Au dix-huitième siècle, en France, l'impôt direct prenait jusqu'à 53 o/o du revenu des taillables, tandis que beaucoup de privilégiés riches ne payaient rien.

⁂

Depuis la fin du quinzième siècle jusqu'au commencement du dix-huitième, l'Espagne a retiré du Nouveau-Monde la valeur de vingt-cinq milliards de francs; et à quoi cela lui a-t-il servi ?

Elle est devenue pauvre et déchue de sa puissance.

Jusqu'au dix-septième siècle, l'Angleterre a été un pays agricole et non industriel; on y vivait plus à la campagne qu'à la ville; au temps de Charles II encore, il n'y avait pas en Angleterre plus de quatre villes, en dehors de Londres, dont la population dépassât dix mille habitants. Aujourd'hui, après deux siècles, quelle révolution !

Les Anglais ne vivent plus que de négoce et d'industrie dans des villes immenses, et les campagnes sont abandonnées [1].

Qui croirait, en voyant les Français et les Anglais aujourd'hui si étrangers les uns aux autres, que tant de liens les ont unis dans le passé? Pour n'en citer qu'un exemple, qu'on sache que la langue française était encore en Angleterre, à la fin du quatorzième siècle, la langue officielle de tous les corps politiques, et parlée par les grands au sortir de leur berceau. C'est seulement au quinzième siècle, quatre cents ans après la conquête par les Normands, que la langue anglaise finit par se substituer au français.

A quoi tient la destinée des nations! Édouard le Confesseur, roi d'Angleterre, ne voulut pas avoir d'enfant par vœu de continence; de là, la chute de la dynastie anglo-saxonne et la conquête de l'Angleterre par les Normands. Que ce saint roi, canonisé pour sa chasteté, se fût un instant oublié dans les bras de sa femme, et voilà pour son pays peut-être un tout autre avenir.

1. L'Angleterre est aujourd'hui obligée de demander aux pays étrangers les trois quarts des denrées nécessaires à sa subsistance.

La Renaissance italienne, aux quinzième et seizième siècles, est apparue comme un épilogue assez étrange du moyen-âge religieux au sein de la catholicité. Voici ce qu'en disait naguère un collaborateur de la *Revue des Deux-Mondes*, M. F. de Navenne :

« Les Italiens de la Renaissance se formaient de l'individu un idéal que différerait essentiellement du nôtre. Ils prisaient avant tout les natures énergiques, supérieures, gouvernées par une volonté indomptable, servie par des facultés puissantes. Leur culte s'adressait sans partage au génie créateur, à celui surtout qui, semblant puiser à une source divine, se manifeste sous toutes les formes. Indifférents à la générosité et aux sentiments chevaleresques qu'ils considéraient comme des causes de faiblesse, ils réservaient leur admiration à l'ascendant qu'un homme exerce sur les autres hommes, et ils poussaient cette prévention si loin que le génie du mal avait infiniment plus d'attrait pour eux que les vertus banales. Artistes, d'ailleurs, dans toute la force du terme, ils envisageaient les dons extérieurs et les avantages corporels, la vigueur physique, la beauté, la grâce, l'élégance, comme les attributs indispensables de toute nature complète, comme les éléments nécessaires d'un tout harmonieux. » C'était l'idéal païen ; singulier fruit de l'enseignement évangélique, tel qu'il se pratiquait alors ! L'histoire a de ces surprises.

* * *

En 1210 les livres d'Aristote, autres que sa Logique, furent condamnés par l'Église a être brûlés. Mais Aristote résista et finit par devenir le législateur des méthodes scolaires du Moyen-âge. Et en 1629, les passions d'école s'y mêlant, un arrêt du Parlement de Paris fit défense, *sous peine de mort*, d'attaquer les principes d'Aristote. Singulière gloire pour un païen !

On lit, dans une notice sur Juste-Lipse, qu'un auteur belge, M. Lucien Dubois, dédiait, il y a quelques années, à M. le sénateur d'Anethan : « La création de la Compagnie de Jésus a été le point de départ d'une révolution radicale dans le système des études. Jusqu'alors, les universités et les collèges avaient été dans la main du pouvoir civil ou complètement indépendants. Chaque professeur enseignait une partie des sciences et des belles-lettres, sans mêler rien de religieux à ses leçons; la théologie avait ses classes particulières; mais elle n'exerçait dans les autres choses aucune influence sur les idées, les sentiments, les habitudes de la vie. Sous la direction des révérends pères, l'étude de la théologie continua d'être l'objet d'un cours spécial, mais les opinions et les pratiques religieuses s'étendirent en outre sur tout le système d'éducation. » Il y avait donc avant les jésuites un enseignement purement civil et *neutre*, et l'Église ne le trouvait pas mauvais; aujourd'hui, en pays catholique, elle le condamne comme un enseignement *sans Dieu*...

Ce que les découvertes du génie et de la science, par lesquelles le monde s'est transformé, ont rencontré d'opposition dans les préjugés d'autrefois, dans les idées ou dans les coutumes, chacun le sait. La vaccine fut d'abord regardée comme une invention du diable : on ne pouvait ainsi, disaient les dévôts, changer l'ordre établi par Dieu, il fallait que l'humanité fût éprouvée [1]. Autre exemple : l'imprimerie, sans contredit l'une des inventions qui ont le mieux servi le progrès dans l'humanité, et qui ont donné le plus d'essor aux productions de l'esprit et au commerce des lettres, l'imprimerie ne fut pas accueillie avec faveur par tous les savants ou lettrés de l'époque; loin de là. Vespasien de Bistici, mort en 1497, le principal libraire de l'Italie en ce temps-là, s'applaudissait fort de la façon dont il avait composé la bibliothèque du duc d'Urbin : « Elle ne contient aucun livre *imprimé*, s'écriait-il avec orgueil; le duc en aurait eu honte.»

1. Même de nos jours, on a vu de pareils scrupules opposés à la science : ainsi en Angleterre, on a blâmé l'emploi des anesthésiques dans les accouchements sous prétexte que l'Écriture voulait que la femme enfantât dans la douleur.

Le brave homme n'aurait jamais pu s'imaginer jusqu'à quel point ces paroles paraîtraient un jour étranges. Nous avons vu depuis d'autres exemples de cet éloignement pour les meilleures choses, par cela seul qu'elles étaient nouvelles et apportaient du changement à ce qui existait. Le projet d'un canal interocéanique à travers l'isthme de Panama a été jadis empêché par les scrupules religieux des Espagnols : il ne fallait rien changer, selon eux, à l'œuvre du Créateur. Et encore ceci : En Espagne, toujours, sous Charles II, quelqu'un proposa de rendre le Tage navigable jusqu'à Lisbonne; que répondit à cela le conseil du roi? « La navigation du Tage doit être impossible à établir, car si Dieu avait voulu que ce fleuve fût navigable, il l'aurait fait ainsi; c'est donc attentoire à la foi et à notre religion que de vouloir faire ce qu'il n'a point fait. »

L'Eglise romaine est pessimiste : la doctrine de la grâce en est la preuve. Anéantir la créature devant le créateur, démontrer que l'homme, avec sa liberté, ses forces et ses vertus naturelles, n'est point capable de vaincre la perversité de son origine s'il n'a *la grâce*, c'est-à-dire le secours de Dieu, telle est la doctrine soutenue par saint Augustin et saint Thomas, combattue par Pélasge et les pélasgiens, exagérée par Calvin et ses idées sur la prédestination, reprise ensuite par Jansénius, sous d'autres considérations. Il résulte de cette doctrine que l'homme est mauvais et n'a pas la liberté de ses actes, ou enfin qu'il ne peut être bon sans des secours surnaturels : c'est le pessimisme dans la foi, et la puissance assurée à l'Église.

Si la France a échappé à la Réforme, ce n'est pas en tout cas par les mérites du clergé français de ce temps-là. A la fin du seizième siècle et au commencement du dix-septième, l'Église de France, sauf de rares exceptions, donnait à tous les degrés l'exemple du mépris des chose divines. « Le catholicisme n'était pas chrétien ; eux, ils étaient chrétiens, » a dit des protestants, au temps de saint François de Sales, son biographe, Strowski. On voyait alors en France des prélats, grands seigneurs, archevêques et évêques, qui n'étaient pas prêtres, mais n'en touchaient pas moins les revenus de leurs charges, laissant à leurs grands vicaires le soin de remplir les devoirs de leurs fonctions ecclésiastiques : « Ils distribuaient les bénéfices de leurs diocèse à la basse domesticité de leur maison, valets de chambre, cuisiniers, barbiers, laquais, » lisait-on dernièrement dans un article signé Arvède Barine. — Eh bien, à quoi sont dus les mérites et la dignité qui distinguent généralement le clergé catholique de notre temps, comparé à celui d'autrefois, sinon aux révolutions religieuses et politiques sur lesquelles l'Eglise prononce anathème et qui lui profitent en dépit d'elle?

« C'est une expérience éternelle, a dit Montesquieu, que tout homme qui a du pouvoir est porté à en abuser; il va jusqu'à ce qu'il trouve des limites. » Et il en est ainsi que ce pouvoir descende du ciel ou qu'il monte de la terre.

On a dit que Luther avait exempté l'Allemagne des Robespierre et des Saint-Just; mais il n'y a qu'une part d'assimilation à faire ici : Luther a bien plutôt dispensé l'Allemagne de la fonte des cloches et de la chasse aux curés, que protège la liberté religieuse.

Le dix-huitième siècle en France, dont disent tant de mal les conservateurs de nos jours parce qu'il prépara la révolution politique et religieuse dont ils ont souffert, n'en a pas moins été un siècle remarquable. « Son caractère, dit Villemain, est d'avoir mis les idées à la place des croyances. » De là, sa force et sa faiblesse; attaqué par les uns au nom des croyances, il est défendu par les autres au nom des idées. Quoi qu'il en soit, les historiens s'accordent pour dire que quelques années avant la Révolution, sous Louis XVI, la société française présentait le spectacle d'une société aussi heureuse qu'aimable et polie. « Souvenons-nous, dit encore Villemain, que le XVIIIe siècle fut particulièrement pour la France l'époque la plus paisible et la plus heureuse de la civilisation moderne. » Et Taine qui, à d'autres égards, n'a point flatté cette époque, dit ceci : « A la fin du XVIIIe siècle, dans la classe élevée et même dans la classe moyenne, on avait en France horreur du sang; la douceur des mœurs et le rêve idyllique avaient détrempé la volonté militante. » Et quant au point de vue religieux, Lamartine fait observer que le « scepticisme du XVIIIe siècle ne s'attachait qu'aux formes extérieures et aux dogmes surnaturels du christianisme; il en adoptait avec passion la morale et le sens social ». Et sur le même sujet, M. de Rémusat a écrit quelque part ce qui suit : « Ceux qui ont connu les hommes de cette époque ont pu constater quelles fortes traces avait laissées après elle *la Profession de foi du Vicaire savoyard*. Les hommes de 89, dit-il, n'avaient guère d'autre symbole. Etaient-ils d'ailleurs des athées ceux qui, comme ce girondin de Bordeaux, Salles, écrivaient à sa femme avant de mourir : « Sois, s'il se peut, aussi fière que moi, espère encore, espère en Celui qui peut tout; il est ma consolation au dernier moment, et j'ai trop besoin de penser qu'il faut bien que l'ordre existe quelque part pour ne pas croire à l'immortalité de mon âme ; il est grand, juste et bon, ce Dieu au tribunal duquel je vais comparaître ; je lui porte un cœur sinon exempt de faiblesse, au moins exempt de crime et pur d'intention, et, comme dit si bien Rousseau, « qui s'endort dans le sein d'un père n'est pas en souci du réveil ». Réduits à la même extrémité, prêts à mourir comme Salles, Buzot écrivait à sa femme : « Je t'attends au séjour des justes. » — « Je me jette dans les bras de la Providence, » écrivait Pétion. — « Je me livre à la providence de Dieu, » dit Barbaroux dans une lettre à sa mère ! — Oui ces gens du XVIIIe siècle étaient plus croyants que leurs fils du dix-neuvième ; ils parlaient un langage inconnu de beaucoup de nos jours ; ce n'étaient pourtant pas des hypocrites faut-il croire... En somme, un tel siècle avait du bon et ne justifie pas tant que cela les condamnations intéressées et les haines aveugles. Un écrivain français de notre époque, M. Silvestre de Sacy, a exprimé à propos des philosophes français du siècle dernier une opinion qu'on ne peut que partager : « L'envie que j'aurais, dit-il, de condamner sans ménagement des écrivains et des philosophes qui n'ont pas su se préserver de la corruption commune tombe quand je vois que l'arrêt qu'on demande contre eux est un arrêt de réhabilitation pour les abus que leur voix vengeresse a fait crouler. »

⁂

Macaulay dit de Voltaire : « Jamais aucun éducateur des hommes n'a laissé derrière lui un si vaste et si terrible naufrage de vérités et de faussetés, de choses nobles et de choses viles, de choses utiles et de choses pernicieuses. »

« De Maistre, le plus catholique des esprits, paraît le moins chrétien des cœurs ; » le mot est de Sainte-Beuve ; Voltaire, qui aime l'humanité en principe, affecte en toute occasion, comme le lui reproche Rousseau, de mépriser le pauvre. Tout cela peut s'intituler : les inconséquences des gens d'esprit.

Paroles de Napoléon à Sainte-Hélène à propos des affaires ecclésiastiques. — « Lorsque je saisis le timon des affaires, j'avais des idées arrêtées sur les grands éléments qui cohésionnent la société, j'avais pesé toute l'importance de la religion ; j'étais persuadé, et j'avais résolu de la rétablir. Mais on croirait difficilement les résistances que j'eus à vaincre pour ramener le catholicisme ; on m'eût suivi bien plus volontiers si j'eusse arboré la bannière protestante ; c'est au point qu'au Conseil d'État, où j'eus grande peine à faire adopter le Concordat, plusieurs ne se rendirent qu'en complotant d'y échapper : « Eh bien, se disaient-ils l'un à l'autre, faisons-nous protestants, et cela ne nous regardera pas. » Il est sûr qu'au désordre auquel je succédais, que, sur les ruines où je me trouvais placé, je pouvais choisir entre le catholicisme et le protestantisme; et il est vrai de dire encore que les dispositions du moment poussaient toutes à celui-ci; mais outre que je tenais réellement à ma religion natale, j'avais les plus hauts motifs pour me décider. En proclamant le protestantisme, qu'eussé-je obtenu? J'aurais créé en France deux grands partis à peu près égaux, lorsque je voulais qu'il n'y en eût plus du tout; j'aurais ramené la fureur des querelles de religion, lorsque les lumières du siècle et ma volonté avaient pour but de les faire disparaître tout à fait; ces deux partis, en se déchirant, eussent annihilé la France et l'eussent rendue l'esclave de l'Europe, lorsque j'avais l'ambition de l'en rendre la maîtresse. Avec le catholicisme, j'arrivais bien plus sûrement à tous mes grands résultats. Dans l'intérieur, chez nous, le grand nombre absorbait le petit, et je me promettais de traiter celui-ci avec une telle égalité qu'il n'y aurait bientôt plus de motif à connaître la différence. Au dehors, le catholicisme me conservait le pape; et avec mon influence et nos forces en Italie, je ne désespérais pas, tôt au tard par un moyen ou par un autre, de finir par avoir à moi la direction de ce pape; et dès lors quelle influence! Quel levier d'opinion sur le reste du monde!... — François Ier était placé véritablement pour adopter le protestantisme à sa naissance, et s'en déclarer le chef en Europe; Charles-Quint, son rival, prit vivement le parti de Rome; c'est qu'il croyait voir là pour lui un moyen de plus pour obtenir l'asservissement de l'Europe. Cela seul ne suffisait-il pas pour indiquer à François Ier la nécessité de se charger de son indépendance? Mais il laissa le plus pour courir après le moins; il s'attacha à poursuivre ses mauvais procès d'Italie; et dans l'intention de faire sa cour au pape, il se mit à brûler les réformés dans Paris. — Si François Ier eût embrassé le luthéranisme, si favorable à la suprématie royale, il eût épargné à la France les terribles convulsions religieuses amenées plus tard par les calvinistes, dont l'atteinte, toute républicaine, fut sur le point de renverser le trône et de dissoudre notre belle monarchie. Malheureusement, François Ier ne comprit rien à tout cela.... François Ier, après tout, n'était qu'un héros de tournois, un beau de salon, un de ces grands hommes pygmées. — « L'évêque de Nantes, de Voisins, me rendait réellement catholique par la sagesse de ses raisonnements, son excellente morale, et sa tolérance éclairée. Marie-Louise, dont il était le confesseur, le consulta un jour sur l'obligation de faire maigre le vendredi. — « A quelle table mangez-vous? » lui dit l'évêque. — « A celle de l'empereur.» — « Y commandez-vous? » — « Non. » — « Vous n'y pouvez donc rien; le ferait-il lui-même? » — « Il est à croire que non. » — « Soumettez-vous donc alors, et ne provoquez pas un sujet de scandales; votre premier devoir est de lui obéir et de le faire respecter; vous ne manquerez pas d'autres moyens de vous amender et de vous priver aux yeux de Dieu. » — « Ce fut la même chose encore pour une communion publique que quelques-uns mirent en tête à Marie-Louise pour le jour de Pâques. Elle ne le voulut pas sans avoir pris l'avis de son sage confesseur, qui l'en dissuada par les mêmes raisonnements. Quelle différence si elle eût été travaillée par un fanatique! Quelles querelles, quelle désunion n'eût-il pas pu amener parmi nous, quel mal n'eût-il pas pu faire dans les circonstances où je me trouvais! » — « L'évêque de Nantes avait vécu avec Diderot au milieu des incrédules, et y avait toujours été convenablement; aussi avait-il réponse à tout; il avait surtout le bon esprit d'abandonner tout ce qui n'était pas soutenable, de faire rétrograder la religion de tout ce qu'il n'eût pu défendre. « Un animal qui se meut. combine, et pense, n'a-t-il pas une âme? » lui disait-on. — « Pourquoi pas? » répondait-il. — « Mais où va-t-elle? Car elle n'est pas à l'égal de la nôtre. » — « Que vous importe? Elle demeure peut-être dans les limbes. » — Il se retirait donc dans les derniers retranchements, dans la forteresse même, et là se ménageait toujours ainsi un excellent terrain. Aussi argumentait-il bien mieux que le pape, et souvent il se désolait; c'était, parmi nos évêques, le plus ferme appui des libertés gallicanes; c'était mon oracle, mon flambeau; il avait ma confiance aveugle sur les matières religieuses. Car, dans mes querelles avec le pape, j'avais pour premier soin, bien qu'en aient dit les intrigants et les brouillons à soutane, de ne pas toucher au dogme; si bien que, dès que ce bon et vénérable évêque de Nantes me disait: « Prenez garde, vous voilà en face du dogme, » sans m'amuser à disserter avec lui, sans chercher même à le comprendre, je déviais aussitôt de ma route pour y revenir par d'autres voies. » — « Les papes ne pouvaient nous pardonner nos libertés de l'Eglise gallicane; les quatre fameuses propositions de Bossuet surtout excitaient leur ressentiment; c'était, selon eux, un véritable manifeste de guerre; aussi nous considéraient-ils hors du giron au moins autant que les protestants. Ils nous trouvaient aussi coupables, peut-être plus, et s'ils ne nous avaient pas accablés de foudres ostensibles, c'est qu'ils avaient craint les conséquences : notre séparation. L'exemple de l'Angleterre était là. Ils n'avaient donc pas voulu se couper le bras droit de leur propre main, mais ils ne cessaient de veiller pour une occasion favorable, ils l'attendaient du temps... » — « Quelque temps avant mon couronnement, le pape voulut me voir, et tint à se rendre lui-même chez moi. Il avait fait bien des concessions : il était venu à Paris me couronner, il consentait à ne pas me poser la couronne, il me dispensait de communier en public avant la cérémonie; il avait donc, selon lui, bien des récompenses à attendre en retour; aussi avait-il rêvé d'abord la Romagne, les Légations, et il commençait à soupçonner qu'il faudrait renoncer à tout cela. Il se rabattit alors sur une bien petite grâce, disait-il : seulement à voir signer un titre ancien, un chiffon bien usé qu'il tenait de Louis XIV. « Faites-moi ce plaisir, disait-il ; au fond cela ne signifie rien. » — « Volontiers, très Saint Père, et la chose est faite si elle est faisable. » Or, c'était une déclaration dans laquelle Louis XIV, sur la fin de ses jours, séduit par Mme de Maintenon ou gagné par ses confesseurs, désapprouvait les fameux articles de 1682, bases des libertés de l'Eglise gallicane. » L'empereur répondit malignement qu'il n'avait pour son compte aucune objection personnelle ; mais qu'il fallait toutefois, pour la règle, qu'il en parlât avec les évêques ; sur quoi le pape se tuait de répéter que ce n'était nullement nécessaire, que cela ne méritait pas tant de bruit. « Je ne montrerai jamais cette signature, disait-il, pas plus qu'on n'a montré celle de Louis XIV. » — « Mais si cela ne signifie rien, disait Napoléon, à quoi bon ma signature? Et si cela peut signifier quelque chose, il faut bien que, décemment, je consulte mes docteurs. »

C'est ce que fit Napoléon. « Alors l'évêque de Nantes et les vrais évêques français accoururent aussitôt. Ils étaient furieux, et me gardaient comme s'ils eussent gardé Louis XIV au lit de mort pour l'empêcher de se faire protestant. »

(Extrait du *Mémorial de Sainte-Hélène*,
par Las Cases.)

AUTRES EXTRAITS

« Tandis que, dans plusieurs pays de la vieille Europe, fait observer M. A. Leroy-Baulieu, en France et en Angleterre, notamment, la religion, devenue suspecte au bas peuple, qu'elle a si longtemps consolé, s'est en grande partie réfugiée dans les hautes classes, dont le dix-huitième siècle lui avait fait essuyer les dédains, chez les Russes les croyances chrétiennes vont en diminuant de bas en haut... C'est que plus le peuple montre de foi et reste attaché aux croyances de ses pères, plus les classes supérieures sont portées à regarder la religion comme bonne pour le peuple, et moins elles sentent le besoin de la soutenir de l'autorité de leur exemple. »

Démosthènes nous apprend que, tandis que les temples, à l'époque de la grandeur d'Athènes, étaient splendidement décorés, les maisons des particuliers, même celles des plus illustres citoyens, étaient toutes simples et modestes... Quand on ne croit plus aux Dieux, on se fair bâtir des hôtels vastes et luxueux comme s'ils devaient être l'éternelle demeure.

* * *

L'on ne se figure pas, habitués que nous sommes au confort actuel, ce qu'étaient les habitations autrefois. Les Romains ne connaissaient pas les cheminées; il est à présumer qu'ils ne se chauffaient qu'au moyen de brasiers. La cheminée est d'invention française et ne date que du seizième siècle. Au temps de Louis XIII, les cheminées fumaient abominablement à Saint-Germain; Louis XIV grelottait dans ses appartements de Versailles; ce ne fut que plus tard qu'on apporta les perfectionnements qui les rendirent telles que nous les avons aujourd'hui. — Autre surprise pour les gens de notre temps : anciennement, en Angleterre, dans les demeures des riches et jusqu'à la cour, on ne se servait point de tapis pour recouvrir les parquets; on se contentait, sur l'aire battue des appartements, de semer des roseaux coupés et séchés, que l'on ne renouvelait que lorsqu'il s'en dégageait de trop fortes odeurs à la suite de tout ce qu'on y jetait.

Si l'on veut avoir une idée des variations que les siècles apportent dans les sociétés civilisées, il faut se reporter à ce qui se passait, il y a deux mille ans, sous l'empire romain. Il n'y avait généralement alors que les villes qui fussent habitées; dans toute l'Italie les esclaves seuls formaient la population des campagnes, qu'ils cultivaient. Dans les villes même, presque tout le commerce et la plupart des professions libérales étaient entre les mains des *Affranchis*; aux citoyens romains seuls, les hauts emplois publics et les armées. Dans notre société moderne, au contraire, on estime surtout les gens qui *ont des affaires* et gagnent beaucoup d'argent.

L'esclavage a-t-il toujours été, non seulement une des institutions caractéristiques des temps antiques, mais encore un mal des sociétés primitives? On prétend que l'homme, naturellement paresseux, n'a pris l'habitude du travail que par l'esclavage; et il n'y a peut-être là rien d'invraisemblable; les citoyens noirs des Etats-Unis, paresseux de naturel, travaillent aujourd'hui comme les blancs.

Mais, aux Etats-Unis comme ailleurs, l'esclavage n'avait pas moins amené des abus honteux pour l'humanité. Voici à ce sujet un fait que rapporte M. d'Haussonville : « Un propriétaire d'esclaves, dit-il, faisait produire tous les ans un enfant à ses négresses, comme dans une jumentière bien conduite on fait produire tous les ans un poulain à une poulinière. Dans quelques Etats, on pratiquait même l'élevage des nègres comme on pratique celui des chevaux, et des gaillards bien découplés servaient de reproducteurs. » De tutelle bienfaisante pour des peuples enfants qu'il pourrait être, l'esclavage ainsi a toujours et partout dégénéré en exploitation éhontée.

Aux Etat-Unis, les nègres s'y payaient plus ou moin cher, suivant qu'ils montraient plus ou moins de ferveur religieuse; car la résignation dans l'adversité imposée par les ministres du culte constituait une garantie de fidélité pour des maîtres égoïstes.

L'honneur du christianisme a été de mettre fin à l'esclavage antique; oui, sans doute, et c'était dans le principe évangélique. Mais le moyen-âge, plus tard, institua le *servage;* valait-il beaucoup mieux? « En France et ailleurs, dit un écrivain de nos jours, tous ceux que le seigneur féodal employait à divers emplois étaient *serfs*, et si peu inséparables de son fief ou de sa personne qu'il les vendait, les donnait, les échangeait à volonté; au XIIIe et au XIVe siècle on cédait le fils ou la fille d'un de ses hommes de corps dont on gardait le père, et réciproquement on vendait les parents sans les enfants[1]. Il n'est guère possible d'affirmer que ce fût là un progrès.

On connaît la puissance des métiers au moyen-

1. M. le Vicomte d'Avenel.

âge dans plus d'un pays de l'Europe. En Belgique, les corporations y jouissaient d'une telle considération que nul homme ne pouvait être élevé à une magistrature sans en faire partie; et en tout temps pour être admis aux fonctions communales, les membres de la noblesse devaient se faire inscrire sur les registres des métiers.

Au temps des corporations de métiers, des maîtrises et des jurandes, une découverte, un perfectionnement constituant progrès, n'étaient pas seulement considérés comme un danger public, mais constituaient un *délit*.

Aujourd'hui il n'y a plus d'esclaves et le travail est libre et honoré; tout cela du moins en principe, quoique un peu moins en pratique. En tout cas, tous citoyens. Dans les gouvernements de la Grèce, selon plus d'un auteur, la limitation légale du nombre des citoyens paraît avoir été la base des institutions républicaines : de là les expositions et suppressions d'enfants, les empêchements aux mariages. Nos principes de civilisation supérieure sont aujourd'hui contraires à un tel ordre de choses; mais n'y a-t-il pas un autre abus et un autre péril à pousser à la multiplication du nombre des citoyens autant que nous le faisons?

« Multiplier les naissances sans ennoblir les destinées, c'est préparer seulement une fête plus somptueuse à la mort. »

(Mme DE STAEL.)

Aujourd'hui, il parait que l'on n'attache encore si grande importance au progrès de la population qu'en considération des armées, que le chauvinisme des nations ne croit jamais assez nombreuses ; de sorte que l'on ne se reproduirait aussi généreusement que pour mieux s'entredétruire.

Cousin, dans son cours de 1828, se plaçant au point de vue de la philosophie allemande de cette époque, prétendait que ce sont les idées qui triomphent sur les champs de bataille ; selon lui, à Pharsale, « Brutus représentait l'esprit ancien ; l'esprit nouveau était du côté de César... Ce ne fut point là le jour de la liberté romaine, mais celui de la démocratie, car démocratie et liberté ne sont point synonymes ; toute démocratie pour durer veut un maître qui la gouverne ; ce jour-là, elle en prit un, le plus magnifique, le plus sage, dans la personne de César. » Ne dirait-on pas que tout cela a été écrit pour les bonapartistes du temps, tout au moins pour les bonapartistes d'avant Waterloo? Et l'auteur, s'il revenait à la vie, appliquerait-il sa doctrine à la campagne de 1870, où la France, vaincue à Sedan, représenterait le vieil esprit, et l'Allemagne, victorieuse, une civilisation nouvelle? Ce serait très embarrassant.

Les révolutions et la guerre ont donné à la France et au monde celui dont on a si bien dit : « Il a fait trop de bien pour en dire du mal, et trop de mal pour en dire du bien. » Ce fut un grand génie, mais non un grand homme. Il disait : « Le cœur d'un homme d'Etat ne doit être que dans sa tête. » Et encore à Las Cases, à Sainte-Hélène : « Pour gouverner il faut être militaire; on ne gouverne qu'avec des éperons et des bottes. » Il n'y avait que lui et sa dynastie, et tous les moyens lui étaient bons pour arriver à ses fins. Rappelons quelques faits comme preuves. « Le catéchisme qui a été reçu dans les églises pendant le règne de Bonaparte, dit Mme de Staël, menaçait des peines éternelles *quiconque n'aimerait pas ou ne défendrait pas la dynastie de Napoléon;* si vous n'aimez pas Napoléon et sa famille, disait ce catéchisme — qui, à cela près, était celui de Bossuet — que nous arrivera-t-il? — Réponse : Alors nous encourrons la damnation éternelle. » Peut-on se moquer davantage des gens? — Diriger le monde religieux ainsi que le monde politique, telle fut l'idée de Napoléon; dans ses entretiens de Sainte-Hélène, il l'avoue naïvement : « J'aurais eu mes sessions religieuses comme mes sessions législatives; mes conciles eussent été la représentation de la chrétienté; les papes n'en eussent été que les présidents; j'eusse ouvert et clos ces assemblées, approuvé et publié leurs décisions, comme l'avaient fait Constantin et Charlemagne. »

Au *Moniteur* de juillet 1810, on lit ceci, qu'il écrivait à son neveu Louis-Bonaparte : « N'oubliez pas, dans quelque position où vous place ma politique et l'intérêt de mon empire, que vos premiers devoirs sont envers moi, vos seconds envers la France; tous vos autres devoirs, même ceux envers les peuples que je pourrais vous confier, ne viennent qu'après. »

Peut-être les circonstances ont-elles exigé un tel homme; mais que Dieu nous préserve des circonstances!

III

PAGES FINALES

On juge souvent d'une chose d'une certaine façon en telles circonstances, et l'on en jugerait différemment si les circonstances étaient autres. Ainsi un objet paraît grand ou petit à nos yeux suivant qu'il est à côté d'objets plus petits ou plus grands. Entrez à Notre-Dame de Paris, le monument vous paraîtra immense, colossal ; supposez Notre-Dame de Paris à côté de Saint-Pierre du Vatican, la Cathédrale française vous paraîtra petite en face du dôme romain. Une salle de théâtre, une salle de concert, pouvant contenir deux mille auditeurs, fera l'effet, vue isolément, d'une très vaste enceinte : il y a dans le Palais de cristal, à Londres, deux salles de telles dimensions qui paraissent tenir bien peu de place dans l'ensemble de l'immense édifice.

Quelque chose d'analogue se passe à propos de beaucoup d'autres jugements que nous portons. Une œuvre d'art d'un certain mérite, par exemple, sera en général jugée favorablement et presque comme tout à fait belle, si elle se trouve entourée d'œuvres très médiocres; mettez-la à côté d'œuvres supérieures, l'appréciation sera tout autre. Que de jugements tout faits nous a légués l'histoire, et qui ne sont peut-être que l'effet des circonstances ou de l'illusion des milieux où ils se sont produits! L'opinion se compose de quelques vérités absolues et de beaucoup de vérités relatives.

La nature a voulu que, sous les climats et dans les contrées où les jouissances sont les plus vives et les sens le plus flattés, là aussi la souffrance fût la plus forte et les jours de l'homme le plus menacés. Dans les régions tropicales, quelle fête pour les yeux! Le ciel est éclatant, les frimas et les brouillards du nord n'y troublent jamais sa sérénité; et quelle nature? Quelle végétation luxuriante! Quelles fleurs, quels fruits! Tous les sens sont enivrés; et ces oiseaux, et ces insectes, qui, pour l'éclat, luttent avec les fleurs! Tout resplendit, tout témoigne de la puissance et du génie de la création. Mais ce soleil, il est si ardent qu'il faut le fuir et se cacher une bonne partie du jour; point de frimas, il est vrai, mais des pluies torrentielles, des orages destructeurs, et une température qui énerve; sous les fleurs, des reptiles qui donnent la mort; dans l'épaisseur de ces halliers parfumés des fauves qui vous menacent; parmi ces bestioles qui pullulent dans l'espace, des êtres qui s'acharnent la nuit contre votre sommeil ; sans doute, des heures délicieuses le soir, mais aussi la fièvre traîtresse et les miasmes mortels. On dirait que l'homme ne peut jamais recevoir un plus grand bien sans le payer d'un plus grand mal ; c'est le système des compensations. En somme, les climats tempérés, comme toutes les choses tempérées, sont préférables ; tout y est mieux réparti pour notre satisfaction et cette part de bonheur qui nous est accessible ; ici, sans doute, point de ces enivrements où semblent s'épuiser en un instant toutes les puissances de la vie ; mais aussi, ni ces périls sans cesse menaçants, ni ces abattements qui sont comme un avant-goût de la mort. Les climats extrêmes, comme les idées et les gouvernements extrêmes, sont les moins favorables au progrès : l'ardeur du soleil, tout comme l'ardeur des passions et des esprits, épuise l'homme. Mais il y a aussi des tempéraments extrêmes et qui ne se plaisent que dans les contrastes et les alternatives violentes du bien et du mal ; pour ceux-ci, tout ce qui est donné avec mesure les ennuie : leur place est sur la ligne équinoxiale.

L'HABITUDE EST UNE SECONDE NATURE

Aucune vérité ne mérite mieux son nom. C'est à l'habitude, en effet, que l'homme doit une bonne part de ses qualités et de ses défauts, de ses aptitudes et de ses impuissances, dans l'ordre physique, dans l'ordre moral, et dans l'ordre intellectuel. Nous ne voulons à ce sujet citer ici qu'un exemple bien vulgaire tiré de l'ordre matériel : l'habitude du travail et des efforts physiques chez l'ouvrier appelé à vivre de ses bras.

Lorsque ceux qui ne sont pas condamnés à un tel travail pour vivre, ou qui ne travaillent que de la tête, considèrent l'ouvrier, depuis six heures du matin jusqu'à six ou sept heures du soir, souvent à l'ardent soleil ou dans la pluie, occupé aux travaux des champs, ou, dans les usines, aux rudes travaux industriels, ou dans les mines et carrières à une œuvre plus pénible encore[1], ils ne peuvent s'empêcher de le plaindre, pour peu qu'ils aient le cœur compatissant; eux qui, au bout d'une heure de travail dans leur jardin, par pure distraction, se trouvent exténués et tout en nage, ils ne peuvent comprendre cette résistance à la fatigue chez l'ouvrier, et ils mesurent à leur propre faiblesse et à leur inexpérience la rudesse et les souffrances de sa tâche. Mais il y a ici illusion. L'ouvrier — quand il n'est pas condamné à abuser de ses forces — ne trouve pas sa tâche aussi pénible que cela : il s'en acquitte avec moins d'efforts que ne l'imaginent ceux qui ne sont pas ouvriers comme lui ; et cela uniquement parce qu'il en a l'habitude; parce

1. L'enfer du houilleur.

que, depuis son enfance, son corps, ses membres se sont endurcis et fortifiés dans cet entraînement à de rudes labeurs; c'est là sa vie de tous les jours, pour laquelle il s'est rendu apte, et il termine sa journée, à peine fatigué, parce que l'habitude lui a fait une nature d'ouvrier [1].

« Nous ne sommes qu'habitude, dit M. Jules Simon; nous vivons, nous pensons, nous sentons par habitude... Sommes-nous riches, nous avons les habitudes des riches : il nous faut des appartements élégants, du feu en hiver, de l'air en été, de bons mets, des vins fins, des domestiques. Tout cela ne nous réjouit guère; c'est en quelque sorte notre pain quotidien. Nous souffririons d'en être privés; nous remarquons à peine que nous l'avons. Quand la richesse arrive tout à coup après la misère, ses premières journées sont pleines d'enchantements : ce ne sont que petits bonheurs; les yeux, tous les sens sont séduits; et peu à peu tout cela s'efface et s'endort, et ce qui était un plaisir devient tout uniment un besoin. Est-ce vrai? Voilà une habitude fatale qui nous rassasie du plaisir, le rend monotone, et nous plonge dans l'indifférence. Mais voyons la contre-partie.

« Entrons dans la maison du pauvre. Est-ce une maison? Non, la langue lui donne un autre nom, c'est une chaumière. Entrons là. Voici un espace

1. On pourrait dire encore que comme l'ouvrier qui a l'habitude du travail n'y trouve aucune peine, le riche, qui a l'habitude du plaisir, finit par ne plus y trouver aucune jouissance.

où ne tiendrait pas l'antichambre du riche. Le laquais du riche ne changerait pas sa mansarde contre cet espace. La lumière n'y vient pas, parce qu'il y a impôt sur les fenêtres. En revanche, le vent et la pluie y pénètrent par les toits effondrés, par les murs lézardés. Point d'autre sol que la terre dure et humide; point de meubles; un grabat ou peut-être une poignée de paille. Là vivent ou végètent, entassés, le père, la mère, l'aïeul, l'aïeule, les enfants bien portants ou malades. Le pain manque quelquefois; la sécurité manque toujours. On n'ose penser à l'avenir. Il n'y a pas d'avenir. L'avenir c'est demain. Quand on est sûr d'avoir du pain demain, on s'endort dans des rêves heureux. Quelle vie! Ne disons pas qu'on s'y habitue jusqu'à ne plus sentir la misère, ne berçons pas notre égoïsme de cette vaine pensée; mais disons, car cela est vrai, que la Providence veille sur ces abandonnés, qu'elle émousse exprès leurs sens, pour que la douleur ait moins d'aiguillons, qu'elle endurcit leurs corps aux privations et à la fatigue, qu'elle endort leur imagination, pour que le regret du bonheur absent n'ajoute pas à la misère présente. L'homme, heureusement, s'habitue à souffrir, comme il s'habitue à jouir. Dieu ramène une sorte d'égalité entre le riche et le pauvre par cet affaissement de nos facultés[1]. »

Et c'est ainsi que l'habitude est pour l'homme

1. *Le Devoir*.

comme une seconde nature. Pour l'âme et l'esprit, il n'en est pas autrement que pour le corps; plus ou moins, et tout en tenant compte de certaines prédispositions naturelles, nos facultés suivent la ligne d'un premier entraînement qui détermine notre carrière et nos habitudes. De là, la grande importance de l'éducation de l'enfance : elle nous fait bons, forts ou capables, ou bien elle nous rend mauvais, débiles ou ineptes, selon qu'elle nous incite à prendre de bonnes ou de mauvaises habitudes, d'où dépendront notre avenir et notre bonheur : c'est la seconde nature.

LE MILIEU LOCAL

Le milieu local exerce une influence sur les idées et les sentiments, dont les esprits et les caractères doivent sûrement subir le contre-coup. Il est à croire, par exemple, que l'aspect d'une contrée, agissant sur l'âme dès l'enfance par une succession de sensations plus ou moins variées et d'une certaine nature, contribue à donner à l'esprit telle tournure ou telle autre, et entre en quelque sorte comme élément de ses destinées futures. Ainsi, un pays de plaines n'a pas, à cet égard, la même influence qu'un pays de montagnes; ici, un aspect sans cesse varié par des accidents de terrain, par des forêts, des vallons, des rochers abrupts, des torrents; là, au contraire, un aspect uniforme, le regard s'étendant à l'infini sur de vastes champs cultivés ou stériles; l'œil, l'odorat, l'ouïe sont autrement impressionnés là qu'ici; c'est une autre végétation, ce sont d'autres fleurs et d'autres parfums, ce sont d'autres sons qui retentissent sous le dôme des forêts, répercutés par les échos des montagnes. Aussi l'habitant des contrées ainsi accidentées, remué dès l'enfance par cette variété de sensations qui se succèdent, doit-il avoir l'esprit plus vif, plus alerte, que l'habitant des plaines habitué à une monotonie qui le laisse tranquille et dont son âme conserve l'empreinte; et c'est, en effet, ce qui s'observe généralement.

La mer, pour l'habitant des côtes, le désert, pour l'Arabe errant, ont aussi leur unité d'aspect, mais d'une toute autre grandeur et d'une toute autre poésie; un pareil spectacle stimule bien autrement l'imagination qu'une vaste étendue de champs uniformément revêtus de moissons. Les contrées méridionales encore, avec leur beau ciel et leur riante nature, n'ont pas la même action sur l'esprit que les brumes du nord, l'aspect des glaciers, les longs hivers de neige; ici, l'âme, repliée sur elle-même et assombrie par la tristesse des images, là, excitée, égayée par la splendeur de la vie, conçoit différemment le langage des choses et donne à la religion des caractères divers.

Mais l'action des influences locales dans leur diversité se fait surtout sentir dans le séjour à la ville opposé au séjour à la campagne, et réciproquement. L'enfant né entre les rangées étroites des maisons d'une ville, habitué au mouvement des rues et des places publiques, au spectacle varié qu'elles lui offrent, a les sens et l'esprit impressionnés d'une toute autre façon que l'enfant qui grandit en face de la nature et des vastes horizons de la campagne, au grand air, au grand soleil, au sein des solitudes champêtres. L'enfant des villes, en général, aura plus de ressources dans l'esprit, il aura du moins l'esprit plus entreprenant, plus hardi, plus vif, plus affiné; comme artiste ou comme écrivain il réussira mieux dans les œuvres où la personnalité humaine est mise en scène ou en action. L'enfant des campagnes, lui, fera preuve d'en sentiment plus profond; il sera plus poète; sa pensée se portera en général plus haut et plus loin.

Edmond About, dans son livre *le Progrès*, dit à propos du village : « C'est la dernière forteresse de l'ignorance et de la misère; » et il appuie cette opinion de ce cri de l'auteur ancien : « La ville, la ville, mon cher Rufus, c'est la lumière où il faut vivre — *Urbem, Urbem, mi Rufe, Cole, et in istâ luce vive.* » Mais un peu plus loin lisez du même ces lignes : « La campagne nous prend par un charme intime, discret, timide, qu'on ne sent pas d'abord, qui nous laisse indifférent, presque ennuyé, mais qui bientôt, l'habitude aidant, s'empare de notre être et entraîne jusqu'aux dernières fibres du cœur. »

***

« La violette et la marguerite des prés sont rivales ; même saison, même simplicité ; la violette captive dès le premier printemps ; la pâquerette se fait aimer toute l'année ; la violette rappelle le plus pur sentiment de l'amour tel qu'il se représente à des cœurs droits ; mais cet amour, si persuasif et si suave, n'est qu'un bel accident de la vie ; il se dissipe, tandis que la paix des campagnes nous reste jusqu'à la dernière heure : la marguerite est le signe patriarchal de ce doux repos. »

(SENANCOURT-OBERMAN.)

Sans doute, s'il s'agit d'art et de lettres, le milieu local n'est pas l'unique élément qui détermine la nature d'un talent ; il y a aussi les tendances individuelles et de race. L'aspect de la Suisse est bien plus inspirateur que celui de la Hollande ou des Flandres ; cependant, la Suisse n'a guère eu de peintres, tandis que les écoles flamande et hollandaise sont dans les premières du monde. L'habitant de la Suisse, toutefois, en a-t-il moins subi l'influence de son milieu local ? Non ; s'il n'y a pas eu d'artistes en Suisse, il s'est rencontré là nombre d'écrivains de talent qui ont admirablement peint les scènes de la nature [1] ; et c'est Rousseau, un Suisse, qui a ouvert la voie à la littérature pit-

1. Saussure, Sénancourt, Toppfer et autres.

toresque de notre âge; le résultat ici s'est produit sous une forme particulière à d'autres aptitudes, mais l'impression première est toujours là. Le milieu local, de même que le milieu social, a son influence sur l'art et les œuvres de l'esprit, tout comme sur les institutions des peuples.

LES PAYSAGES ALPESTRES

Après avoir passé la *Brunig*, on arrive à *Lungern*, et ici le pays commence à prendre un autre aspect; l'on sort de l'*Oberland*, les sommets s'abaissent, la neige disparaît et les glaciers; on le regrette presque, car cette nature sauvage, qui effrayait nos pères, a intéressé les générations de notre siècle.

Ce qui, dans ce spectacle alpestre, nouveau pour lui, arrête tout d'abord l'attention de l'étranger, c'est la neige qui en plein été recouvre ses altitudes perdues dans les airs; c'est l'effet curieux du soleil levant ou couchant sur ces têtes chenues qui s'illuminent, tandis que leur base reste dans l'ombre; ce sont les nuages vagabonds qui en parcourent les flancs et découpent la masse de diverses façons pittoresques. Les glaciers aussi, avec leurs aiguilles, leurs crevasses profondes, leurs réservoirs d'eau bleue dans leurs prisons translucides, voilà encore des choses d'une étrange beauté. Et au sein de cet amas de bouleversements plus ou moins considérables, se rencontrent des petits mondes isolés dans le creux des vallées, des défilés à l'aspect sauvage, des torrents impétueux, des lacs bleus, des cascades tombant des hauteurs et s'émiettant en gouttelettes d'où s'élèvent, avec le soleil du matin, de légers arcs-en-ciel; c'est cette variété d'aspects qui fait surtout l'intérêt des voyages aux pays des montagnes.

Une chose à observer pour le touriste engagé une première fois au milieu d'une telle contrée, c'est combien les accidents de terrain trompent souvent son œil peu exercé sur leur altitude ou leur éloignement. Du point où vous vous trouverez, vous jugez tel sommet moins élevé qu'un autre qui se dresse à côté; c'est le contraire qui est vrai, car ils sont à des plans différents; élevez-vous ou éloignez-vous, et vous reconnaîtrez votre erreur. De même pour les distances; ce n'est guère que par la nuance que revêtent ces sommets que l'on peut juger de leur plus ou moins grand éloignement: ainsi, plus le plan est reculé, plus les choses s'estompent de bleu, à cause de la couche d'air plus profonde que les rayons ont à traverser pour vous en apporter l'image. De loin encore, ces colosses, par une autre illusion, vous paraissent toujours plus approchés qu'ils ne sont en effet; vous jugez qu'une lieue tout au plus vous en sépare, et il vous faudra cinq ou six lieues pour arriver à leur pied.

Au sein de cette nature tourmentée, on aime à

rencontrer un chalet rustique, une jeune et fraîche paysanne en costume du pays; on aime à entendre la chanson du vacher, ou les clochettes des bestiaux qui paissent sur les hauteurs... Et ce spectacle qu'offre la nature alpestre intéresse et séduit. On en retrouve une partie sur le chemin qui reste à faire pour atteindre le lac de Lucerne par Alpnach; mais les vraies magnificences de ces contrées, on les laisse derrière soi, dans l'Oberland qu'on vient de quiter. (*Extrait de notes de voyages.*)

LES PLAINES FLAMANDES

Des Alpes aux grandes plaines flamandes, il y a loin. Ici l'intérêt se concentre moins sur l'aspect des lieux que sur les populations aux mœurs d'un autre âge qui les habitent. Ces petits bourgs flamands sont à comparer à leurs *béguinages* : aussi tranquilles, aussi fervents dans l'observance des vieilles pratiques religieuses, aussi peu préoccupés des affaires du dehors; l'on y rencontre de ces bonnes figures qui rappellent si bien les toiles des vieux maîtres d'autrefois... C'est le passé, si différent du présent, et c'est aussi le régime ou l'image de l'immobilité.

Ces béguinages, dont il existe encore de curieux restes, constituent un trait de mœurs bien particulier aux Flandres. Une cour fermée, grande comme une place publique, et tout autour de petites demeures simples, mais bien tenues, le tout d'une propreté méticuleuse et d'un calme de cloître; avec cela, le plus souvent une chapelle, voilà ce que c'est qu'un béguinage, refuge pour des personnes du sexe, qui, sans prononcer de vœux, se soumettent à un régime de pratiques dévotes et de travaux manuels. Cette vie médiocre, mais que l'habitude a rendue chère, c'est la paix pour les âmes pieuses, moins le couvent. Il existait autrefois de ces établissements ailleurs qu'en Flandre; mais si les couvents se sont rétablis un peu partout, il n'y a plus de béguinages qu'ici.

Quand ce ne serait que pour les contrastes qu'elles offrent avec les villes et les mœurs modernes, l'on aime à se promener au milieu de ces cités flamandes qui évoquent les souvenirs de temps qui ne sont plus, Ypres, Bruges et autres. Bruges surtout a bien sa poésie ; les gens positifs de nos jours ont beau s'apitoyer sur ses allures de vieille, lui reprocher le silence de ses rues et de ses grandes places; voilà justement ce qui en fait l'intérêt pour d'autres un peu fatigués des bruits de l'existence nouvelle; dans l'air qu'on y respire on sent comme le souffle d'une grande morte, et l'imagination est hantée des visions du passé; ce n'est pas d'un intérêt banal que ses antiques monuments, ses tombeaux, ses vieilles maisons, ses promenades mélancoliques le long des canaux que parcourent ses cygnes blancs, le spectacle de ses mœurs d'un autre âge, ces femmes du peuple qui font de la dentelle assises sur le seuil de leurs petites maisons, ou vont à la messe affublées de leurs manteaux noirs à capuchons; c'est le spectacle de toute une autre existence; on n'admire pas, pour cela, une civilisation qui affecte d'aussi vieilles allures; mais les impressions du visiteur se diversifient et se renouvellent. Nul n'a mieux peint ni senti cette poésie de Bruges que son poète Georges Rodenbach; il visite un béguinage : « Quelques religieuses passent, dit-il, déplaçant à peine un peu de silence, comme les cygnes des canaux déplacent un peu d'eau. »

Quand on va d'Ostende à Bruges, bien que la distance ne soit que de quelques kilomètres, on n'en franchit pas moins un énorme espace de temps; vous quittez une ville où se trouvent réuni tout ce qui peut flatter les sens et les jouisseurs de notre époque; le luxe et les plaisirs, toutes les recherches du bien-être et toutes les inventions de l'art moderne; et voilà que vous tombez dans une autre qui n'offre plus que l'âme des choses passées. Mais pour peu que vous soyez vous-même capable de vous abstraire du présent, vous finissez, après un premier ahurissement, par trouver du charme dans ces impressions nouvelles qui viennent vous assaillir; et les soirs d'été, sur la grande place, silencieuse, à moitié dans l'ombre que dissipent à peine quelques becs de gaz, vous rêvez, pendant que les cloches et le carillon de l'antique beffroi marquent les heures qui ont fui ainsi pour les ancêtres et qui fuyent ainsi pour vous. Voilà la poésie de Bruges en opposition avec l'éclat moderne d'Ostende [1].

(*Notes de voyage.*)

LES CATACOMBES DE PARIS

« Dans les catacombes, ces anciennes carrières sur lesquelles reposent certains quartiers de Paris, on a eu la singulière idée de consolider le terrain avec des ossements humains. Tout cela est arrangé avec un ordre et une symétrie remarquables. D'un côté vous avez une galerie de crânes superbes, superposés les uns sur les autres; les uns sont complets, ont même des dents, la plupart sont privés de la mâchoire inférieure; mais ce qui fait la force et la solidité de l'édifice, selon un préposé, c'est la résistance de la boîte crânienne qui supporte le tout... Plus loin est la galerie des tibias; les crânes sont remplacés par les jambes; les os des tibias forment le cintre de résistance sur le devant de la galerie, et derrière on jette les carcasses démanchées et les os plus petits... Pour recruter ces matériaux, on prend, dans tous les cimetières de Paris, après une période de cinq ans, les cadavres des décédés qui n'ont pas de concession, on les déterre et on les conduit dans un immense charnier situé à une des extrémités du cimetière; on met à part les crânes et les tibias, ainsi que les gros ossements;

1. Cette mélancolie de Bruges perd quelque peu de son charme aujourd'hui, depuis que la vieille ville tend à galvaniser à la mode du jour l'intérêt si particulier qu'elle inspirait naguère.

les plus petits sont brûlés et réduits en poussière. »

Voilà ce que nous lisions un jour dans la correspondance française d'un journal étranger. Ce jour-là était justement le jour de la Toussaint, et l'on entendait partout les cloches solenniser sur un ton mélancolique la fête des morts. Nous avouons que cette lecture fit sur nous une singulière impression. Ainsi, tandis que chez nos pères, et jusque chez les sauvages, un respect instinctif, parfois méticuleux, presque toujours touchant, était observé à l'égard des dépouilles de ceux qui ne sont plus, à Paris on les emploie en guise de moellons; et voici un journaliste qui raconte la chose froidement; sa visite ne lui inspire pas la moindre pensée à la Hamlet. Il y a pourtant bien de quoi! mais que voulez-vous? Signe des temps nouveaux. On a prétendu — ce qui d'ailleurs n'est vrai qu'en partie — que les religions venaient du respect dont on entourait les morts; on pourrait dire réciproquement que la perte de respect vient de ce qu'on ne croit plus; tout se tient, en effet. En tout cas, ce peu d'égards pour les morts pourrait bien aussi signifier quelque mépris pour les vivants.

POUR LES MORTS

A d'autres égards pourtant, ou par d'autres considérations, nous honorons aujourd'hui en général les morts plus qu'aux siècles passés, pendant lesquels, pour les plus illustres, on a montré parfois une indifférence qui nous étonne. Quand Montesquieu mourut à Paris, en 1755, il n'y eut presque personne à ses funérailles; Diderot, de tous les gens de lettres, fut le seul qui y assista. Mozart meurt à trente-cinq ans, dans la gêne, et pas un ami n'accompagna son cercueil au cimetière; plus tard, on n'a pu même trouver la place de sa sépulture. Spinosa fut enterré dans la fosse commune. De grands artistes mouraient dans la misère : ce fut le cas de Rembrandt, à qui on pourrait de nos jours élever une statue d'or pur avec le produit de ses œuvres. Ruysdael meurt à Harlem à l'hospice des pauvres; Hobbema ne laisse pas même de quoi pouvoir subvenir aux frais de sa sépulture. Plus récemment, une autre célébrité, qui sans doute a moins fait pour l'art ou la postérité, mais dont l'œuvre n'a pas moins eu un retentissement universel, Rouget de l'Isle, l'auteur de la *Marseillaise*, celui qu'on a appelé le Tyrtée de la France, tombe dans la misère sous l'Empire et la Restauration, est retenu pour dettes à Sainte-Pélagie, sans que personne vienne à son secours, et ce ne fut que le gouvernement de Juillet qui lui fit un pension de douze cents francs jusqu'au moment de sa mort, en 1836.

La croyance grecque à l'immortalité de l'âme conduisit à incinérer les corps; la croyance orientale à la résurrection des corps fit, au contraire, choisir l'enterrement. Il serait peut-être digne d'une religion avancée, tout en honorant les cendres des morts, d'en revenir à celui des deux modes qui tient le moins compte de notre misérable enveloppe charnelle et l'expose à moins d'aventures humiliantes.

Chez les *frères Moraves*, la mort n'était pas entourée de ce sombre appareil auquel nous sommes habitués; on l'envisageait sous un aspect presque gai: pas de deuil, les cercueils peints en blanc, et portés en terre au son des instruments, dans des cimetières qui étaient de vrais jardins d'agrément.

Gœthe était un peu de la religion des frères Moraves. Il fut un grand esprit, mais un cœur sec et froid. Les mémoires du temps ne manquent pas de preuves à cet égard. Sa mère, Elisabeth Textor, était une femme tout à fait charmante et dont la coupable indifférence de son Wolfgang chéri ne parvint pas à refroidir le cœur chaud, ni à changer la bonne humeur. Sa femme, Christine Vulpius, une jeune fleuriste de Weimar qui avait d'abord été sa maîtresse, meurt en voiture à côté de lui, frappée d'un coup d'apoplexie pendant une promenade : Gœthe donne l'ordre au cocher de rentrer, et se contente de dire : « Quelle frayeur ils vont avoir à la maison lorsqu'ils verront cette personne morte dans le voiture! » Autre exemple de cette indifférence olympienne: Quand Gœthe apprend la mort subite du grand-duc de Saxe-Weimar, son protecteur et son ami, il est à table en société : « Ah, c'est affreux! dit-il, parlons d'autre chose; » et le dîner continua paisiblement. C'était comme un système chez lui.

A propos des cérémonies du mariage, Gœthe avait aussi, comme sur la mort, ses idées particulières, mais à un point de vue plus humain et plus acceptable. « Ne célébrons, dit-il, que ce qui est heureusement terminé; toute cérémonie au début épuise le désir et les forces qui produisent l'élan et nous soutiennent dans notre labeur assidu. De toutes les cérémonies, celles du mariage sont les plus déplacées; rien ne devrait être plus enveloppé de silence, d'humilité, d'espérance. » Ici, Gœthe n'avait pas tort; et les fiancés, en particulier, on peut en être certain, lui donneront raison; mais quand nos mœurs y souscriront-elles?...

L'AMOUR ET LE MARIAGE

L'un mène à l'autre, et pourtant on dirait qu'ils se fuient. L'expérience a prouvé que ce qu'on appelle *coup de foudre* en amour est souvent une mauvaise entrée en ménage; l'éclair passé, il ne reste que des illusions qui passent, ou des misères auxquelles on ne sait se résigner. « Ne donnons pas à l'hymen les ailes de l'amour; ne faisons pas d'une sainte réalité un fantôme volage ; » c'est Chateaubriand qui s'exprime ainsi. Et ce fantôme-là, c'est ce qu'on appelle l'amour *romanesque*, l'amour idéal de Pétrarque et de Laure, qui va jusqu'à l'amour mystique de Dante et de Béatrix. C'est de celui-là dont parle Cousin, lorsqu'il dit : « Si l'objet de l'amour n'est qu'un simulacre de la beauté véritable, capable seulement d'exciter l'ardeur de l'âme sans pouvoir la satisfaire, la réflexion rompt le charme qui retenait le cœur, dissipe la chimère qui l'enchantait ; il faut être bien sûr de ses attachements pour oser les mettre à l'épreuve de la réflexion; ô Psyché, Psyché, respecte ton bonheur ! N'en sonde pas trop le mystère. » C'est cet amour-là qui est peu fait pour une entrée en ménage. Mme de Staël va plus loin lorsqu'elle dit, dans Corinne : « Peut-être est-il dans la nature d'un amour profond et vrai de redouter un moment solennel quelque désiré qu'il soit, et de ne changer qu'en tremblant l'espérance contre le bonheur même. »

Amour, fleur de jeunesse, qui, sur les sols généreux, charme par sa grâce et sa fraîcheur, enchante par sa beauté, et tombe desséchée une fois que son objet est atteint, pour n'en laisser que le fruit et ainsi satisfaire aux desseins de la mère nature. Vous, poètes, qui n'aimez et ne cultivez que les fleurs, ne vous mariez pas ; l'amour-poésie, tel est votre lot ; l'amour dans le mariage, c'est de la prose.

Mais les enfants ! Oui, voilà ce qui réconcilie avec tous les fantômes et justifie toutes les illusions ; l'amour est l'appas, la famille le but ; et le mariage est l'association de deux personnes pour fonder une famille.

Voici quelques autres pensées ou extraits d'auteurs sur le même sujet : — « A un homme d'esprit il ne faut qu'une femme de sens ; c'est trop de deux esprits dans une maison » (de Bonald). — « Celui-là, je le crois, connaît bien peu le cœur de la femme, qui s'imagine que des soupirs peuvent conquérir un objet aussi inconstant ! Que lui importe un cœur, alors qu'elle le possède ? Rendez à l'idole de vos yeux l'hommage qui lui est dû, mais n'y mettez pas d'humilité, si vous ne voulez qu'elle vous méprise, vous et votre hommage, quelles que soient les métaphores dont vous revêtiez l'expression ; dissimulez jusqu'à la tendresse, si vous êtes sage ; une confiance hardie est encore ce qui réussit le mieux auprès de la femme ; excitez tour à tour et calmez son dépit, et vous ne tarderez pas à voir couronner tous vos vœux. » Voilà une séduction à l'anglaise, et non à la française : elle est de lord Byron.

Méphistophelès, dans Faust : « Toutes les filles

trouvent leur compte à ce qu'on soit pieux et simple, à la vieille mode ; s'il cède sur ce point, pensent-elles, nous en aurons bon marché à notre tour. » — *Faust :* « Ne vois-tu pas combien cette âme fidèle et sincère — (Marguerite), — toute remplie de sa foi qui suffit à la rendre heureuse, souffre saintement de se sentir forcée de croire perdu l'homme qu'elle chérit entre tous? » — *Méphistophélès :* « Amoureux insensé et sensible, une petite fille te mène par le nez. » — Gœthe, dans cette scène entre le suborneur et sa victime, a bien rendu les sentiments égoïstes du débauché sans cœur, opposés aux scrupules de l'honnête homme; quelle vérité encore dans cette opposition douloureuse entre la foi et l'incrédulité, chez deux êtres qui s'aiment !

— « Comment pouvais-je autrefois si bravement déclamer quand je voyais défaillir une pauvre fillette? Comment se faisait-il que, pour les péchés des autres, ma langue ne trouvait jamais de termes assez noirs; et je me signais, et je me faisais le signe aussi grand que possible... Et maintenant je ne suis plus rien que péché ! Et cependant tout ce qui m'y portait, mon Dieu, était si bon, était si adoré ! »

(Marguerite, dans *Faust*.)

— « Le plaisir de l'amant, dit Walter Scott, comme celui du chasseur, consiste dans la poursuite, et la beauté la plus brillante perd la moitié de ses attraits quand la main qui veut la cueillir peut y atteindre trop aisément. » La diminution du prix qui résulte pour nous d'un objet en vue une fois qu'il est atteint, voilà en effet une observation qui a bien souvent frappé les moralistes, ailleurs encore qu'en amour. Misère de nous-mêmes! Nous courons souvent après un mirage, et le bonheur est plutôt dans l'espérance qui est le mobile de notre poursuite. Nous sommes ainsi dupes de nos illusions; et pourtant que serait la vie sans ces illusions ? Elles nous font agir, et il y a là une loi bienfaisante plutôt que décevante, par laquelle se poursuivent le train et le progrès du monde; cette loi tient aussi sa place entre l'amour et le mariage.

LE ROMAN ET LES IMAGINATIFS

Les œuvres de pure imagination ont beaucoup préoccupé les écrivains de notre époque. C'est un genre qui séduit et qu'on peut, en apparence du moins, aborder sans préparation. C'est aussi celui dont on a le plus abusé, et qui a le plus justifié les reproches qu'on adresse à la littérature moderne. Ainsi, pour certaines gens, le mot *roman* équivaut à celui d'un ouvrage immoral, parce que, en effet, il s'est publié beaucoup de romans où les auteurs, en vue de réussir, ne se sont pas refusés de recourir à ces séductions faciles qui ont une si funeste influence sur les mœurs et les esprits. Il n'en est pas moins vrai que le roman n'est pas de sa nature plus mauvais que tout autre genre littéraire, et qu'il offre même, sous une forme un peu frivole sans doute, un cadre des plus heureux pour agir utilement sur les sentiments et les idées du plus grand nombre des lecteurs de nos jours. « Dans notre existence moderne, surchargée de travail et avide de distractions, écrivait Villemain dans un de ses rapports académiques, les romans, il faut l'avouer, sont de puissants précepteurs pour le bien et pour le mal ; c'est la seule lecture de tous ceux qui n'ont pas le temps de lire. » « Le roman éloquent, le roman passionné, le roman moral et vertueux, dit ailleurs le même écrivain, est, sous certains rapports, le poème épique des nations modernes. »

A cette question si le roman est un genre mauvais Mme de Staël répondait un jour : « Je ne dissimulerai pas que les romans, même les plus purs, font du mal : ils nous ont trop appris ce qu'il y a de plus secret dans les sentiments. » Voilà peut-être une raison profonde, mais aussi une réponse faite à un autre point de vue, et applicable seulement au roman à passions et d'analyse psychologique; la raison, au contraire, est contestable pour le roman qui n'est qu'un tableau ou une étude de mœurs. Pourquoi le roman ne pourrait-il être un enseignement, et le plus suggestif de tous? Walter Scott, qui intéressa tant nos pères, fut-il un corrupteur ? N'est-ce pas de lui que Taine a dit : « Par son honnêteté foncière et par sa large humanité, il s'est trouvé l'Homère de la bourgeoisie moderne. »

Pauvre Homère ! passé comme l'autre. En littérature comme ailleurs, les goûts changent selon les époques : il y a les genres et les maîtres *à la mode;* Lamartine, en France, est aussi un dieu délaissé; on lui a substitué Hugo, qui passera comme lui. Qui a tort pourtant de ces déchus ou de l'opinion régnante? Le raffinement des esprits dans les grands centres qui donnent le ton, n'est-il pas une décadence? Il fait que l'on comprend de moins en moins *cette honnêteté foncière et cette large humanité*, comme dit Taine, qui est dans le génie des bonnes et simples natures.

Pour faire un bon roman, il faut des qualités beaucoup plus sérieuses qu'on ne croit généralement ; une œuvre telle comporte toutes les aptitudes du cœur et de l'esprit ; lorsqu'elle est conçue avec force et vérité, lorsqu'elle est écrite avec un talent sain, elle est toujours et éminemment morale. Qu'est-ce que la moralité d'une œuvre d'imagination ? Certains critiques, pour se prononcer, usent ici de la même méthode qui leur sert à juger un ouvrage de philosophie, et ces critiques ont tort; Benjamin Constant indique, selon nous, le principe à suivre : « La morale d'un ouvrage d'imagination, dit-il, se compose de l'impression que son ensemble laisse dans l'âme ; si, lorsqu'on pose le livre on est plus rempli de sentiments doux, nobles, généreux, qu'avant de l'avoir commencé, l'ouvrage est moral et d'une haute moralité. »

Dans le roman anglais du dix-huitième siècle, dans Foë, dans Richardson et autres, même dans ceux de notre siècle — voir Dickens — l'intention morale est très distinctement accusée. Et si les romanciers en Angleterre, même les peintres — voir Hogarth — ont toujours eu des tendances moralistes, c'est que l'Anglais, avec sa nature vigoureuse et un peu grossière, a toujours senti le besoin d'être dirigé dans ses convictions et refréné dans ses instincts ; il aime les raisons, les sermons, son esprit est ainsi fait : sens droit dans un corps trop nourri.

***

En littérature les genres réputés les plus frivoles ne sont pas toujours ceux que l'on pense. La peinture d'une société, d'une époque, ou de l'être humain en général, faites avec des vues d'amélioration et de progrès, est une œuvre très sérieuse et très méritoire. En peut-on dire autant de certains travaux généralement plus appréciés? Par exemple, un auteur passe toute sa vie à en commenter un autre, jusque dans les détails les plus insignifiants de fond et de forme, et sans intérêt ni utilité pour personne; ou bien, il multiplie les recherches et les discussions à propos de faits historiques sans portée aucune ou de questions très secondaires : amours et caprices de savants, dira-t-on; oui, sans doute...et très permis; mais il ne faut pas y attacher d'autre importance, et un bon roman a sur les esprits une portée qui leur manque.

***

Aux beaux jours de la littérature mercantile de notre siècle, on a fait sur les romanciers une remarque qui déroute un peu les esprits du vulgaire. Quand une confidence publique ou secrète vous révèle qu'un livre d'imagination qui vous avait vivement intéressé, qui peut-être vous avait fait verser des larmes, que vous aviez sincèrement admiré, a été le résultat d'un besoin d'argent, d'un travail commandé, auquel l'auteur ne s'est prêté que malgré lui, ennuyé par les circonstances qui lui forçaient la main, cette révélation fait sur vous un singulier effet. Voilà donc ce livre que vous vous figuriez avoir été écrit avec amour, par un auteur entraîné et inspiré; on l'a, en réalité, fait comme une œuvre servile de manœuvre, par nécessité, presque sans plan, au jour le jour, pressé par le journal ou le libraire qui attend et qui, lui-même, doit satisfaire à l'impatience d'un public quelque peu niais! Eh bien, c'est le cas de plus d'un roman célèbre de nos jours, en France, en

Angleterre, ailleurs; il y a même eu des auteurs qu'on a renfermés pour les faire ainsi travailler de force; ils rappellent la Pythie antique qu'il fallait tourmenter pour lui faire rendre des oracles ; il est heureux pour nous que nous n'ayons pas su ce que ces livres et ces oracles avaient coûté.

J'ai relu la *Nouvelle Héloïse* : quelle abondance intarissable d'un cœur ému ! La forme et les sentiments n'y sont plus guère dans les goûts de notre temps; le style de nos romanciers est moins savant ou plus libre d'allures; l'on ne supporterait plus les longueurs auxquelles prête un roman par lettres ; mais l'éloquence émue de la plupart de ces lettres est encore faite pour les rendre souvent admirables. Les romans de nos jours paraissent froids à côté de celui-ci, et l'on sent que leurs auteurs ne sont pas, comme Rousseau, pleins de leur sujet; il n'y a pas ici œuvre voulue accomplie avec plus ou moins de talent, mais bien travail d'idéaliste qui cède au besoin de donner un corps aux imaginations d'une sensibilité excessive. — Ces mobiles avaient leurs dangers : Jean-Jacques manque souvent de tact et de mesure ; son imagination l'inspire mal parfois; il méconnaît certaines tendances du cœur humain, qui proteste; ajoutez qu'ici le mot de vertu se rend suspect en plus d'un endroit. Il est vrai encore de dire que chez les romanciers de nos jours il y a en général une connaissance et une observation des hommes et des choses qui manquaient à Rousseau; donc, plus de vérité ; sa part, à lui, c'est le génie de l'écrivain et l'éloquence de la passion.

Dans la neuvième lettre de la première partie, Julie supplie Saint-Preux de lui laisser le bonheur de son amour pur, sans exiger davantage : « Mon cœur a besoin d'amour, mais mes sens n'ont aucun besoin d'amant... La possession est une crise d'amour. » Voilà l'amour des vierges ; Saint-Preux, lui, n'aime qu'en égoïste cruel, comme la plupart des hommes; situation que Rousseau a rendue avec un grand sentiment.

Mme de Staël insiste sur la raison qu'elle a déjà donnée ailleurs à propos des inconvénients de certains romans passionnés : « Lorsqu'on a éprouvé cette existence animée que donnent les sentiments passionnés, dit-elle, l'on n'est plus accessible à aucune des jouissances communes de la vie. » Fénelon avait déjà dit avant elle, à peu près dans la même sens : « Craignons ces grands ébranlements de l'âme qui préparent l'ennui et le dégoût. » Oui! l'ivresse d'un jour amène le plus souvent l'ennui du lendemain, tout comme les mouvements de l'âme passionnée dégoûtent de la vie de tous les jours. Chacun, plus ou moins, n'a-t-il pas éprouvé par lui-même cette vérité pratique? Quand le pendule a trop avancé dans un sens, il retombe en excès dans le sens contraire; c'est un grand art que de savoir en régler la course ; par malheur il ne dépend pas toujours de nous d'éviter ces situations où l'équilibre de l'âme se trouve rompu.

Que d'hommes de génie de notre siècle dans le monde des lettres, poètes ou romanciers, ont été de ces déséquilibrés, affligés de nervosisme, en proie à une imagination maladive! Ainsi, Henri Heine et Baudelaire ont été frappés de paralysie générale et comme morts déjà avant de s'éteindre tout à fait; Gérard de Nerval, ce pauvre fou, s'est pendu; Schelley et Leopardi mettent comme lui fin à leurs jours; Alfred de Musset se perd misérablement par ses excès; Hoffman, l'auteur des *Contes*, meurt fou; et de nos jours, Nietzsche et Maupassant finissent leur existence dans des maisons de santé; et tant d'autres encore parmi les artistes! Est-ce que le génie serait donc une maladie, une névrose, dit-on? Il semble tout au moins qu'il coïncide avec un trouble dans l'équilibre des facultés peut-être plus fréquent aujourd'hui qu'aux siècles passés.

« L'abondance des points de vue, cette richesse

de l'intelligence, dit M. Paul Bourget, est la ruine de la volonté, car elle produit le dilettantisme et l'impuissance énervée des êtres trop compréhensifs. » Avec le surmenage, c'est le mal du jour pour plusieurs, selon l'auteur; et nous croyons qu'il a raison. Mais quelle est au fond la signification de ce mal de trop comprendre? Est-ce qu'il n'existe que des vérités contradictoires, entre lesquelles nous restons perplexes? Non; c'est plutôt un mal accidentel et de circonstance. Cela signifie que le progrès des lumières à notre époque nous a placés devant une telle abondance de matériaux, que nous n'avons su encore en déterminer la place et la synthèse, pour édifier le monument final où éclatera l'idée simple fondamentale, seule capable de s'imposer à la foi et de fixer nos idées et nos volontés. Ce monument toutefois sera-t-il jamais achevé? Ce qui paraît au moins certain, c'est qu'à mesure qu'il s'élève il nous permet de voir de plus haut et plus loin vers l'avenir.

Platon, qui mettait les poètes à la porte de sa république en les couvrant des chaînes d'or, n'était pas loin d'en faire autant avec les avocats. Il faut rappeler ce passage. « Quoiqu'il y ait, dit-il, un grand nombre de bonnes choses dans la vie humaine, la plupart portent avec elles une sorte de peste qui les corrompt et les infeste. Est-il rien, par exemple, de plus excellent sur la terre que la justice, à qui on est redevable d'avoir adouci les mœurs des hommes? Mais la justice étant une bonne chose, comment la profession d'avocat ne serait-elle pas une profession honnête? Malgré tout cela, néanmoins, je ne sais quelle mauvaise pratique, déguisée sous le nom d'art, a décrié cette profession. On dit qu'il y a dans le barreau une espèce de routine au moyen de laquelle, en plaidant pour soi-même ou pour d'autres, on gagne aisément sa cause, soit qu'on ait ou non le bon droit de son côté : il ne s'agit que de payer à beaux deniers comptant ceux qui possèdent cet art, et les plaidoyers qu'ils font conformément à ces préceptes. Ce qu'il peut y avoir de plus avantageux pour notre Etat — la République de Platon — c'est qu'il ne s'y trouve jamais personne habile en cet art, ou, si l'on veut, dans ce métier et dans cette routine sans art; ou, s'il y en a, que du moins ils se rendent aux prières du législateur, et ne parlent jamais contre le bon droit; sinon, qu'ils aillent exercer leur talent ailleurs. S'ils obéissent, la loi se taira; s'ils n'obéissent point, elle parlera en ces termes : au cas que quelqu'un paraisse vouloir affaiblir dans l'âme des juges le sentiment de l'équité, en les portant à des dispositions contraires, et qu'il le fasse à tout propos, en plaidant pour lui-même ou pour les autres, tout citoyen sera reçu à l'accuser d'être un mauvais plaideur ou un mauvais avocat, et l'accusation sera portée au tribunal des juges d'élite. » — Cette façon de prendre les choses paraîtra peut-être à beaucoup aujourd'hui un peu... antique ; est-elle pourtant si mauvaise? Quoi qu'il en soit, on sait que Napoléon ne pensait guère autrement que Platon. Le barreau, disparu en France en 1790, avec les parlements, ne fut rétabli qu'en 1810, avec les cours de justice. Se figure-t-on pourtant Paris sans avocats pendant vingt ans!

« Pascal avait bien raison d'appeler la parole une puissance trompeuse; comment croire qu'on n'a pas affaire au plus capable, quand on a affaire au mieux disant? » (SAINTE-BEUVE.)

LA MUSIQUE ET SON INFLUENCE

Pourquoi la musique est-elle si puissante sur nous? Pourquoi est-elle le plus suggestif de tous les arts?

La musique est une suite ou combinaison de sons qui traduisent les impressions de l'âme et des sens et les transmettent des uns aux autres par l'ouïe, en associant souvent ainsi dans un sentiment commun tout un grand auditoire. La vue ne reproduit que l'image des objets; le dessin, la peinture peut ainsi nous donner la sensation de la beauté, avec toutes les jouissances qu'elle suggère; mais ce n'est là qu'une impression que nous subissons par un contact moins direct et moins intime. Dans sa puissance magique, le son musical qui frappe l'oreille associe davantage le corps et l'âme, le cœur et les sens; nous ne jouissons de la peinture que par l'image, tandis qu'avec la musique nous éprouvons directement une pénétration instantanée de tout notre être; le son, harmonique ou mélodique, est une chose qui s'incorpore en nous, et dont le charme n'est pas simplement, comme en peinture, une sorte de répercussion extérieure; c'est une impression plus sensuelle, si l'on veut, mais, quoi qu'il en soit, plus capable qu'une autre d'éveiller en nous ce qu'il y a de grand, de beau, et de divin.

Voilà le secret de la musique et de sa puissance.

« La musique, dit Schopenhauer, est la révélation de l'âme des choses et leur expression directe. »

Ce n'est pas qu'en général la musique d'un maître fasse naître en nous des sensations ou des sentiments dont nous ne portions pas le germe ; mais elle est puissante pour éveiller ce qui sommeille au fond de nous-mêmes. Si certaines personnes sont insensibles à la musique, on peut croire que c'est par un vice d'organisation où l'ouïe manque de certaines propriétés communes à d'autres et qui font pénétrer les impressions jusqu'à l'âme.

« Il y a deux manières de voir sur la musique, a écrit Mme de Staël à propos de musique dramatique : les uns veulent trouver en elle la traduction des paroles ; les autres, et ce sont les Italiens, se contentent d'un rapport général entre la situation de la pièce et l'intention des airs. » « Quand on sent la musique faiblement, selon la même, on exige qu'elle se conforme avec fidélité aux moindres nuances des paroles ; mais quand elle émeut jusqu'au fond de l'âme, toute attention donnée à ce qui n'est pas elle ne serait qu'une distraction importune ; et pourvu qu'il n'y ait pas d'opposition entre le poème et la musique, on s'abandonne à l'art qui doit toujours l'emporter sur tout autre. Car la rêverie délicieuse dans laquelle il nous plonge anéantit les pensées que les mots peuvent exprimer ; et la musique réveillant en nous le sentiment de l'infini, tout ce qui tend à particulariser l'objet de la mélodie doit en diminuer l'effet. »

Voilà comment l'auteur de *l'Allemagne* goûtait la musique ; et, selon nous, elle n'avait pas tort. La musique, plus intellectuelle ou conventionnelle qu'instinctive ou inspirée, a peut-être plus de partisans dans le monde des professionnels, mais ce ne sont pas en général ceux-là qui en reçoivent la plus forte impression, ni même peut-être qui en jugent le plus sainement.

Beaucoup de gens aiment ou font semblant d'aimer la musique ; mais que de différences dans les impressions reçues ! Dans une salle d'opéra, à l'audition d'une grande œuvre lyrique, y a-t-il seulement un auditeur sur dix qui se laisse émouvoir ou charmer par la musique? Cela n'est pas certain; les uns, comme on sait, sont là pour voir ou être vus plutôt que pour entendre; c'est un lieu de rendez-vous mondain; et puis, il y a une belle mise en scène, un ballet, des danseuses, des danseuses surtout. D'autres, prétendant s'y connaître et portant jugement sur l'œuvre ou les artistes avec un aplomb imperturbable, ne sont même pas souvent en état de distinguer quand on chante juste ou faux; mais ils sont réellement remués quand on chante fort; c'est pour eux que tant de ténors crient et s'époumonnent [1].

Quant aux vrais amateurs de musique eux-mêmes, il faut distinguer : parmi eux, il y en a qui restent indifférents et froids à certains moments qui, au contraire, font sur d'autres une profonde impression; opposition de tempérament ou peut-être d'éducation. Ainsi, les scènes qui font appel aux grands sentiments de l'âme, celles, par exemple, où le compositeur a tiré parti de la musique religieuse, produisent un grand effet sur un certain nombre d'auditeurs qu'elles remuent profondément : nous citerons ici, parmi les scènes les plus connues, celle de Marguerite à l'église et tout le final de *Faust*, celle du *Miserere* du *Trouvère*, le cinquième acte de la *Favorite*. C'est qu'il y a des voix du monde qui n'appar-

1. Et ce qui est étrange, c'est que ces prétendus amateurs, par cela seul que le genre Wagner est aujourd'hui à la mode, iront passer des heures à écouter avec dévotion les opéras les plus ennuyeux et les plus soporifiques qu'il y ait; pur snobisme !

tiennent pas à la terre, et que, seule, nous fait entendre la musique des maîtres inspirés; mais tous ne les entendent pas ; et nous avons toujours remarqué qu'à ces moments-là, d'une si dramatique et touchante poésie pour les uns, les autres ne sentaient rien, sinon de l'ennui, et même se sauvaient.

Une musique qui, sans porter si haut, charme infiniment encore, c'est celle que Henri Heine définissait un jour ainsi, à propos du *Déserteur* de Grétry : « La grâce la plus sereine, une douceur ingénue, une fraîcheur semblable au parfum des fleurs des bois, un naturel vrai et même de la poésie; oui, mais la poésie sans le frisson de l'infini, sans le charme du mystérieux ; je dirai presque une poésie jouissant d'une bonne santé. » Voilà la musique française d'autrefois. Plus récemment, Gounod, le Lamartine de cette école-là, en a élevé le charme naturel jusqu'à la plus haute poésie ; son *Faust* mérite d'être l'opéra le plus populaire de notre temps, tant par l'intérêt du drame et son art varié, que par une musique comprise de tous, et tout à la fois pleine de séductions et d'une haute inspiration.

Pour sentir toutes ces choses, il y a donc en nous telles dispositions naturelles ou innées, tels détails d'organisation aussi, auxquels elles répondent. En êtes-vous privés? Vos oreilles, frappées par les sons musicaux, seront comme des pierres sourdes et insensibles; peine inutile, vous ne sentez rien, et vous vous étonnez que cela puisse remuer les autres.

Il y a toujours eu, et il y aura toujours, des personnes supérieurement douées du côté de l'esprit, et que la musique laisse complètement insensibles. Catherine II, impératrice de Russie, disait : « La musique n'a jamais été pour moi qu'un bruit[1]. » Certes, ces personnes-là sont privées d'une grande source de jouissances. Pour comprendre la musique, pour en jouir, même pour en juger, il n'est pas nécessaire d'en avoir fait une étude; qui sait même si trop d'étude ou de science ne fausse pas le goût naturel? Mais il faut l'aimer et être fait pour l'aimer; c'est une langue que tout le monde ne comprend pas, et celui qui la comprend bien la sait de naissance. « La musique, pour être bien sentie, a dit Grétry, n'a besoin que de cet heureux instinct que donne la nature[2]. »

A propos de Grétry, il n'est pas sans intérêt de citer ici son opinion sur cette mode importée en France par Gluck, et restaurée aujourd'hui, avec de nombreuses additions, par Wagner, à savoir, attribuer à l'orchestre le premier rôle, qui, d'après Grétry, ne doit appartenir, dans les opéras, qu'à la scène. « Il fallait comme Gluck, dit-il, posséder l'art de faire

1. On cite encore, en France, Fontenelle, Théophile Gautier, Victor Hugo, Leconte de l'Isle. Il y a même des peuples dont on peut dire qu'ils manquent du sens musical : l'Angleterre, par exemple, qui n'a eu ni compositeurs, ni virtuoses.

2. Nous lisions naguère d'un critique français de nos jours, M. Henri Fouquier, à propos de beaux-arts : « J'ai la plus légitime défiance pour les drames qui ne sont compris que de vingt-cinq personnes, pour la musique que les musiciens entendent seuls, et pour les peintres qu'on ne peut goûter qu'en sachant les procédés de l'art. »

un grand tout bien ordonné, pour avoir osé renverser le principe en rendant principal ce qui par essence ne doit être qu'accessoire. » Et Grétry, après avoir montré son peu de goût pour l'aridité de cette *musique déclamée*, comme il l'appelle, prédit à la France, toute *dépourvue qu'elle est d'instinct musical*, un avenir brillant :« La France, dit-il, offrant une température mixte entre l'Italie et l'Allemagne, semble devoir un jour produire les meilleurs musiciens, c'est-à-dire qui sauront se servir le plus à propos de la mélodie unie à l'harmonie pour faire un tout parfait. Ils auront, il est vrai —les Français — tout emprunté à leurs voisins ; ils ne pourront prétendre au titre de créateurs; mais le pays auquel la nature accorde le droit de tout perfectionner pourra être fier de son partage. »

La prophétie de Grétry ne s'est-elle pas réalisée au cours du siècle qui finit? Depuis que Henri Heine, à propos du compositeur liégeois, a si bien parlé de la séduction de cette musique, tout en lui refusant *le charme du mystérieux*, on ne peut contester que les Gounod, les Halévy, les Ambroise Thomas, et autres maîtres français de nos jours, à la suite des Donizetti et des Verdi, des Mozart et des Weber, n'aient ajouté à cette grâce naturelle les accents d'une nuance dramatique émue, où l'âme s'élève à cette poésie de l'infini et du mystérieux que réclamait Heine. L'art wagnérien, avec tout son génie de science moins pittoresque que confuse et bizarre, n'a rien à voir avec cette musique de charme naturel et d'inspiration, car, s'il a pour lui lui la force savante et étudiée, il lui manque cette puissance suggestive qui ravit l'âme sans jamais la lasser.

De toutes les manifestations de l'art, la musique est celle qui tient la plus grande place dans l'esprit des penseurs, parce qu'elle est celle qui remue l'âme le plus profondément. La peinture, la sculpture, l'architecture ont peut-être provoqué davantage la critique et les vues esthétiques ; mais le cœur, l'imagination, le sentiment intime, n'y ont jamais pris le même intérêt et ne s'y sont jamais trouvés engagés aussi directement ni au même degré. « La musique, dit Cousin, est l'art sans contredit le plus pénétrant, le plus profond, le plus intime ; il y a physiquement et moralement entre un son et l'âme un rapport merveilleux. »

S'il est vrai que la musique est une langue que tout le monde n'entend pas, quelque éloquente qu'elle soit, il est aussi vrai qu'il y a des œuvres qui ne sont et ne peuvent être comprises par personne : à qui la faute ? La musique n'est point faite pour tout dire, et elle ne doit en général exprimer que ce qui peut l'être en flattant l'oreille. C'est ce que les Allemands, qui n'en sont pas moins de grands et savants musiciens, n'ont pas toujours bien compris, ainsi qu'on l'a fait souvent observer. La musique est surtout un art d'inspiration, exclusif de trop d'études et de recherches, et où les maîtres les plus applaudis ne conforment les airs aux paroles que d'une manière générale.

Il y a une musique qui agite et remue fortement, et il y a une musique qui calme et repose. Tandis que les accents passionnés de l'amant ou les chants mâles du guerrier appartiennent à la première, la chanson du moissonneur ou du gondolier, la musique religieuse encore, portent les caractères de la seconde. A propos de celle-ci, l'auteur des *Sources*, qui comprenait si bien la puissance de la musique, le père Gratry, a très bien dit : « Le rythme musical régularise en nous le mouvement, et opère pour l'esprit et le cœur ce qu'opère pour le corps le sommeil. » « La vraie musique, dit encore le même, est sœur de la prière comme de la poésie ; comme la prière et la poésie, elle ramène vers le ciel. » Oui, la musique ouvre parfois des horizons nouveaux à l'esprit, et il existe tels coins du ciel qui, par la magie de certains accents, se découvrent à l'imagination.

Chez les natures bien disposées, un accord, un simple frôlement de harpe, se produisant au milieu de certaines circonstances, suffisent pour jeter l'âme dans le ravissement et la rêverie ; l'harmonie lointaine des cloches dans les champs silencieux encore. Les impressions et les idées qui se succèdent alors en nous, aucune autre cause souvent ne peut les faire naître. « Je sens que la musique touche dans les profondeurs de mon âme, disait le pasteur Channing, des cordes que nulle autre puissance ne fait vibrer. » « Il semble, dit Mme de Staël, qu'il y a des secrets de notre nature que notre esprit ne peut découvrir et qui nous sont comme indiqués par l'exaltation qu'inspire la musique. » Il y a là un fait digne d'attirer l'attention du philosophe, et c'est un philosophe français de nos jours, M. Paul Janet, qui écrivait naguère : « La philosophie est impuissante à exprimer l'inexprimable; à définir l'indéfinissable ; la musique semble le seul langage qui puisse nous mettre en communication avec cette source infinie ; là est peut-être le secret des émotions ineffables que produisent en l'âme un Beethoven par ses immortelles symphonies, ou encore les auteurs inconnus de nos Chants sacrés. »

Il y a en musique des auteurs dont on dit qu'il faut un long temps pour les comprendre. Mais peut-on donc appliquer ce mot *comprendre* au plaisir que fait la musique, comme s'il s'agissait d'une chose purement intellectuelle ou scientifique ? L'art musical traduit pour le charme de l'ouïe nos sensations ou nos sentiments, et non nos idées; la jouissance ici résulte d'une impression première, subite, peut-être vague, mais non obscure et à laquelle nos sens, notre cœur ou notre esprit se déroberaient tout d'abord ; de deux choses l'une, ou bien ceux à qui cela arrive sont dépourvus du sens musical — ce qui n'est pas rare — ou bien cette musique-là n'est pas la vraie musique d'inspiration, ce n'est qu'un travail ou une étude sur la gamme des sons. Une musique qu'on ne comprend pas ou qu'il faut faire effort pour comprendre : combien de gens de nos jours n'ont pas dit cela de certains opéras modernes, et pour ne pas s'avouer qu'ils les ennuyaient ? Mais quoi ! N'était-ce pas la musique à la mode du jour ? Il fallait entrer dans le mouvement sous peine de tomber honteusement devant l'opinion régnante ! Et ces gens ont fait effort, et après beaucoup de peines et d'ennuis, ils ont fini par comprendre... tous !

LE SON DES CLOCHES

Le son des cloches, dans le silence et la solitude des champs, jette l'âme dans la rêverie. Entendez-vous là-bas, au loin, leurs accents tristes ou joyeux ? C'est l'Angelus du soir; c'est une joie qui n'est jamais profane, c'est une tristesse qui n'est jamais pénible. Il y a pourtant des gens que le son des cloches agace et qui n'ont jamais rien compris à l'impression qu'il fait sur d'autres; tandis qu'il charmait Chateaubriand, Gœthe ne pouvait le souffrir. Que le bruit quelque peu tintamaresque que font les cloches de toutes les églises, le dimanche, dans les villes en pays chrétiens, n'ait rien qui flatte l'oreille ni qui édifie, on peut l'admettre; mais leur harmonie prend une tout autre expression dans l'isolement et le silence des campagnes. Nous voici au déclin d'une belle journée d'automne; j'ouvre ma fenêtre; la vue domine au loin sur les champs paisibles; l'air est calme et d'une grande douceur; nul bruit que de temps en temps le mugissement des bestiaux, ou le chant mélancolique d'un petit rouge-gorge solitaire qui est là dans le buisson; et puis, au loin, les cloches de l'église de la Minerie; elles m'annoncent que quelqu'un vient de passer de vie à trépas; il y a entre les deux notes, qu'estompe la distance, la différence d'un demi-ton; les gens du pays prétendent que les cloches disent ainsi : *Pauvre âme!* C'est plein de mélancolie! Et pourtant cela a comme un charme de tristesse. Alors on songe à ceux qui ne sont plus; et le souvenir des années à jamais passées occupe notre esprit rêveur. Oh! souvenir, oh! ruines antiques ou nouvelles, on croit entendre votre voix [1]!

1. En France, vers 1800, à la suite des persécutions religieuses et de la guerre aux églises, il résulte de tous les rapports locaux qu'une des choses du Culte qu'on regrettait le plus, c'était le son des cloches; selon Taine, l'expression de ce regret était fréquente, même dans les cantons d'une piété assez tiède : « On aimerait mieux les cloches sans prêtres que les prêtres sans cloches, » écrivait un représentant du peuple.

IV

ACTUALITÉS

Notre siècle, actif et affairé, est en réaction, ici comme un peu partout, avec un passé où le travail était tenu pour une déchéance. La révolution est heureuse; mais toute médaille a son revers. Aujourd'hui on peut dire que tout le monde travaille; chacun se choisit une carrière ou une occupation, et l'on y associe la question d'argent, ce qui double le zèle. Et, de ce milieu, sort une chose qui complique la situation présente, c'est-à-dire la concurrence, une concurrence effrénée, concurrence entre individus d'un même pays et concurrence des divers pays entre eux. Ajoutez à cela le machinisme en industrie, qui décuple la production, et vous vous rendrez compte des embarras de la lutte. On produit sans compter, toutes les positions et tous les services sont encombrés, et l'on pourrait en conclure qu'on travaille trop.

Mais c'est à l'avantage des consommateurs, dira-t-on.

Oui, si l'on ne considère que le bas prix des

choses; mais c'est, au contraire, au détriment du producteur; or, chacun aujourd'hui à peu près est producteur de quelque chose, ou tend à le devenir, agent ou professionnel, maître ou ouvrier. Dans cette mêlée, le maître ou chef d'industrie, pour ne parler que de celui-là, se raidissant contre la défaite menaçante, déprécie la valeur de ses produits, ou bien il entre en lutte avec ses ouvriers, dont il ne peut satisfaire les besoins ou les exigences. De là le mal, et l'une des crises les plus embarrassantes de notre temps.

— L'on travail trop? Mais peut-on jamais travailler assez pour des choses utiles?

— Non, sans doute, seulement il y a peut-être de nos jours trop de travailleurs intéressés.

— Et le pain quotidien ?

— Ne parlons pas de ceux que le travail fait vivre et pour lesquels il est une nécessité; mais le riche, dont l'avenir est assuré.

— Précisément, on lui reproche de vivre sans travailler.

— Vaut-il mieux que, par un calcul égoïste, il serve à augmenter la concurrence qui tue les autres? Il y a un travail qui s'impose au riche, pour son bien et pour le bien de tout le monde; ne le sait-on pas depuis longtemps? C'est d'aider, par ses œuvres, par ses services, par ses études, par son argent, au progrès général des choses et des esprits ; mais ce n'est pas, par une fausse idée des obligations sociales et des bienfaits du travail, de se jeter dans le tourbillon des affaires, ou, par un calcul intéressé, d'augmenter pour les autres les difficultés de la lutte pour la vie. Etes-vous riche ? Faites place à ceux qui ne le sont pas, et que votre seule ambition consiste, en les aidant, à servir le monde et la civilisation.

On dit qu'aux Etats-Unis d'Amérique les milliardaires ne sont ni mal vus, ni enviés comme les riches dans certains milieux européens d'aujourd'hui. Faut-il donc s'en étonner ? Les dévots n'envient pas leurs saints ; au contraire, ils les honorent et les prient. Or, les milliardaires sont les saints des Américains ; aux yeux de ce peuple, l'or accumulé par eux a le même prestige qu'aux yeux des dévots les actions saintes qui ont fait canoniser les élus... Il faut rendre cette justice à quelques-uns d'entre eux que, tandis que les autres combinent des trusts, ceux-ci font un magnifique et généreux emploi de leurs dollars.

Dans la grave question des rapports du capital et du travail qui agite tant aujourd'hui les nations industrielles, on peut croire que leur association, si nécessaire à la grande industrie, aura fait un grand pas quand l'ouvrier se trouvera admis à participer dans une certaine mesure aux bénéfices du maître, et de telle sorte que, intéressé à la prospérité de l'entreprise, il la fasse sienne, et renonce à refuser son concours à des grèves ruineuses pour tout le monde.

Un fait généralement observé, qui semble en contradiction avec l'opinion que l'indifférence ou la dureté pour les inférieurs reprochée aux grands et aux riches leur est particulière, parce qu'ils en ont trouvé la tradition dans leur berceau, c'est que les parvenus ou les ouvriers devenus patrons sont souvent des maîtres plus impitoyables que les autres. Eh bien, oui! Dans leur nouvelle situation, ils se sont crus en droit d'adopter les procédés des vieilles classes; on n'est pas entré dans la carrière pour rien; ils y ont rencontré des usages et des duretés qui sont traditionnelles, et ils se sont empressés de les suivre; pourquoi n'agiraient-ils en maîtres?. Ils sont maîtres à leur tour, et il faut prouver à leurs subordonnés qu'ils en sont dignes. C'est humain, et au fond ce n'est là que l'imitation ou la conséquence d'un régime antérieur. — Une autre raison s'ajoute souvent à celle-là : honnêtes, durs pour eux-mêmes, certains plébéiens enrichis le sont pour leurs ouvriers, qui ont à souffrir de leurs exigences; de leur temps ils ont travaillé dur pour les autres, ils demandent qu'on en fasse autant pour eux; ils ont de petits calculs mesquins, ils se plaisent aux marchandages, et ils y mettent un certain amour-propre afin de ne pas passer pour dupes. Voilà ce qui les distingue des riches de plus vieille date; ceux-ci, avec plus d'orgueil et une autre éducation, ont des idées plus larges et en apparence plus généreuse. Mais pour les uns comme pour les autres, l'ouvrier reste un serviteur dont il faut savoir tirer parti. Avec le progrès, les esprits et les cœurs s'élèveront jusqu'à ce que le mot démocratie se confonde un jour avec les mots de justice et de solidarité.

On est gêné de tout aujourd'hui; tout ce qui fait, si peu que ce soit, obstacle aux intérêts, aux convenances, aux plaisirs, même aux caprices des gens, les met hors d'eux-mêmes; il faut que cela finisse, et tout de suite, comme si c'était toujours possible! Et l'on s'en prend alors à d'autres qui sont les gêneurs, ou aux lois, qui sont absurdes.

Cela se passe surtout dans cette classe de gens qui aiment leurs aises, la classe des enrichis du régime moderne, gâtés par les facilités de la vie, amollis ou entraînés par les progrès matériels du jour, ou chez les impatients de tout frein, dans un régime de grandes libertés. C'est tout ensemble une tendance au sybaritisme chez les uns, et chez les autres une impatience d'arriver pour en partager les jouissances.

Mais descendez d'un ou deux degrés l'échelle sociale : là, il n'y a plus de gens gâtés par les circonstances, là on travaille de ses bras ou autrement ; plus d'ennuis à chasser, de projets ambitieux à poursuivre, de coups de fortune à tenter. Or, c'est encore là le sort et peut-être le bonheur de la grande majorité des gens de notre âge, condamnés ou résignés à la part de gêne que doit accepter le monde, vivant simplement, patiemment, avec les quelques jouissances naturelles que leur permet une existence modeste, mais à l'abri de la misère.

Que les bons côtés de la vie matérielle de notre époque ne portent point l'ouvrier lui-même à se créer des besoins et à augmenter ses exigences, c'est peut-être vrai ; mais, chez lui, la puissance d'un travail utile n'en est pas diminuée. Le contraire n'arrive qu'à ceux qui sont déjà habitués à voir tout céder à leurs désirs ou à leurs caprices ; les bons ouvriers, eux, restent la réserve de l'avenir.

Il n'y a pas à dire, pour beaucoup de gens, le progrès d'une chose est son exagération, une exagération faite tout ensemble d'impatience et d'aveuglement. Le progrès matériel de nos jours n'a pas d'autre allure ; dans ses jouissances ou ses ambitions, il ne tient nul compte des mobiles supérieurs que comprend encore la vraie civilisation ; *les affaires*, tout se résume en ce mot, et rien ne doit nous arrêter dans nos affaires.

— Mais cela ne contribue-t-il pas à la prospérité commune des petits comme grands ?

— Oui, peut-être ; mais il n'est, sans doute, pas moins vrai de dire que cet entraînement cache aussi à son inexpérience des pièges qui pourraient retarder pour longtemps le résultat final à espérer. N'y a-t-il d'ailleurs que des affaires qui profitent ? Il y en a tout autant de nos jours qui ruinent et épuisent. Dans un monde où il n'y a que des affaires, il s'établit fatalement et finalement une lutte dont plus aucun sentiment ni aucune idée généreuse ne viennent amortir la brutalité ou la mauvaise foi.

— Vous voudriez que tout marchât bien sagement, sans heurts et sans soubresauts ; est-ce pratique ?

— Je voudrais éviter tout ce qui nous rejetterait pour longtemps en dehors de tout vrai progrès social.

Ce n'est pas une vérité bien neuve que l'homme est enclin à abuser, jusqu'à les dénaturer, des choses et des idées nouvelles que les progrès du temps amènent, chacune à son tour, au seuil de son intelligence. Nous avons aujourd'hui la tête farcie de sciences physiques, mathématiques, ou naturelles. C'est un entraînement dont les hygiénistes, les médecins, les législateurs, les diverses administrations, les préposés aux travaux publics doivent tenir compte pour en faire profiter le bien général et la santé publique. Mais c'est ici aussi que la pratique est appelée à corriger les erreurs et les exagérations d'une théorie trop ambitieuse ou trop exclusive ; que de sottises à relever et, sans doute, destinées à disparaître à la suite d'une plus longue expérience !

La science a découvert les microbes et c'est une féconde découverte ; mais l'imagination voit aujourd'hui des microbes en tout et partout, et le nombre des gens est inouï qu'ils jettent dans l'inquiétude et se croient infestés. — La tuberculose a ses microbes comme tout le monde; et pour éviter l'extension de cette terrible maladie, on va jusqu'à défendre aux gens de cracher sur le pavé des rues où ils passent. — L'alcoolisme est un fléau de notre époque que l'on ne peut assez combattre ; mais on veut que vous ne buviez que de l'eau pure, et cela suffit pour mettre en fuite pas mal de gens même très sobres. — Le grand air, contre tous ces maux et d'autres, est très hygiénique ; et l'on vous dit de dormir avec les fenêtres ouvertes, ce qui vous procure de gros rhumes. — Le progrès dans les moyens de locomotion est inouï, et le monde moderne en a été changé à son grand avantage ; mais ce *sport*, comme on dit, coûte de la vie à beaucoup de gens qui, pour supprimer l'espace ou humer l'air avec délices, ne vont jamais assez vite, ou écrasent les malheureux piétons qui se trouvent sur leur chemin. — Le génie de la mécanique a fait des merveilles de nos jours ; aussi veut-on que tout marche mécaniquement, et tel bon vieux moyen simple et peu coûteux est remplacé par une machine brevetée ingénieuse, plus chère et qui se dérange, mais qui vous permet de faire en un tour de main ce qui en exigeait deux auparavant et vous mettait en retard d'une seconde.

L'on pourrait allonger indéfiniment la liste des abus, petits ou grands, auxquels les purs théoriciens, les systématiques à courte vue, les écervelés à la mode, ou encore les exploiteurs du neuf, entraînent, une fois le mouvement donné, les utiles découvertes du génie, et qui font qu'elles manquent leur but en le dépassant.

Aujourd'hui, grâce à la publicité, aux journaux, aux livres, aux représentations théâtrales, aux beaux-arts, à l'activité du négoce et aux voyages, ce sont les grandes villes, les grands centres, qui servent de modèles aux petits, et donnent le ton aux provinces jusque dans nos villages; vie toute artificielle, de luxe, de plaisirs, de vanités ou de frivolités mondaines, et qui constitue ce qu'on appelle *la mode* et le *bon ton*. Qu'arrive-t-il lorsque ces mœurs et ces idées sortent du milieu où elles sont nées et qui seul leur convient, pour s'étendre à d'autres où elles paraissent difficilement adaptables? C'est que l'on se donne beaucoup de peines, et que l'on perd beaucoup de temps et d'argent, pour être un peu plus mal à l'aise, un peu plus misérable ou un peu plus ridicule que si l'on ne recevait pas la loi de Paris, de Londres, de Berlin, ou de New-York.

La possession de plusieurs langues, que l'on comprend et que l'on parle, vous met aujourd'hui en bonne posture devant le monde. Chez les grands, c'est comme la marque d'une haute éducation; les princes des maisons régnantes s'attachent à n'en ignorer aucune. A vrai dire, il n'est pas rare de voir de simples voyageurs, même des portiers ou garçons d'hôtel, en parler plusieurs tout comme les princes régnants. C'est qu'en effet cette instruction est purement extérieure ; on la possède, les uns comme un outil d'usage utile, les autres, moins superficiellement, comme un ornement pour l'esprit.

Quoi qu'il en soit, si elle n'ajoute même rien au fond de nos lumières, la connaissance des langues modernes est, à notre époque d'affaires et de déplacements multipliés, une grande ressource, et comme un auxiliaire de sociabilité qui n'est peut-être pas encore assez bien compris. Le temps qu'on continue à perdre à l'étude des langues mortes dans les collèges serait sans doute mieux employé à celle des langues vivantes, en attendant qu'on ait trouvé la langue universelle, au jour fameux et peu certain où les ballons dirigeables remplaceront les chemins de fer.

La langue universelle! Ce ne peut pourtant être sérieux. Va-t-on l'inventer de toutes pièces, ou bien l'empruntera-t-on par fractions égales aux six grandes puissances? Dans un cas comme dans l'autre, il faudra débuter par l'apprendre, tout au moins les cinq sixièmes. Et par quelle syntaxe relier les divers éléments de ce salmigondis? Il vaudrait peut-être tout autant se servir du doigté des sourds-muets; il n'y aurait que les pauvres aveugles qui se trouveraient exclus de cette entente cordiale. Mais il serait encore plus simple, pourrait-on dire, d'adopter une langue toute faite, pour servir d'organe à tout le monde. Seulement, laquelle? Chaque nation voudrait imposer la sienne.

C'est vrai. Mais pourquoi les autres peuples se tiendraient-ils humiliés de continuer ce service à la langue française? Je dis *continuer*, parce que le français depuis plusieurs siècles et en diverses circonstances, particulièrement dans les négociations diplomatiques, a été choisi comme instrument commun d'entente; et on l'a choisi pour deux raisons, pour sa clarté, et pour sa connaissance plus généralement répandue.

— Pourtant, dit-on, le français ne vient qu'en troisième ou quatrième rang dans les langues parlées du globe.

— Oui, c'est possible, si l'on n'a en vue que l'usage des masses populaires; mais il en est, je crois, tout autrement pour les classes cultivées chez les nations civilisées, où le français s'est imposé dans l'éducation qu'elles ont reçue, et qui le parlent dans le monde. Dans la capitale de l'empire allemand, à Berlin, par exemple, on parle beaucoup français ; peut-être est-ce en souvenir affectueux pour le grand Frédéric. Voudrait-on imposer l'anglais, parce que l'anglais est la langue la plus parlée aujourd'hui ? Mais si l'anglais, pour être compris sans grande difficulté, peut s'apprendre, sur les bancs de l'école et dans les livres, il veut, pour être parlé convenablement, un exercice sur les lieux mêmes, ou peu s'en faut, à cause de son étrange prononciation, où presque aucune lettre de l'alphabet ne conserve la valeur qu'elle a ailleurs qu'en Angleterre; c'est là un grand obstacle pour les étrangers. Quelle facilité, au contraire, offre le français aux autres membres de la famille latine, les Italiens, les Espagnols !

Non, la recherche d'une langue nouvelle n'a aucune raison d'être, puisque en fait de langues on se plaint qu'il y en a déjà trop. Adopter une langue existante, toute faite, pour les besoins internationaux, et chercher à la répandre le plus possible, voilà l'important; et ici, le français semble avoir le plus de titres.

***

Guerres internationales. — « Les guerres internationales ne finiront que par la chute des Etats militaires et monarchiques, disent les républicains et les démocrates. » — Eh bien, et les Etats-Unis, la grande république du Nouveau Monde ! Sont-ils restés tant que cela les amis de la paix ? Si peu que, les dernières années, ils ont entrepris des guerres de conquêtes, et qu'en ce moment il leur convient d'intervenir dans tous les démêlés qui peuvent intéresser les grandes puissances européennes ou asiatiques.

« C'est là uniquement le fait des accapareurs capitalistes, qui agissent sur l'opinion publique qu'ils exploitent, répliquent les socialistes ; quand ils ne seront plus les maîtres, les peuples que la guerre ruine et dévore n'auront aucune raison de rompre la paix qui les unit. »

Est-ce bien vrai ? L'opinion populaire n'est-elle donc pour rien dans les guerres internationales, et l'histoire met-elle tout sur le compte des gouvernements du passé ? Beaucoup, oui, on peut le concéder ; mais voyons les choses telles qu'elles existent encore.

Quand nous serons tous républicains et socialistes, pourrons-nous faire qu'il n'y ait plus de frontières entre les peuples, et des intérêts divergents compris entre ces frontières ? Pourrons-nous faire qu'il n'y ait plus, voisinant ou non, des races diverses par les caractères, les mœurs, les usages, les langues, les religions? Et ne se présentera-t-il plus, de ces chefs ou d'autres, des circonstances malheureuses qui mettront ces peuples en rivalité, et à la suites desquelles les foules elles-mêmes crieront aux armes, de telle sorte que les gouvernants, quelque sages qu'ils puissent être, seront obligés de les suivre? Cela, sans doute, sera de moins en moins à mesure que les peuples s'éclaireront, oui! Mais on ne peut affirmer que cela ne sera plus. Si les chefs guerriers, despotes et ambitieux, des anciens régimes, ont été la plupart du temps responsables des guerres du passé, on ne dira point, l'histoire est là pour le prouver, que le populaire y soit toujours resté étranger. Les foules ont leurs colères, comme les grands qui les gouvernent.

C'est à l'empereur de Russie actuel, qui est un excellent homme, que l'on doit le tribunal de La Haye. Malgré ce grand acte récent d'un chef ami de la paix, il vient lui-même, provoqué par le Japon et peut-être dominé par son entourage, de s'engager dans une guerre nouvelle. Si, d'aventure, le Japon lui avait proposé de soumettre le différend au tribunal de La Haye, aurait-il lui-même accepté? C'est douteux. Cette institution internationale n'est sans doute pas faite pour adjuger des territoires pris sur le voisin, tout comme un tribunal ordinaire attribue l'objet litigieux à l'une des parties en cause. Or, c'est là souvent le prétexte des grandes guerres. Le tribunal de La Haye n'a donc été institué que pour prévenir les petites : c'est déjà quelque chose, et c'est un excellent commencement. Quand gouvernants et gouvernés seront plus avancés, ils en viendront probablement à étendre ses attributions et son pouvoir ; on peut l'espérer, mais ce ne sera pas demain. Faudra-t-il pour cela attendre que nous soyons tous républicains ou socialistes? Il vaut mieux attendre le moment où nous aurons tous vraiment horreur de la guerre.

On est peut-être injuste envers les diplomates de nos jours, que l'on accuse, dans la presse et ailleurs, d'indifférence ou tout au moins d'impuissance dans l'œuvre de la paix entre les peuples. Ils ont plutôt un intérêt particulier de travailler à la maintenir, car la guerre rend leurs services plus inutiles et les fait descendre à un rang secondaire. Mais en est-il de même des militaires ou chefs de nos innombrables armées, dont la guerre est le métier, le goût et l'ambition? Non, évidemment; et ce sont eux pourtant dont les gouvernants prennent l'avis en certaines circonstances, et qui alors ont voix prépondérante dans les conseils de cabinet.

Guerres scolaires. — Elles préoccupent à l'intérieur presque autant de nos jours que les guerres internationales. Cela se passe surtout dans les pays catholiques. « A moi les enfants, leur éducation m'appartient, » dit l'Église qui veut s'en faire des adeptes. — « L'enseignement doit aussi en faire des citoyens, répond l'État, et ici je ne puis avoir confiance que dans mes écoles. »

L'État a peut-être raison, et l'Église n'a pas tort. Toute société civilisée à son côté religieux ; l'histoire le prouve, et la philosophie comme le cœur humain en rendent compte. « Cette vérité, votre science laïque n'y a nul égard, dit l'Église à l'État ; voilà pourquoi je ne veux pas de vos écoles sans Dieu. » — « Elles enseignent la science, qui n'est peut-être pas assez catholique à vos yeux, répond l'État ; mais il vous reste l'enseignement à l'église pour en redresser les erreurs, s'il y en a, servez-vous-en. » — « C'est diviser la société en deux camps ennemis. » — « Vous avez peut-être raison, mais qu'y puis-je? J'ai mes devoirs qui sont différents des vôtres, et je n'entends pas vous les sacrifier. »

Ce dialogue entre l'État et l'Église peut durer indéfiniment. Ne jugera-t-on pas un jour qu'il serait bon pour tout le monde, et à tous égards, de faire à chacun mieux sa part? Ainsi, que l'enfant, jusqu'à l'âge de sa première communion, appartînt uniquement à la famille ou au prêtre chargé de son éducation religieuse? L'enseignement primaire, obligatoire et communal, en s'inspirant de cet esprit, donnerait, avec les éléments de la science, une première base religieuse à la vie de l'enfant, qui importe plus qu'on ne le croit aujourd'hui à son bien-être et à son avenir, comme à l'avenir de la société et de la civilisation. A l'enfant élevé en dehors de toute culture et de tout sentiment religieux, il manquera toujours quelque chose. « L'homme vaut par proportion du sentiment religieux qu'il emporte avec lui de sa première éducation. » Qui a dit cela? Renan, un-libre penseur; avait-il tort?

Ce serait donc la part de l'Eglise ou de l'influence religieuse dans l'enseignement scolaire. Mais après ces premières années consacrées à l'enfance, commence la tâche de l'État, de l'État dont l'enseignement doit être prépondérant pour former le citoyen d'un pays libre; l'Église n'y suffirait que dans une théocratie; hors de là, qu'est-ce d'ailleurs que l'État moderne? L'État moderne c'est la société elle-même, représentée au Gouvernement par des hommes qui ont sa confiance, et qui y exercent le pouvoir civil, distinct et indépendant du pouvoir religieux, que représente l'Église ; et tel est son enseignement, valant ce qu'il vaut, conforme tout à la fois à la vérité scientifique, aux devoirs civiques et aux nécessités sociales, mais non nécessairement antireligieux ou hostile à l'Église, ce qui serait contraire à sa destination et à son caractère. Voilà comment l'État doit être le meilleur éducateur de la jeunesse en âge d'en faire des citoyens utiles et dévoués, et comment on n'a nulle raison théorique de se défier de ses écoles, qui ne sont que l'expression de l'enseignement national.

Mais quoi ! peut-on espérer de convaincre deux partis, dont l'un entend que l'enseignement soit non seulement religieux, mais encore clérical, et dont l'autre le veut si peu religieux qu'il exige même que le maître d'école soit athée ?

L'anarchisme. — Les sociétés restent aujourd'hui hésitantes devant l'anarchisme. On attend que les attentats soient consommés avant de s'alarmer et de réprimer ; et en attendant les doctrines font leur œuvre.

Le cas ne laisse pas que d'être embarrassant pour beaucoup de gens de notre époque, qui mettent au-dessus de tout la liberté des opinions ; on a beau leur dire qu'il s'agit ici d'un régime sauvage ayant pour objet le meurtre et la destruction ; tant que la pensée ne se traduit pas en fait, on ne peut, selon eux, la réprimer, ni rechercher ceux qui la propagent, ce serait contraire à nos libertés modernes.

Cela rappelle un peu l'histoire de certains médecins d'autrefois qui, selon la légende, se permettaient de tuer leurs malades selon la formule, mais qui n'auraient jamais pardonné à un confrère de les guérir contrairement aux bons principes. Le malade ici, c'est la société : quel que soit le péril qu'elle coure, il y a des principes, et il faut observer avant tout ces principes.

Eh bien ! ces fanatiques des bons principes ne s'apercevront-ils pas un jour que ces anarchistes, qu'ils ne semblent répudier que du bout des lèvres, compromettent précisément tout ce qu'il y a de respectable et de nécessaire dans le régime des libertés modernes, et que l'expérience apprend que chaque attentat profite presque toujours aux ennemis de ces libertés ? Il en est ainsi pourtant.

Quoi qu'il en soit, voilà comment les gouvernements, les administrations et leurs policiers connaissent presque toujours tous les anarchistes existant dans un certain milieu de leur dépendance, et se contentent de les surveiller de loin, sinon de les laisser faire ; ce dont ceux-ci, bien entendu, ne manquent pas de profiter. Ils se rencontrent dans les pays aux lois les plus hospitalières, et d'où ils partent en mission pour supprimer ceux qui les gênent, rois, ministres ou présidents de république. Et l'on n'en continue pas moins à ne pas les déranger. Pourtant, une fois connus, ces sauvages-là, ne serait-il pas juste et humain de les mettre hors la loi des peuples civilisés, rien qu'en raison de leurs principes ?

— « Hors la loi ? Quel mauvais mot ! Il n'est plus de notre âge ; la loi aujourd'hui est faite pour protéger tout le monde. »

— « Oui, excepté, je suppose, ceux qui n'en veulent pour personne. »

Aux électeurs dont dépendent les gouvernements de nos jours, on sait qu'il importe, l'heure arrivée, de faire subir certain entraînement.

Dans une fiction où j'imaginais un pays formé de trois îles, représentant trois états différents de sociétés; j'écrivais un jour ceci à propos de l'une d'elles : « Trois sortes de gens y faisaient les élections, les journalistes, les avocats et les cabaretiers; les uns par la plume, les autres par la parole; quant aux cabaretiers, *les hommes du ventre*, comme on les appelait, ils refusaient régulièrement leurs voix à quiconque les empêchait d'empoisonner le public à leur gré [1]. »

Voilà à peu près vingt ans que cela a été écrit, et l'on ne peut dire que les choses aient beaucoup changé depuis. Le cabaret reste le rendez-vous où les meneurs font l'éducation des électeurs, sous le contrôle et au bénéfice du patron ; et après nombre de libations, l'on sort de là plein de patriotisme et de zèle pour la chose publique, bien qu'on

1. *Petits contes d'un philosophe*, Paris, Ollendorff, 1886. Ce petit livre, d'abord adopté par la *Bibliothèque des chemins de fer* (Hachette), fut ensuite retiré sur des instances officielles, m'a-t-on dit, et comme trop peu à l'avantage des idées du moment.

ne voie pas toujours plus clair devant soi, ni qu'on marche d'un pas plus assuré dans sa politique ; c'est là son faible.

***

Voulez-vous vous faire une grande vogue, appeler autour de vous un monde de snobs qui ne demandent que du neuf pour réveiller l'intérêt de leurs esprits ou de leurs sens fatigués et épuisés ? Singularisez-vous, soyez paradoxal, niez ce qui avait toujours été tenu pour indéniable jusque-là, ou donnez pour vrai ce qui ne paraît qu'étrange ; et avec cela, ayez assez de talent ou d'originalité comme initiateur ou novateur, et bientôt on vous proclamera dieu. C'est ce qui s'est vu autrefois, et c'est encore ce qui se voit de nos jours.

Ainsi, la science orgueilleuse de l'Allemagne a produit des types curieux en ce genre : Schopenhauer et son bouddhisme, Nietzsche et son surhomme ; Wagner et sa musique de l'avenir transportée sur la scène de l'opéra renouvelé. En France, cette tendance s'est comme détaillée dans les petits chemins de la littérature ou des formes littéraires ; de là les idoles du siècle dernier et leur postérité de décadents de tous calibres.

Il a été imprimé trois exemplaires sur papier de Hollande Van Gelder.

N°

Dans l'avant-propos de sa première édition, je disais :

« Ce livre n'est, en somme, qu'un coup-d'œil rétrospectif sur les idées qui ont dominé dans le siècle qui va finir, et sur les considérations qu'ont suggérées leurs conséquences à l'esprit de ceux qui se sont préoccupés des progrès et de l'avenir des sociétés.

« Pour juger des idées nouvelles d'un temps, il faut bien rappeler les idées de tous les temps ; c'est encore ce que nous avons voulu faire sommairement.

« Nous croyons que le lecteur, comme nous-même, conclura de ces considérations que le secret de la vie, tant publique que privée, c'est l'art de l'équilibriste, entre des chutes à droite et des plongeons à gauche. »

Cette nouvelle édition n'a pour but que de mieux préciser ma pensée. Ce livre, à propos des diverses questions qu'il agite, est autant l'œuvre des autres que la mienne. On lui a reproché de manquer d'unité et d'embrasser trop d'objets : son caractère de revue l'exigeait. Est-ce donc là un si grand défaut pour un livre de nos jours, quand beaucoup de gens ne trouvent jamais le temps de lire, sans fatigue, trois ou quatre cents pages sur un sujet unique?

L'on a bien voulu dire aussi de ce livre, sans même en partager toutes les idées, qu'il faisait réfléchir et aidait à réfléchir : Je n'en demandais pas davantage.

M. J.

***

En voyant ce qui se passe, et au milieu du désordre et de la confusion des idées actuelles, l'on se demande s'il y a encore des principes incontestés qui peuvent nous servir de guides. Dans l'ordre du vrai, du bien et du beau, on n'entend soutenir que des doctrines qui se contrarient et se combattent, et la grande publicité de nos jours semble tout entière au service d'intérêts particuliers et divergents qui luttent entre eux; du neuf que l'on donne pour le progrès, du vieux auquel on voudrait revenir, et des raisons pour ou contre entre lesquelles parfois les plus sages hésitent. Où est le vrai et le bien, et y a-t-il des principes pour en décider?

Qu'il existe des principes absolus qui nous montrent les bons chemins à suivre et que savent distinguer les esprits sincères, clairvoyants et éclairés, cela est incontestable; tout comme il en est, à côté de ceux-là, d'autres entre lesquels se meut la liberté, qui ne sont que des *préférences*, et qui nous invitent, suivant les cas, à nous en tenir au contingent plutôt qu'à viser à l'absolu. Dans l'incertitude pour le choix à faire et se décider, on pourrait dire que la vraie pierre de touche de la supériorité morale et intellectuelle d'un homme, c'est la raison qui l'empêche de quitter les voies moyennes pour les extrêmes, et les voies larges pour les voies étroites.

Et c'est encore ce qui m'engage ici à insister sur cette réflexion par laquelle je débutais en publiant la première édition de ce livre, à savoir, qu'en pratique le secret de la vie, tant publique que privée, c'est l'art de l'équilibriste, entre des chutes à droite et des plongeons à gauche.

FIN

TABLE DES MATIÈRES

PAGES DÉTACHÉES

POITIERS

IMPRIMERIE BLAIS ET ROY

7, RUE VICTOR-HUGO, 7

www.ingramcontent.com/pod-product-compliance
Ingram Content Group UK Ltd.
Pitfield, Milton Keynes, MK11 3LW, UK
UKHW021845190726
13855UKWH00001B/151

9 782013 351898